U0147909

臺灣都市的內部結構
社會生態的與歷史的探討
（修訂二版）

章英華　著

國家教育研究院　主編

巨流圖書公司　印行

2022 年 1 月

臺灣都市的內部結構

社會生態的與歷史的探討

（修訂二版）

國家圖書館出版品預行編目（CIP）資料

臺灣都市的內部結構：社會生態的與歷史的
探討 / 章英華著. -- 二版 .-- 高雄市：巨流
圖書股份有限公司 , 2022.01
　　面；　公分
　　ISBN 978-957-732-644-7(平裝)

1. 都市社會學
545.1　　　　　　　　　　　　110019479

主　編　者　國家教育研究院
著　　　者　章英華
責 任 編 輯　邱仕弘
封 面 設 計　Lucas

發　行　人　楊曉華
總　編　輯　蔡國彬

出　　　版　巨流圖書股份有限公司
　　　　　　802019 高雄市苓雅區五福一路57 號2 樓之2
　　　　　　電話：07-2265267
　　　　　　傳眞：07-2233073
　　　　　　e-mail: chuliu@liwen.com.tw
　　　　　　網址：https://www.liwen.com.tw

編　輯　部　100003 臺北市中正區重慶南路一段57 號10 樓之12
　　　　　　電話：02-29222396
　　　　　　傳眞：02-29220464

劃 撥 帳 號　01002323 巨流圖書股份有限公司
購 書 專 線　07-2265267 轉236

法 律 顧 問　林廷隆律師
　　　　　　電話：02-29658212
出版登記證　局版台業字第1045 號

著作財產權人 國家教育研究院
　　　　　　237201 新北市三峽區三樹路2 號
　　　　　　電話：02-77407890
　　　　　　傳眞：02-77407064
　　　　　　網址：https://www.near.edu.tw
展　售　處　國家書店松江門市
　　　　　　104472 臺北市中山區松江路209 號1 樓
　　　　　　電話：02-25180207（代表號）
　　　　　　國家網路書店
　　　　　　網址：https://www.govbooks.com.tw
　　　　　　臺中五南文化廣場總店
　　　　　　400002 臺中市中區中山路6 號
　　　　　　電話：04-22260330
　　　　　　傳眞：04-22258234
　　　　　　網址：https://www.wunanbooks.com.tw

ISBN／978-957-732-644-7（平裝）　　　　GPN：1011100014
二版一刷 · 2022 年1 月　　　　　　　　　定價：315 元

※本書除紙本外，並無其他類型版本流通。本著作物保留所有權利，欲利用本著作物全部或部分內容者，須徵求著作財產權人同意或書面授權。請洽國家教育研究院。

版權所有，請勿翻印

（本書如有破損、缺頁或倒裝，請寄回更換）

目　錄

表目錄

圖目錄

二版序

　　2015 年出版《洞見都市：臺灣的都市發展與都市意象》論文集時，曾擬同時推出《臺灣都市的內部結構：社會生態的與歷史的探討》一書的修訂版，因想增補後續都市發展部分而擱擱下來。最後本書仍維持 1995 年的面貌，僅為簡單修訂的二版，增補部分則獨自成書為《臺灣都市的內部結構，續篇：邁入二十一世紀》，由巨流圖書公司同時出版。

　　依巨流圖書公司編輯們的建議，在本書修訂版中將年代一致改為西元，僅在 1895 年之前的，附加清朝的朝代與年期，讓書中的時序更簡潔明白；其餘則是更正書中一些文字的錯誤以及敘述不夠明確或謬誤之處。很慶幸能有這次再版的機會，首先感謝國立編譯館在初版時的支持，以及併入國立編譯館業務的國家教育研究院同意本書修訂再版，也很感謝巨流圖書公司的沈志翰主編與邱仕弘編輯兩位先生，在與國家教育研究院協商再版與編輯上的用心。我多年的研究助理黃惠貞小姐，和我一起仔細閱讀初版，才能就初版稍加潤飾，訂正錯字，並改正一些嚴重的錯誤。在我退休之後，她還願意協助改版事宜，銘感在心。

章英華

于中央研究院社會學研究所

2021.4.15

序　言

　　這十年來，對臺灣都市的研究一直是筆者的研究重心之一，就臺灣的都市體系、都市的內部空間以及都市社會心理，陸續都發表了一些學術論文。這本專著算是作者對臺灣都市內部空間研究小小的句點。臺灣大都市的發展，早已超過都市行政界線，可是筆者早先的研究，都是以臺北、高雄、臺中市的轄區作為分析的對象，多少是個缺憾。本書則以臺北、臺中、臺南和高雄四個都市及其周圍市鎮所形成的都會作為分析的對象，希望對臺灣的都市發展可以提供較適切的描述。

　　都市社會學的研究，自 1920 年代開始，就一直籠罩在芝加哥學派的觀點之下。有關都市內部空間的探討，也是以該學派所衍生出來的人文生態研究為馬首，是為都市生態（urban ecology）。一些都市社會學的教科書，幾乎都安排一章討論都市生態結構。不過自 1970 年代以來，芝加哥都市社會學，包括都市生態研究，遭到相當嚴厲的批判。筆者在稍稍涉獵如今蔚為風潮的都市政治經濟分析之下，仍以都市生態作為研究的起點。都市生態中所強調的空間分化與空間階層化，在許多的都市研究中，都視為當然的概念。其實，傳統的都市生態研究對早期芝加哥學派的觀點有所批判與修正，亦認為都市的空間分化與整個社會的社會、政治與經濟特性密切關聯。像 Abu-Lughod 對開羅的探討，運用了因素生態分析，但同時加上了歷史向度的解釋。因此筆者認為，從人文和社會生態的觀點從事都市內部空間的探討，仍值得著手，何況臺灣既有的同類研究，除了謝高橋（1990）對高雄都市結構模式的分析外，很少將空間模式與臺灣的社會發展以及都市發展關聯起來。

　　筆者這類的研究，最早因與文崇一、張苙雲和朱瑞玲三位教授合作研究，負責臺北都市發展的部分著手，後來修改成學術論文。其間，陳孟君和陳家倫小姐先後協助分析資料。1977 年時，在大學同窗楊瑩教授鼓勵之下，與國立編譯館簽約撰寫專書，因赴日進修而耽擱下來。返臺之後，在 1990 和 1991 年之間得到國科會的補助（計劃編號：NSC80-0301-H001-04），進行四都會的比較研究，本書即依據該計劃報告修訂而成。計劃助理朱永昌先生，除了協助分析之外，還撰寫臺南都會一章的初稿，彩圖係由臺大地理學系蔡博文教授繪製。國立編譯館的匿名評審以及熊瑞梅教授的意見，都有助於本書的修訂。對以上的個人或機構，從研究初始以至完稿的過程中所給予的協助，謹致謝忱。還要感謝巨流圖書公司的熊嶺先生、劉鈐佑先生和孟繁珍小姐在出版與編輯上的用心。

章英華

于中央研究院

1994 年 12 月

圖 2-1 臺北都會區因素一村里分布圖

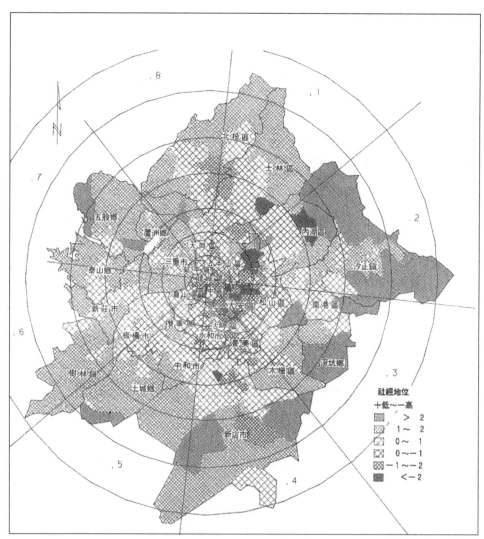

圖 2-2 臺北都會區因素二村里分布圖

圖 2-3 臺北都會區因素三村里分布圖

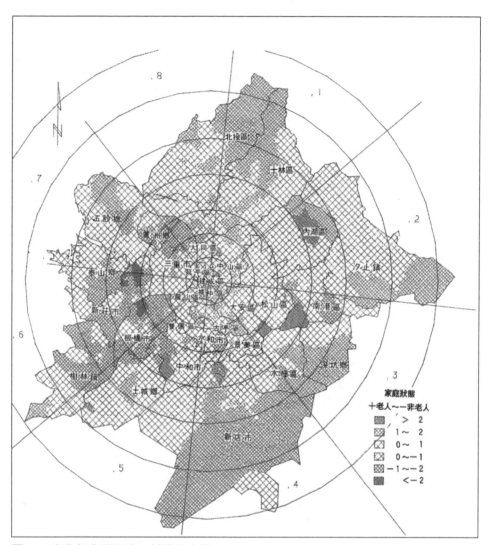

圖 2-4 臺北都會區因素四村里分布圖

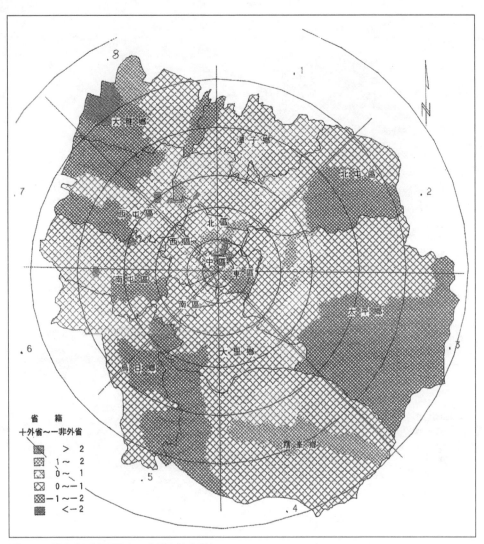

圖 3-1　臺中都會區因素一村里分布圖

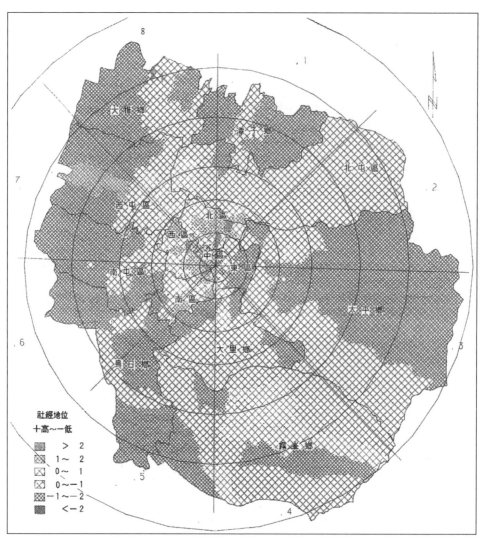

圖 3-2　臺中都會區因素二村里分布圖

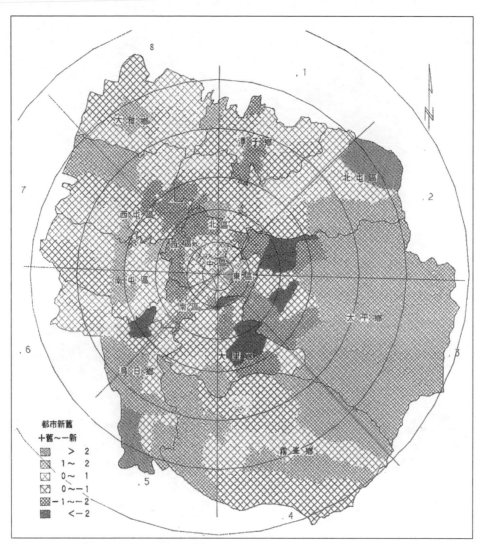

圖 3-3 臺中都會區因素三村里分布圖

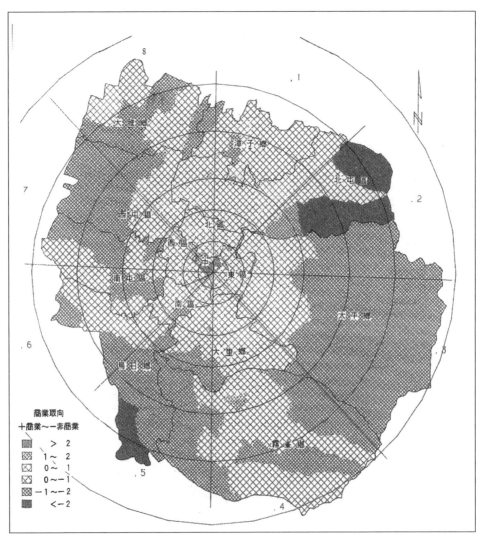

圖 3-4 臺中都會區因素四村里分布圖

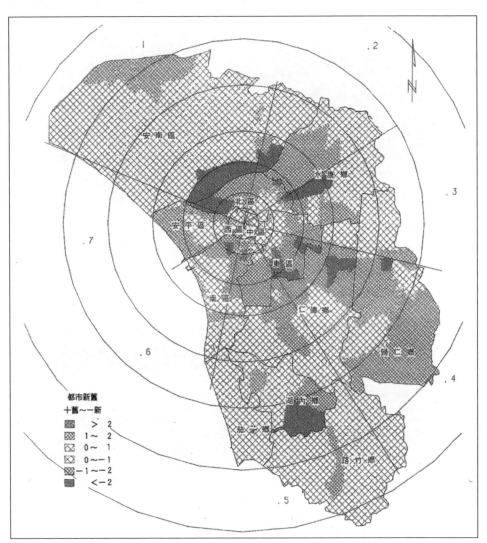

圖 4-1 臺南都會區因素一村里分布圖

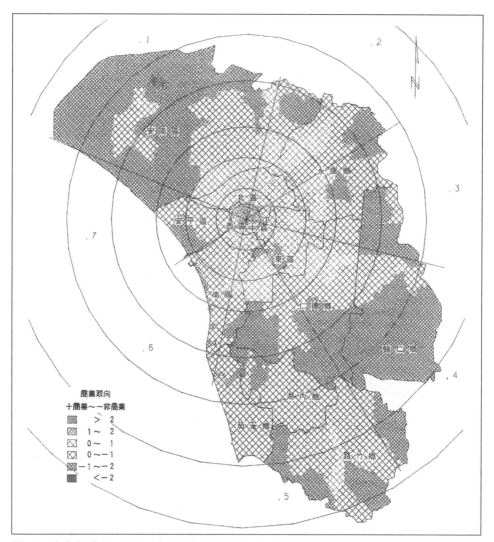

圖 4-2 臺南都會區因素二村里分布圖

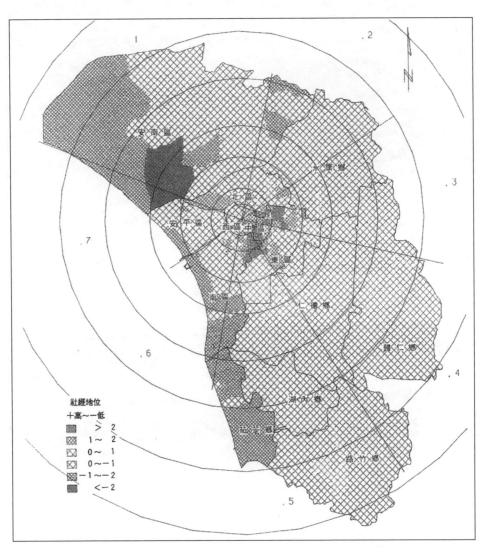

圖 4-3 臺南都會區因素三村里分布圖

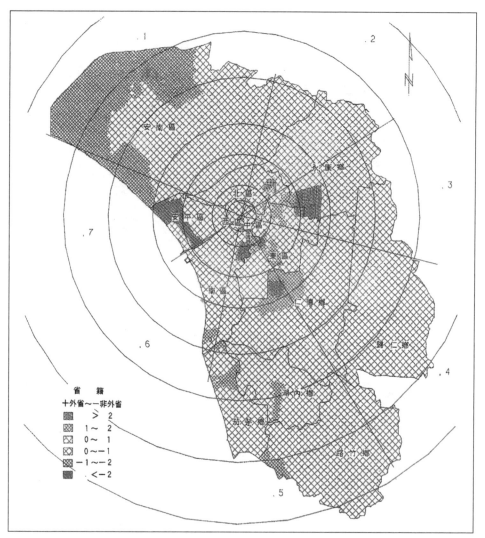

圖 4-4 臺南都會區因素四村里分布圖

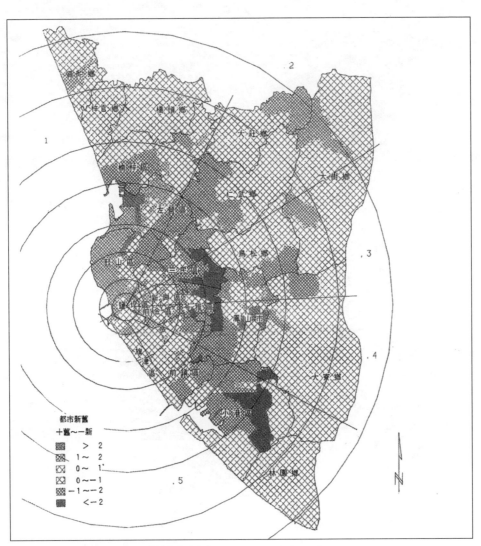

圖 5-1 高雄都會區因素一村里分布圖

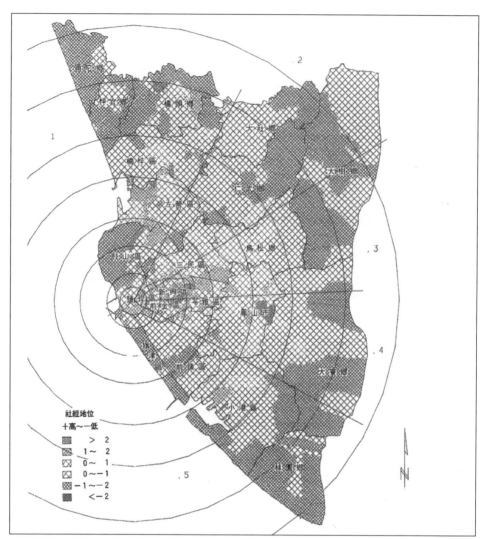

圖 5-2 高雄都會區因素二村里分布圖

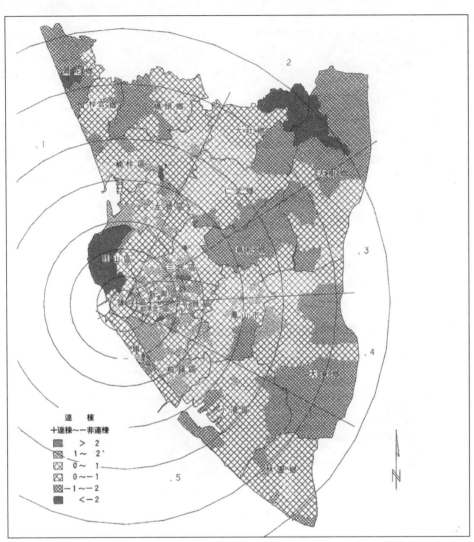

圖 5-3　高雄都會區因素三村里分布圖

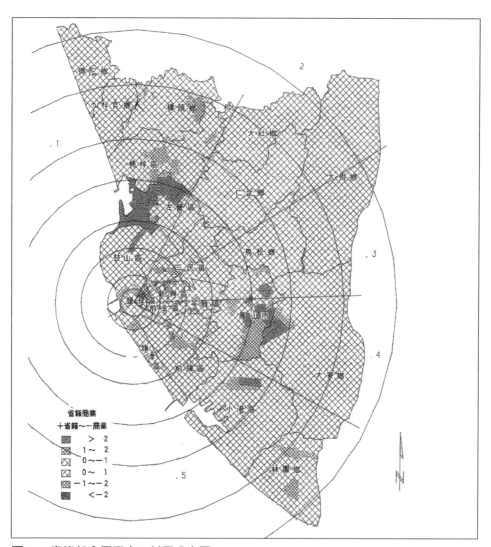

圖 5-4　高雄都會區因素四村里分布圖

第一章

導　論

　　社會學有關人類與空間關係的研究，蓬勃於 1920 年代的人文生態學（human ecology）的興起，同時在社會學中形成了以研究都市為重心的芝加哥學派。這個學派的探究，取法於植物與動物生態的研究，欲瞭解人類如何適應其居住的環境。如此的適應是透過人類聚居的行為而達成，因此最常為人所引用的是 Hawley（1950）對人文生態學所下的定義：「對人類社區之形式與發展的研究」。就如此的定義而言，人文生態觀點的對象應是任何類型的聚落。由於早期使用如此探究方式的社會學家，都集中於最複雜的人類聚落，即都市。因此所謂的人文生態學就幾乎等於都市生態學（urban ecology）（Friesbie, 1980）。

　　古典都市生態的研究往往著重社區內不同社會性質人口的空間分布，以及這種分布所構成的土地利用模式，可以說是對都市空間形式與變遷的研究。這樣的探討，一直是都市社會學教科書的主要章節之一。人文生態學的觀點自 1940 年代以來，便受到一些挑戰，但還是可以說是內部的檢討，未曾質疑其研究的意義。整個這方面的檢討，可以參考 Theodorson 的《都市模式：人文生態學的研究》（*Urban Patterns: Studies in Human Ecology*）一書。但自 1970 年代以來，人文生態觀點遭到嚴厲的質疑，不過都市作為人類社區形式和發展的研究，以及社會性質的空間分布，仍舊是大家所接受的都市社會學的主題之一（Castells, 1977: 113-242; Gottdiener, 1985; Gottdiener and Pickvance, 1991: 1-11）。基本上，筆者仍認為居住模式所反映的社會性質，是值得探討的，因此在副標題上仍標明社會生態的觀點。

一、人文生態觀點的都市空間模式：
從古典生態到因素生態

（一）古典生態觀點的都市內部空間模型

在都市社會學中，探討都市內部結構一直著重於各種社會變項的空間分布模式，以及如此模式形成的過程與原因。這種研究蓬勃於 1920 年代興起的人文生態學（human ecology）。依古典人文生態學的觀點（Park, 1936; Burgess, 1925; Mckenzie, 1926），在人口的集中過程中，基於競爭的原則，有著宰制（dominance）、接續（succession）、隔離（segregation）、侵蝕（invasion）等現象。

根據 Park（1982: 23-24），商業和工業設施在對關鍵位置的競爭，經過一段時期，就構成了都市發展的主軸；人口與居住地分布的範域，也是在類似但次要的因素的運作之下而決定。人類社區和動、植物社區一樣，都在競爭的過程下，形成了優勢的類屬。在人類社區裡，具宰制位置的地區，就是地價的最高點。一般大都市，最高地價大致出現在中心的零售區以及中心的金融區。地價由這兩個中心往外先是快速然後緩慢遞減。都市就是透過競爭與宰制的原則，在地形與其他自然條件的限制之下，建構了不同地區之間的相對功能關係，進而形成了都市的一般生態模式。在競爭與宰制運行後則有侵蝕、接續和隔離。都市擴張的時候，中心地區的服務範圍隨之增加，需要更多的設施面積，因此侵入了住宅區，同時新的環境變化，所造成居住條件的改變，也可能造成某一類特性的人口進某些住宅區，特定功能或人口群的入侵，或造成原初功能的喪失或原住居民的移出，而轉變地區的特性（Hawley, 1950: 400-402）。以上所敘述的便是一體兩面的侵蝕與接續現象。

在人文生態的觀點中，都市的發展固然是放在成長的過程去理解，但是也強調侵蝕與接續之後，會達到穩定與平衡的狀態，並形成所謂的自然區（natural areas），特定的功能聚集一起，性質相同的人聚居一起。自然區往往是不同人群各自的棲息地，在都市的特定範圍裡發展其特有的文化。自然區是空間與社會活動的連結，是都市這個運作中的超機體的細胞（Mellor, 1976: 207-209）。自然區的特性涉及另外一個重要的生態過程概念，即隔離，當土地利用、各種設施和人口的地區分化和專殊化越來越明顯，則不同地區功能和人口特質的差異越強，這就是隔離的現象。在如此的觀點之下，芝加哥的都市社會學衍生了兩類截然不同的經驗研究，一是自然內社會組織與文化的探討，大都運用參與觀察的方法，可以說是社會學的社區研究的濫觴。另外則是都市的一般空間模式，大都運用人口資料進行統計分析。後者才是本文關切的主題，將介紹如下。

在上述古典生態觀點下，Burgess（1925）首先以芝加哥為研究對象，提出了都市的一般生態模式（general ecological pattern），是都市社會學對都市內部空間討論的起點。他將芝加哥由內而外分成五個環圈，即同心環模式。

第一環：中心商業區。都市的核心，作為商業、社會與政治生活的中心，分布著百貨公司、精品店、辦公大樓、金融機構、大飯店、劇院、博物館、各種經濟、社會、民眾和政治生活的總部。在其外側則分布著批發商業中心。第二環：過渡區。環繞著第一環，因為商業與工業從第一環外溢，這一環成為破敗的居住地帶。其內側為工業區，外側則是第一代移民、貧窮與犯罪者的匯簇地。當居民經濟狀況漸入佳境之後，則遷入第三環。第三環是工人居住地帶，居民以第二代移民和技術工人為主，喜歡住在工作地附近，但又不樂意太靠近。住宅以二層連棟式為主。第四環：較佳住宅區。居民以中等階級的美國出生者、自營商人、專業人士、以及監督佐理人員和業務代表為主。在這地帶也形成了地區商業中心。第五環：通勤區。由一些小都市、城鎮和村落所構成。有工作能力的居民，白天都到中心商業區工作，夜晚才回到住處。因此家庭生活的重心是在妻子與母親。

（Burgess, 1925; Schnore, 1967）

　　Hoyt（1939）分析美國 142 個都市的房地資料，提出了扇形說
（Sector Theory）。這理論認為，都市可以以中心向外分成幾個扇面，高
租金地帶傾向分布在幾個扇的外圍，而低租金地區則是在幾個其他的扇
面由內向外延伸。工業設施沿著河谷、水道或鐵路而發展，並非環繞著
市中心的一環。高租金地帶是沿著既成的交通線，通常位置較高亢，避
開低地。另外還有 Harris 和 Ullman（1951）提出的複核心說。不像前
二說法，只以一個中心出發，複核心說主張都市有好幾個中心，每一個
中心都以特定的活動為特色，如零售、金融、政府、娛樂、教育以及居
住等。

　　這三種空間模型，扇形說可以是同心圓說的修訂，而複核心說則與
前二者有著不同的立論基礎。前二者的主要討論的現象是，相應於都市
工商業發展的人口居住空間的分布；後者則是將都市的生產、消費以及
居住活動擺在同等的位置。因此，同心圓與扇形說，在確定了都市中心
的性質之後，便討論在不同地帶居住人群的特性。複核心說，則將都
市內的生產和消費設施，都加以處理，以非居住活動區分的地區便一一
呈現出來。如果仔細觀察圖 1-1，我們可以發現重工業區與工業郊區是
Burgess 和 Hoyt 所忽略的，其中心商業區和輕工業區與同心圓說和扇
形說中的可以相呼應。其下層、中層和上層住宅區的配置，與扇形說的
並無太大差異，而其住宅郊區則等於同心圓說的通勤區並無二致。因此
在後來有關都市居住空間的討論，大都延伸自同心圓和扇形說。這兩個
說法所建構的空間模式雖然不同，但是它們理論的基點類似，地價都在
考慮之中，都認為都市中存在著一個中心商業區（the central business
district, CBD），占據著都市內最優勢的位置，即地價最高之處。商業
區因都市人口的增加逐漸擴張，再加上輕型工業與批發設施，或沿著商
業中心的邊緣發展，或沿主要交通線（河流或鐵道）分布，就構成了某
種都市景觀，形成不同的居住環境。社會經濟地位相似的人們，經濟能
力與住宅的偏好類似，易於居住在相同的地區。於是根據居住者的社會
經濟地位，可以將都市分成好幾個地帶。較佳的住宅區，不論是同心圓
或扇形說，都呈現了向都市外圍發展的傾向。

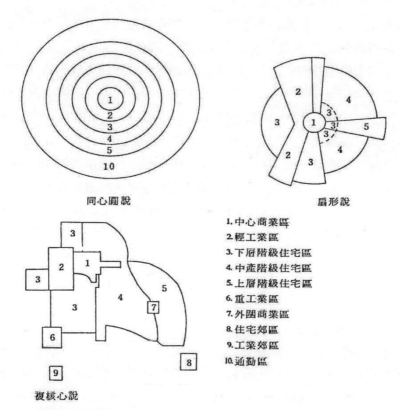

圖 1-1　古典都市生態模型

資料來源：林瑞穗，1992，頁 239；原引自 Gist & Fava, *Urban Society* (6th ed.), 1974, p16

註：Harris & Ullman 為使三種模型便於比較，而將同心圓標出十圈

（二）隔離指標、社會地區分析與因素生態分析

　　古典人文生態學對不同社會性質人群的空間分布，主要集中於討論居住地區的社會階層分化。在芝加哥都市社會學有關居住地區分化至少有兩種探討，不限於社會階層。其一是社會隔離的研究，本諸自然區的觀點，不同性質的人群有群聚而與不同性質人群住在不同自然區的傾向。要測度人群彼此隔離的強弱情形，發展出了隔離指數（index of segregation）或歧異指數（index of dissimilarity）。一般是將都市分成許多小地區，如美國的普查區和臺灣的村里，以各種人群在這些小地區分布的比例作比較。指數的數值從 0 到 100，當數值為 0 時，表示兩個

群體在都市內分布的比例完全相同，沒有隔離的現象，當為 100 的話，則兩個群體的人口在都市裡是完全隔離。若指數為 40，意味的是，有百分之四十的甲群體或乙群體的人口必須移轉居地到其他小地區，甲乙兩群體才可能是同等分布的（Guest, 1977: 273-275）。這種指數可以運用在不同職業人口的分布狀況（Duncan, 1955），反映的是社會階層之間的隔離。不過最常運用在種族之間隔離的探討。早先黑白人之間的隔離，是探討的主流，而目前亞洲和拉丁美洲移入美國都市的人口增加快速，而各類族群間的隔離，仍為相當熱門的主題（柯瓊芳等，1993）。

另一方面，在 1940 年代，Shevky、Bell 和 Williams 三人提出社會地區分析（social area analysis）的方法。他們不滿古典生態論者將都市的空間模式直接就作為研究都市生活的基礎，認為會將都市研究的架構孤立起來。他們主張，都市不是孤立的、自足的體系，而是更廣闊的關係體系的一部分。分析大都市的社會統計，不是將都市視為獨立的、主導的因素，而是認為從都市地區的移動與擴張，可以觀察到現代社會的特徵。他們認為現代工業社會與傳統社會比較，具有三個特質：關係範圍和強度的變遷、功能的分化以及組織的複雜。相應於這三個特質，在統計上顯示三種趨勢。第一，技能的分配（distribution of skills）：如職業分布模式改變，監督、佐理和管理等工作的重要性增強，而生產體力工作的重要性遞減。第二，生產活動的結構（structure of production activities）：如初級生產的衰退，都市在生產關係的重要性增強，以及家戶逐漸不再為生產單位。第三，人口組成（composition of population）：包括人口移動漸增，年齡與性別分布上的差異以及人口組成歧異性的增強（Bell, 1961; Shevky and Bell, 1961）。

這些統計趨勢反映著社會體系在職業安排、生活形態和空間上人口再分布等方面的結構變遷。他們用社會等級（經濟地位）、家庭狀態（都市化特質）以及隔離（種族或民族地位）三個概念，作為分析或描述上述特質的概念。在 Shevky 等的討論中，人口的空間再分布只以種族和民族團體為指標，其實社會等級以及家庭生活形態二者的改變，在經驗研究中，亦可以視為人口再分布的現象。在經驗研究中，社會階層以房租、職業和教育為指標，家庭狀態以婦女生育率、婦女就業率和住宅類別為依據，都分成由高而低的四個層級；種族則是以白人為一類，其他少數族群為一類。他們分別將洛杉磯以及舊金山灣區的普查區，各以社經地位、家庭狀態以及種族給予分數後，進行統計分析，發現三者是相互獨立的（Shevky and Bell, 1955）。

　　隨著統計方法的精進，以及統計資料的易於運用，到了 1950 年代，有關都市社會生態的探討，秉持社會地區分析的概念之下，採因素分析的經驗研究蓬勃發展。利用因素分析，從眾多變項中，抽取出幾個向度，再說明這些向度的意義和空間分布模式，此即因素生態分析（factorial ecological analysis）（Gist and Fava, 1974: 149-180）。這類分析，大致仍採用社會地區分析所提出的三個向度來分析都市內部的空間構造，各向度所採取的指標亦極其類似——社會經濟地位（socio-economic status），大都以教育和職業組成為指標；家庭地位或家庭狀態（familism or family status），大都以年齡組成、性比例、生育率和婦女就業率為指標；以及民族或種族團體（ethnicities or races）。最後，每個小地理單位，如美國的普查區或臺灣的村里，經公式換算後，都可以在三個向度各得一個分數，代表各單位在三個向度上的性質。將這些分數分成幾個等級標示於地圖上，以呈現各向度的空間分布模式（Johnston, 1982）。更進一步，運用群落分析法（cluster analysis）綜合三個指標，將所研究的都市範圍，分成不同類型的社會地區（social areas）。

　　就美國都市的研究而言，三個因素之間不見得完全獨立，社會經濟地位與種族在取斜角轉軸的因素分析中，可能相關。在加拿大、澳洲或歐洲國家的研究，由於國際移民性質上不同於美國，種族或民族的因子則不甚清楚。有時則因選擇性移民的結果，種族與民族性質會與家庭狀態相關。一般說來，最少可以得到社會經濟地位與家庭狀態的兩個因子，當種族的意義明顯時，則可以多取得一個因子（Hamm, 1982）。以因素生態分析結果呈現的已開發社會都市的空間模式，雖然有些矛盾的結果，但是一般都指出，社會經濟地位以扇形分布為多，家庭狀態大都呈現由中心往外圍的同心圓變化，少數民族的分布，則大多是多核心的分散各處（Murdie, 1976: 267）。

　　社會地區分析與因素生態分析，雖然取用較多的向度，不過與古典生態模式一樣，是以居住的空間模式為其對象。對於為何住宅會依上述的三個面向呈現其空間模式，亦未加以說明。Timms（1971: 95-122）曾立基於因素生態分析，建構都市居住分化的理論。他認為，人們對於自己所樂於模仿的人士，願意盡量縮短彼此之間的社會距離，因此可以取社會經濟地位作為空間分化的原則。在都市中，高社會階層人士居住在一起，使得他們的居住地帶成為一種地位的象徵。社會的上升流動者，移居於該地帶；有志於上升流動者亦有此打算。但不是一廂情願就可以住進所嚮往的居住地區。因能力之故，形成不同的地帶，呈現不同的地位表徵。至於種族和民族分化明顯的社會，同一種族或民族的成員，為保持聯繫或相互支持，亦傾向於聚居。家庭狀態則是家庭生命循環的反映。一個家庭所以改變住宅，是因為家庭的人員組成和日常活動型態改變了，因而也改變了住宅需求。由於都市不同地帶可能提供的住宅不同，日常服務的類型亦有差異，於是可能吸引不同組成型態的家庭，反映出一種居住型態。對都市居民因特徵上的差異所形成的聚居模式，古典生態說認為是由看不見的經濟競爭所操縱；Timms 則是以人們的自願選擇來說明。

　　1960 年以後，有關都市生態結構的研究，大都採因素生態分析。1970 年代以來，則對這種研究加以檢討，最主要的批評有兩點。首先，大部分的分析都是歸納性的描述，幾乎可以說是非理論的（Friesbie, 1980: 205-207）。一般都是以因素分析找出幾個向度，說明是否符合同心圓、扇形或多核心的模式。較進一步者，或是以社會分化（social differentiation）來解釋已開發社會和開發中社會間都市空間模式上的差異（Abu-Lughod, 1969; Timms, 1971: 252; Schwirian and Smith, 1974）；或是以同類相聚說明地區分化（Timms, 1971）。僅止於此，並不令人滿意。根本的問題在於，因素生態分析只限於居住狀態的空間分布，其他功能的分布，不在考慮之內。如此一來，這種統計分析結果很難融入人文生態理論（Johnston, 1982）。Shevky 等所強調的，大社會的特質會反映在都市生活以及都市空間模式的說法，也在經驗研究的討論中消失了。

像 Hawley，認為都市社區是由各種功能不同的單位所組成的。在不同功能的關係體系裡，總是有一個或少數幾個功能將該體系與其環境扣連起來，這些便是關鍵功能。在資本主義社會，這種關鍵功能是由私人企業所扮演。各社區又因其關鍵功能，而有不同的功能分化。擁有關鍵功能的單位，在生態體系之內占據著宰制的地位，可以影響到社區的決策並占據著空間的中心（Hawley, 1944; 1986; Saunders, 1981: 61-73）。譬如 Burgess 的同心圓說，以中心商業區以及其附屬的地帶構成了發展的核心。就此而闡述人們為調適於如此的環境而形成的居住地帶。Sjoberg（1960: 97）卻以政教中心為前工業都市的發展核心，認為就此便形成了與 Burgess 同心圓說相反的社會經濟地位的空間分布模式。這樣的討論是以都市的關鍵功能為前提來理解都市的內部構造，而居住地帶的空間分布與之息息相關。因素生態分析，往往忽略了如此的關聯。

1970 年代的研究，還認為生態因素的分化反映著社會發展的程度。在已開發國家，上述的三個因素的分化，極為清楚，可以各自成為獨立的指標。在開發中國家，由於階層或社會地位就反映著截然不同的生活形態，於是社會經濟地位、家庭狀態和種族或民族這三個成分合而為一，階級的空間分布，就隱含著家庭狀態和種族的空間分布。這三個因素合而為一的現象，不同於已開發社會中的都市生態模式。再者，都市規模不同也展現相異的分化程度（Abu-Lughod, 1969: 208-210; Timms, 1971: 252; Schwirian and Smith, 1974）。這樣的發現，有些類似 Sjoberg 工業與前工業都市的對比，多少也意味著都市的空間模式與大社會體系結構特質的關聯，不過仍未能具體考慮不同社會的發展特性。London 和 Flanagan（1976: 55-57）在比較了有關不同社會都市生態結構（只著重在社會階層這一個向度）的研究之後，認為沒有普遍的模式可以遵循。建議將社會分成四種類型：受殖民影響的前工業社會，未受殖民影響且有自生工業科技的前工業都市，未受殖民影響也沒有自生工業技術的前工業社會，以及完全反映工業技術影響的都市。再就這四類社會分別去理解其都市的生態結構。如是觀之，都市的生態結構與其所在社會的性質的關聯，是值得注意的。

相應上述不同類型社會可能的都市空間差異，關聯到第二項批評，

即以靜態分析來測試動態的理論（Freisbie, 1980: 214-216）。一般因素
生態分析，很少是貫時性的，往往只是就某一時段的資料加以分析之
後，便對都市的發展與結構加以推論。其實，像 Burgess 的同心圓說，
基本上只是對 1920 年代芝加哥的解析，卻試圖蘊含侵蝕、持續這樣
的動態概念。Schnore（1967: 351-352 & 370-374）反駁對同心圓的批
評，認為同心圓乃是都市發展到某種程度之後所顯示的狀態，一些異於
同心圓的發現，只是發展過程的反映而已。我們不見得認為同心圓模式
是都市發展最終的結果，但卻不可否認有關都市發展過程的分析，應有
助於我們對都市生態結構的理解。

二、都市生態理論的反省：
由社會文化生態學到新都市社會學

（一）社會文化的生態探究對古典生態理論的補充

稍前，我們提到古典生態學家和 Hawley 的觀點，一方面是以經濟
因素為其解釋的重心；另一方面，在強調競爭過程的觀點下，像經濟學
的自由放任主義一般，主張都市空間是在一隻看不見的黑手的運作下塑
造出來的。對這樣觀點的不滿，則有從社會文化脈絡來討論都市生態結
構的觀點。最著名的是 Firey（1945）有關波士頓的研究，被稱為文化
生態學。他的研究明白指出，波士頓的一個高級住宅區，在經濟勢力的
擴張之下，仍維持其原有的居住特性。主要的原因在於，一個半世紀以
來這地區一直是人們所偏愛的高級住宅區，已經成為人們好些情感依附
的象徵，因而地區對波士頓的老家族極具吸引力。就此，他主張情感
（sentiments）和象徵可以作為一個生態變項，說明居住的空間構造。此
外，Hollingshead（1947）為文明白指出，人類社區是在社會文化脈絡
中組織起來的，同時，文化價值和慣行可以規約競爭過程，這意味著經
濟的過程也有其社會文化基礎。

Firey 和 Sjoberg 在 1982 年時，更為社會文化的生態探究提出較
為廣闊的視野。他們引用 Eric Cohen 的架構，認為人們對環境有四種

價值取向：工具的（視環境為資源的來源）、疆域的（對環境的政治控制）、情感的（對環境的依附）以及象徵的（環境的、美學的和神聖的意義）。這四種取向的相對重要性，可以決定環境或空間的意義。他們更進一步主張，權力是普遍的生態變項。依靠權力的運作，一個社會才能動員資源以取得社會所界定的目標。這些資源包括土地、工具、知識、威望、美學和藝術等，正好都落入 Cohen（1976）的四個取向之內。權力的變異，於是可以蘊含上述四個取向的變異。他們再列舉，帝國興衰、社會設計、官僚機構在計劃中的折衝和協調、科層組織性質的轉變以及階級衝突等，對都市興衰和土地利用的影響，藉以證明權力在人文生態研究上的重要性。

Duncan（1961）提出生態結叢（ecological complex）的架構，認為人口、組織、環境和科技四者交互影響，造成了生態體系的變化。空間應該是人口與環境因素的展現，而組織可以包括市民運動、行政機構與命令。這樣的架構，已不限於經濟因素，但是 Duncan 刻意指出，「社會的」並不意味著人們的主觀選擇，而是相互依賴的客觀關係。Form（1954）則主張都市生態是透過有組織的過程，是高度自我意識且具目的的。他從社會結構在決定土地利用上的位置，提出對都市生態研究的建議。他認為生態學可以仍是經濟領域的問題，但需要對經濟行為提出社會學的分析，而第一步就是分析在土地市場中運作的社會力。土地市場絕非自由且毫無人為運作的競爭，而是受一些互動的組織所操弄和主宰的，這些組織包括房地產與建築業者、大型工商業與公用事業、個別住宅和小規模土地擁有者以及地方政府。他進一步認為，我們必須分析各群體在進行其土地策略時，所可以運用的經濟資源；各群體所展現的外顯的和內隱的功能；各群體的內在組織；各群體所需面對的壓力和影響力；以及每個群體對整體都市的意象。在某種程度上，社會文化取向的人文生態研究，已經可以接上新都市社會學的政治經濟學分析。可惜的是，在單篇論文提出主張之後，都缺乏後繼的經驗研究。

（二）新都市社會學對都市空間探討的衝擊

　　Bailey 和 Mulcahy（1982）在檢討社會文化與古典生態二觀點時指出，社會文化生態（social and cultural ecology）觀點雖不能解釋社會與社會間都市體系的差異，卻可以說明土地利用上的不同。但是，這樣觀點的經驗研究成果並不豐碩。一直要到 1970 年代新都市社會學從政治經濟學的觀點探討都市的空間構造，才有系統的將運作於都市發展背後的各種政治、社會和經濟力量有系統的加以處理。同時，新都市社會學才將都市空間研究與一般的社會學理論結合起來。而人文生態學則自成其傳承，雖與結構功能論頗見契合之處，卻乏直接的援引。Castells（1977）一針見血的批評說，Park 所謂的「自然力」應該解釋為，資本主義生產模式所特有的力量。而主流都市空間的研究在這種自明的自然力之下，便疏於理論上的探討，而以空間模式的描述為主業。

　　所謂新都市社會學，包含著許多不同的探究方式，但大抵都從資本主義社會的特性去著手都市研究。資本主義社會的特性，不只是經濟面而已，還顯示特定的政治結構與意識形態。這樣觀點的都市研究，最初都視空間的使用是資本家尋求較大利益的結果。資本家追求利潤時，並無法顧及其他階級的利益；但是階級衝突造成了混亂不安，於是公部門不得不干預，但目的還是在促進資本家的利益。從資本累積和階級衝突來解釋人類的空間使用，被批評為太結構取向，太目的論了。在 1980年代以後則出現較綜合的看法，避開結構決定的論調，強調空間形式是在社會結構的影響下，行動者互動過程的產物（Baldassare, 1983: 29-31; Saunders, 1981: 219-248）。Gottdiener（1985: 195-262）以美國都會空間性質的轉變為對象，檢討了各種主流的空間探究，提出空間的社會生產的概念，是這方面最有系統的努力之一，我們就以他的說法作為例子。

　　Gottdiener 的起點是，空間型態的特徵與社會組織的結構變遷呈現辯證的關係，並非一方是「社會因」而另一方是「空間果」。更重要的是，現代社會的空間形式是資本主義發展過程中衝突和爭議之下的產物。不一定有益於資本主義，也不是由資本主義累積過程而決定的。他視美國的都會擴張是後期資本主義階段的現象。後期資本主義下最特出的結構轉變是日益擴張的全球性公司、干預取向的政府部門、以及以知識和技術為主的生產力。這樣的轉變對空間可以顯現四方面的影響。第一、生產力的變化導致工業與資本越來越強的流動性；第二、社會秩序分化成更複雜的結構，工人階級與資產階級都可以再細分好些層級；第三、政府積極參與社會，公共決策在社會發展的影響力愈來愈明顯；第四、空間模式愈來愈分化，愈不均衡。這樣的結構上的轉變，必須透過一群行動者才能展現具體的空間形式。

　　空間形式的生產必須扣連到以土地為對象而組織起來的特殊社會利益。此一利益形成，財產部門（與土地投資關聯者）只是其中的一部分，整個的運作是透過成長聯盟或網絡（growth coalitions or networks）而形成。在地方社會，這些網絡不只一個，因時地而組合不同，它們可以包括任何階級的人，也常是公部門和私部門的結合。它們擁有「成長」的理念，運用繁榮的概念和成長的說詞，以取得其行動的正當性。由於成長聯盟大都包括公共部門，蘊含著政府的直接干預以及政黨政治關係。在美國，許多建設地方政府握有相當的權力，地方政府在正當性的維護上，對公民的要求極其敏感。如果在地方社會「反成長」的力量集結程度高，可以影響成長網絡目標的達成。成長網絡不只是空間的經濟操弄者，同時會受到政治過程的約束。成長部門與其他部門（如教育、工業）之間有著爭議。財產部門內的意見並不盡相同，也會有敵對團體間的競爭。成長網絡的運作，同時具有意識形態以及政治、經濟的向度。「成長」與「反成長」部門之間的對抗，代表著空間利用意識形態上的爭戰。空間的塑造是協議下的結果，常可能顯現非理性的和不協調的模式。Gottdiener 試圖就如此的結構化過程，去解釋人口、產業的分散以及區域間的變動所顯示的不均衡發展。

三、都市空間的變遷：
從郊區化（suburbanization）到縉紳化（gentrification）

　　以上有關西方（特別是美國）都市空間的討論所欲解釋的現象，是郊區化。在古典空間模式中，中產階層住宅的向外移動，就是一種郊區化的現象，而新都市社會學裡所強調的都市內部的不均衡發展，也指的是郊區與中心都市的對比。郊區不只是人口向外流動的現象，並且反映著一種特定生活形態。渥斯（Wirth, 1938）在〈都市性乃一種生活方式〉（Urbanism as a Way of Life）的論文中認為，人口數量多、人口密度強和人口異質性高，是都市與鄉村不同之處。這三種特性增強了都市的經濟競爭，造成了明確的職業分化、地區分化以及人群的隔離，同時削弱了社區的聯繫和初級團體的凝結力。都市人之間的關係淡薄，暴露在過量的外在刺激。如此情況下，就客觀的主動而言，都市人之間的基本關係鬆懈；就個人心理來說，是對人際關係的不滿，疏離感增強，以及無助情況下的心理壓力。Gans（1968）則為文認為郊區性（suburbanism）可以是與都市性相對立的狀態，只有都市內城（inner city）才契合渥斯的說法。從美國的郊區化過程觀察，19 世紀興起了強烈的反都市取向，人們承認都市是工作的場所，是步步高升的舞臺，但卻不適合家居。在科技條件（特別是交通與電訊）允許之下，郊區化成為調合工作與理想居家的一種方式，如今美國人偏好郊區居住的傾向仍在（Hadden and Barton, 1973: 93-109）。

　　Jackson（1985）的《草原邊地》（*Crabgrass Frontier*）一書，是對美國郊區化的綜論。他以郊區化為美國過去兩百年都會發展歷程的特色，強調所顯現的特殊生活方式是舉世獨一無二的。他列舉美國郊區的四個特質，居住於郊區的富裕和中等階層的美國人（居住地的高階級屬性），遠離他們的工作地（長程通勤），擁有自己的住宅（高住宅自有率），這獨門獨院的住宅以都市的標準而言是極其寬闊的。如上的郊區生活，不只造成人口的向外疏散，連產業也分散化，中心都市的鬧區逐漸喪失吸引力，取代的是散處郊區的大型購物中心以及高層次的三級產業、高科技的二級產業。他認為美國的大都會已經沒有中心了，而中心都市相對於郊區的衰落，也一直是美國都市研究的重要題目之一。

　　相對於郊區化，在 1980 年代的都市研究裡又注意到都市中心部分地帶的復甦現象，而以縉紳化指稱。Zukin（1987）指出這是英國社會學家 Glass 所造的概念，描述中等階級人士移住倫敦低收入住宅區的現象。這現象意味著中等階級對老式建築的象徵的依附，對空間與時間的高度重視。同時意味著與郊區的割裂，人們從以家庭為中心的家戶，移入分歧且五花八門的都市生活。在北美、英國以及澳洲都出現這樣的情形。縉紳化的過程中，相應著都市產業的重組。大型公司在都市核心的部分地區再集中，辦公大樓在低度利用和地價貶值的市中心地帶紛紛設立，新的中產階級居住區，與這種土地利用模式相呼應。產業與居住的再結構，導致中心都市部分地帶的藍領工人居住地區被取代。工業的衰退，為這樣的發展提供了契機，人們對混亂的交通與分配體系的不滿，也可能是如此發展的因素之一。藍領地區轉為白領居地，也帶起了新的消費型態。

　　縉紳化至目前為止，雖然引人注目，但並未達到逆轉郊區與中心都市關係的地步。不過，我們卻明白看到近一百年，西方都會在空間模式上的轉折。先是工業化所造成的人口與產業的中心化（centralization），再則是人口的郊區化及隨後的產業分散化（decentralization），目前則又有了人口與產業再度中心化（recentralization）的情形。將臺灣都會化過程如此的對比，可以讓我們對照出臺灣都市擴張的意義。

四、本研究的觀點與策略

　　有關都市空間模式的呈現，以人文生態觀點所衍生的方法仍是主要的策略，而因素生態分析多面向所展現的圖像，以人們居住模式而言，還是最合適的。它包含了古典生態模式的社會階層面向，也包含種族隔離的面向。它所呈現的家庭狀態面向，從人們居住選擇的觀點來看，反映著家庭生命循環的不同需求，也是現代社會發展可以感受到的現象。古典生態模式所呈現但因素生態所未處理的是，產業的構造與分布。此外，相應於都市擴張的人口變遷，亦是因素生態分析存而不論的。因此在生態因素的居住模式的分析之外，人口與產業的擴張與變遷過程，必須同時處理。不過因為材料的限制，我們運用不同的處理方式。總而言之，對都市空間模式的呈現，本研究所採用的都是人文生態學所發展的策略，因此在本書的副標題上，我們標示了社會生態的觀點。

　　人文生態古典觀點對都市中不同特質人群的聚居，不是從經濟的自然競爭，便是從人們的自願選擇去解釋。我們可以體認到社會文化生態觀點以及新都市社會學對人文生態觀點空間探究的批評。在理論的解釋上，經濟因素固然是眾所認知的，但是從社會文化生態的觀點，以及新都市社會學的架構，都明白提示政治過程、意識形態、科技基礎、以及社會心理因素的作用。而更明白的說，都市的空間構造，不能脫離其所孕生的社會文化環境。本研究從人文生態的觀點去探討空間的模式，先天上的缺陷，就是不能直接將上述的社會文化環境與空間模式串連起來，更不能討論結構與行動者之間的關聯（如成長聯盟）。我們所能做的是，將臺灣的都會化過程所呈現的空間形式的變遷與西方都會化從都市化、郊區化以至縉紳化的過程作個對比。從這樣對比之中，去詮釋臺灣都會化的意義，並尋求與這意義相應的政治經濟與社會文化性質。本研究所處理的四個都會，其中心都市都是在日據時期開始現代的都市規劃，而光復後的發展，又援引日據末期規劃的藍圖。因此，我們會以日據末期的都市性質作為起點，並追溯約四、五十年間的空間變遷以及相關的因素。整個的討論是回溯與歸納的，就是在這樣的策略之下，我們標示以另一個副標題，即「歷史的」。

　　目前已經有好幾個都市社會學者對臺灣都市所做的因素生態分析（林瑞穗，1980；孫清山，1983；章英華，1986b 和 1988）。林瑞穗的發現是，臺北都會的空間模式與 Shevky 和 Bell 的不同，並未高度分化，可以使用較少的因素加以說明。主要包括生活方式（以社會經濟變項為主，其次是家庭生活的變項）和家庭主義兩個因素，甚至只有生活方式的變項即可以說明。但是他指出，他的分析單位是市、鎮、鄉和區，範圍過大，使變項的大小有相互抵銷或趨於平均的結果，以致地區的差異不顯著，建議以里為分析單位較適當。孫清山運用綜合性的統計區域為單位，應用因子分析討論臺灣三大都市的社會結構，他得到三個因素，社會經濟家庭地位、商業取向和人口移動。章英華有關臺北市的因素生態分析，是以里為分析單位，得到地區發展階段、社會經濟地位、家庭狀態和商業取向四個因素。孫清山和章英華所得到的商業取向、人口移動、地區發展階段等因素，與 Shevky 和 Bell 社會地區分析

的三個因素不同。人口移動和地區生命循環,主要是反映著地區的老舊
程度,顯示移民較少和較多地區之間的對比。而商業取向,一方面反映
著住商混合的居住型態,另一方面也與外省和本省人口的分布相關,商
業取向強的地區,外省人居住的比例極弱。孫和章二人皆以因素生態分
析的假定選取所用資料中適合的變項,得到如此的因素,正可以反映臺
灣都市生態結構異於西方都市的性質。都市計畫方面的學者,亦進行了
一些類似的研究(陳春益,1977)。

不過所有的研究都只能根據單一年度的資料進行因素分析。其實以
臺灣既有的資料,要分別進行相當間隔時期之間的因素分析,再加以比
較,不太可能。如此的比較需要較小地域單位,即村里的數據。這類資
料在 1970 年才告出現,也在 1970 年才電腦化。以前官方所公布的資
料,大都只及於鄉鎮,章英華(1988)的研究提出一個折衷的辦法,
即使用 1956、1966、1980 年三次的人口與住宅普查和 1954、1971 和
1981 年的三次工商普查,討論臺北市十六區在產業結構和人口結構上
的變化,再用 1980 年的人口普查村里檔進行因素分析,並以前者長期
的變遷來推斷後者得以形成的原因。以這種策略,我們無法推論臺北市
在發展過程中,生態因素分化性質的確切轉變,但我們可以推論 1980
年所呈現生態結構何以形成的基礎,以及將來變化的方向。我們可以不
必討論模式變遷的問題,但是可以找到解釋現狀的歷史因素。

這幾十年來,臺灣的都市化十分快速。不僅都市數目增加,個別都
市的範圍也急速擴張,而都市界線已不為行政區劃所圍限。筆者對臺
灣都市所做的幾個研究,都是以行政都市為探討的地理範疇(章英華,
1986a;1986b;1988),不見得可以反映實際的情況。其他大部分的研
究,則不是分析的地理單位過大,便是以行政單位為界定的地理範疇,
落入同樣的缺陷。因此本研究將生態結構的分析以整個都會為對象,並
就臺灣的四個大都會加以比較。臺北、臺中、臺南和高雄四大都會區的
比較,可以有幾個方面的意義。首先,發展歷史的基礎不同。臺北和臺
南在日據之前已是五萬人口的都市聚落,之後再加上日本殖民政府的規
劃。臺中和高雄則是在日據以後才發展的都市,其都市規劃亦是在日據
時期才正式展開。臺北在清末才成為全島的政治和經濟中心,這種地位

在日據時期更形穩固；光復後，由於政府遷臺，有著國家首都的性質，在臺灣與全球經濟關係日益密切之下，亦是樞紐。高雄在日據時期，先是主要的港口，繼而是全島重化工業集中發展地區，如此特性延續到光復以後。臺中在日據中期成為中部地方最大的都市，光復後省府又在左近，大學的數量不及臺北，但遠超過臺南和高雄。臺南雖然在清朝是臺灣的最大都市，但是在全島的位階則逐漸下降，在光復後的成長率一直是四大都市之中最低的，目前的規模已不及臺中。再者，四大都市或都會區的規模亦有顯著的差異。如此在發展歷程和規模上的不同，很可以作為討論四者間空間結構差異的基礎。

　　本研究擬以因素生態的架構來分析都市的空間，不過除了社會經濟地位、家庭地位和種族別（以省籍代替）之外，筆者在 1988 年的論文還提出商業取向的因素。關於西方都市的研究裡，都假定土地利用的分化十分清楚，住宅和非住宅的功能不可能同處於一棟建築物之內，在現代快速便捷的交通之下，人們盡可能遠離工商設施集中地帶。在這樣的都市裡，商業區只是工作地點，不會被認為具有居住的性質。反之，前工業都市又被認為是住宅和非住宅活動完全未分化，不值一提。但是臺北市在 1980 年，尚有十分之一強的家宅兼為工作場所。可以顯現出以商業活動和住商混用來區分的空間構造。這是買賣和服務業工作者的居住特色（章英華，1988），孫清山的研究（1983）也指出類似的現象。大部分臺灣關於都市因素生態分析的研究，同樣會受到描述性強於解釋性的批評。我們將像 Timms 一般，就我們抽取出的因素加以空間的描述之後，再就各因素在居住型態上的意義加以詮釋。從筆者對臺北市生態結構的研究中發現，日據時期都市核心的宰制性質，在國民政府遷臺以後還可以看到，在光復以後快速的人口成長之下，高密度住宅的成長和居民的居住選擇態度，都是可能的影響因素。基本上我們可以就各都市在臺灣政治經濟發展脈絡中的位置，都市客觀成長的模式以及都市居民的社會心理，來詮釋臺灣都市的內部空間結構。

　　這個研究係以次級資料的分析為主，包括日據和光復以後的各種戶口和工商普查報告、縣市統計要覽、以及其他相關的歷史文獻。研究的方法和步驟如下：

（一）界定都會區的範圍

　　我們假定都會發展是以一個中心都市的核心地帶往外部逐步擴張的過程，應該展現一些人口密度上的分布模式。大致上，若中心都市的核心是人口密度最高點時，整個都會的人口密度是由中心向外逐漸遞減的情形，若是遇到另一個中心都市的吸引力時，人口密度降到最低點之後，會往另一個中心都市而逐漸上升。我們便以原先設定的都市核心往外至人口密度最低點作為界定都會範圍的基礎，以 1980 年左右各中心都市以及鄰近的鄉鎮市區的人口密度作為分析的數據（陳寬政，1981）。在分析上，長期的變化，我們係以鄉鎮區為呈現資料的單位。另外，我們以 1980 年普查的村里檔資料進行因素分析，以便明瞭一些人口性質較細緻的空間分布模式，將數據呈現在電腦建構的各都會村里別地圖上。村里別行政區域圖係以行政院主計處編繪的聚居地、都市化地區以及都會區分布圖為藍本。由臺大地理系的電腦繪圖專家繪製成的。

（二）產業結構與人口特質的長期變遷

　　以鄉鎮市區為單位，探討從 1950 年代至 1980 年代末期，各都會在人口成長、產業結構以及年齡、性別、省籍、職業組成和教育組成等方面空間分布的變遷。有關產業結構，我們以集中係數（C）和區位商數（Q）來呈現行政區間的差異。集中係數是，各行政區某一產業占全都會該產業雇用人數的比例，除以各行政區人口占全都會人口的比例，再乘以 100。若該產業雇用的員工隨全都會人口而均勻分布，各行政區的集中係數都是 100。若係數在各行政區間有大於，也有小於 100 的，大於 100 意味著相對於人口的分布某行業於該區較集中，小於 100 則是較為稀疏。區位商數是，各行政區某一產業占全都會該產業雇用人數的比例，除以各該區占全市所有產業總雇用人數的比例，再乘以 100。某一行政區某一產業的區位商數大於 100，意味該行政區在這一產業的偏向較高。整體產業集中程度低的行政區，集中係數可能都低於 100，但是在這些行政區之內，某一產業可能顯示大於 100 的區位商數。顯示區在產業分布上並不重要，但某一產業在該區有其特殊性。在一些人口特質上，我們也運用區位商數來說明。以教育程度而言，如果小學教育程度者在某行政區的區位商數大於 100，顯示該區與都會其他區相比較，在小學程度人口的比例上偏高，反之則偏低。我們經常會將各行政區在某一類屬上的比例與全都會的比例相比較，而稱全都會的比例為「都會的一般值」，有別於平均數或平均值。

（三）因素生態分析

利用 1980 年的戶口普查村里別資料檔進行因素分析，擬採用四組變項：人口與家庭特質，大致可以反映家庭狀態，包括平均戶量、性比例、14 歲以下人口比例、60 歲以上人口比例、單身戶比例、總生育率和已婚婦女生育率；教育和職業特質，反映的是社會經濟地位，包括大專以上教育人口比例、小學以下人口比例、有業人口中公務和軍事機構人員比例、專技與行政主管人員比例、生產體力工作人員、以及買賣工作人員比例。省籍和移民，包括外省人口比例、居住各鄉鎮滿 5 年以上人口比例。住宅特質，包括非住家用家宅和混用家宅比例、每人平均居住面積、居住公寓和大廈家戶比例、以及 1960 年以前興建的住宅比例（各變項的計算方法請參見表 1-1）。最後一組變項可以反映出住商混用情形和地區的住宅品質。在因素生態分析上，我們分成如下的步驟：

1. 因素分析係使用 SAS 軟體，以主成分法再經 HarrisKaiser 斜角轉軸，萃取因素。原則上各都會的因素分析，都取 Eigen Value 大於 1 者。其中臺中、臺南和高雄三個都會，都可以得四個因素，而臺北都會只得三個因素。為比較的便利，四個都會均取四個因素。

2. 每個里在因素分析之後，在各因素都可以得到因素分數。我們以村里為單位，將都會區以都市核心為基點，分成幾個同心環和扇面，交叉成許多地帶。每一個扇面和同心環交叉地帶，包含著數目不等的村里。我們以扇面和同心環作為自變項，以共變數分析觀察各交叉地帶的差異由同心環或扇面所解釋的狀況。若某一因素同心環的解釋力達到統計顯著水準，則該因素所反映的社會性質，是由都市核心往

外圍逐漸增強或減弱的情形。若某一因素扇面的解釋力具統計的顯著
水準，則其反映的社會性質呈現扇面間的差異。各因素的空間分布，
可能只顯示由核心往外的同心環差異，或扇面的差異，但也可能同時
顯示同心環與扇面的差異。另外，我們亦將各里的因素分數依標準差
分成由高負分至高正分的六個分類，在村里圖上以不同的顏色標示出
來，以呈現更具體的分布模式。這些分布圖，各都會地帶都有四幅，
集中於本書的序言及導論之間。另外，以各扇面和環圈交叉地帶所得
的各因素分數的平均值（未調整），作成各因素同心環與扇面的分布
曲線圖，以便更具體觀察空間分布模式則置於文中適當之處。請讀者
參照這兩組圖，以明瞭各都會的社會生態結構。

表 1-1 因素分析變項說明表

幼年人口比例＝ 14 歲以下人口／總人口數

老年人口比例＝ 60 歲以上人口／總人口數

單身戶比例＝單身戶戶數／各村里總戶數

總生育率＝現有生育子女數／已婚女子數

大專以上教育程度＝男女大專以上人口數／ 20 歲以上人口數

小學以下教育程度＝小學以下教育人口數／ 15 歲以上人口數

公務與軍事機構服務人員＝公共行政及國防服務人口數／就業人口數

專技與行政主管人員＝專門性技術性及行政主管人員人口數／就業人口數

生產體力工作人員＝生產作業及體力工人口數／就業人口數

買賣工作人員＝買賣工作人員人口數／就業人口數

外省人口比例＝外省人口數／總人口數

居住本區滿 5 年以上人口＝居住本里、本區滿 5 年以上人口數／總人口數

非住宅及混用住宅＝兼其他用途家宅數／家宅總數

平均居住面積＝總坪數／總人口數

1960 年以前住宅＝竣工年份 1960 年以前家宅數／家宅總數

連棟式住宅比例＝連棟式建築家宅數／家宅總數

公寓或大廈比例＝五層以下公寓家宅數＋六層以上大廈家宅數／家宅總數

（四）利用文獻和各類的統計資料

瞭解各都會區自日據以至目前在政治、經濟和社會各方面的變化，
以求解釋並比較各都會在生態結構上的特性，並進一步探討都會化和郊
區化在臺灣都市發展上的意義。

第二章

臺北都會區的都市發展與內部結構

一、臺北都市發展簡史

　　臺北都會的發展，可以看作臺北盆地內都市地帶與都市聚落的發展歷程。相對於臺灣的中部與南部，臺灣北部的墾殖較遲，而臺北盆地在北部的墾殖，也晚於竹塹（新竹）地帶。臺北盆地早先的都市聚落，大都是在淡水河沿岸，而早期最大的都市聚落在新莊，並非目前的臺北市區。臺北市區最早形成於艋舺，到了 19 世紀中葉，艋舺已是臺北盆地的集散中心，對外貿易的船隻可以直接抵達艋舺，不必由淡水轉運。當時有所謂的一府、二鹿、三艋舺的說法，因此艋舺在臺灣北部已經擁有領先的地位，其人口超過當時北部的政治中心──新竹。在現今臺北市區內，另一個較早形成的聚落是大龍峒。1805（嘉慶 10）年，同安人在大龍峒建立保安宮，隨後並於宮西側興建店舖，形成街市。到 19 世紀末，圍繞著保安宮的商業市街，似乎仍舊以附近農耕地區的供需為主，只能算是農業地帶之中具商業功能的似城聚落（黃得時，1953: 39-46；溫振華，1978: 117-118）。在 19 世紀後半形成的是可以與艋舺相抗衡的大稻埕。

　　大稻埕在 19 世紀中葉，仍是農墾旱園地區。當時容或有小聚落或些許店舖，但都未見方志記載。在 19 世紀前半，這一帶似乎尚無類似大龍峒的似城聚落。在 1853（咸豐 3）年「頂下郊拚」，三邑與同安人之間的械鬥，同安人落敗之後，大量由艋舺和臺北盆地其他的械鬥街莊，移往大稻埕，促成了後者都市聚落的初步發展。19 世紀中葉，正值淡水開港，臺灣北部的茶葉成為國際商品。其時，艋舺港口淤塞，紳商們又反對外商進駐；相對而言，大稻埕一方面有著較佳的港口條件，一方面也因其商業勢力尚未強到足以排斥洋商的地步，很快成為茶行、茶廠的聚集中心和洋行的駐在地。在 1880 年代（光緒年間），大稻埕取代艋舺，成為臺灣北部貨物輸出入的集散地。這個新興港口，先與艋舺分庭抗禮，旋即成為北部地區首屈一指的繁盛商區。臺北市最早的兩個商業地帶，至 19 世紀末日人入臺之前，已奠定穩固的基礎。

隨著艋舺和大稻埕的繁盛，這地帶的政治地位也告提升。1876 年 1 月（光緒元年 12 月），清廷於臺灣北部設臺北府，駐艋舺。當時亦起建城計劃，至 1882（光緒 8）年才完成，官府出示廣招人民前來城內營建店舖。臺灣建省以後，省會也遷至臺北，臺北府城改為省城（尹章義，1983: 9-15；《臺北市發展史》，1981: 47-58）。在日本人入臺之前，城之興建尚不滿二十年，僅西北角大致建成，其餘城牆之內仍多田園。依 1897 年的數據，艋舺和大稻埕的人口分別為 21,054 和 29,719。當時臺北盆地較大的都市聚落，尚有新莊、淡水、士林、板橋和錫口，人口都在 5,000 以下，後二者只在 2,700，因此大稻埕和艋舺在臺北盆地的優勢，極其明顯（章英華，1986c: 240）。由於大稻埕和艋舺距離甚近，同時在發展上又前後相繼，同時在後來同樣為臺北市的最早發展地帶，在清代就可以視如同屬一個都市地區，二者相加的人口數已略為超過 5 萬，與當時的臺南不相上下。換言之，二者合計的分量，可以說，居臺灣之首位。府城之設，官方文書說是在艋舺，實際是位於艋舺西北，大稻埕東南，人煙稀少的地方，亦即距離都市聚落近的空曠處，是個新城的規劃，構成了日據時期，城內、艋舺和大稻埕三者連成一氣的基礎。

1895（光緒 21）年以後，日本殖民者仍以臺北為其統治臺灣的政治中心，肇建不久的臺北城，便成為殖民政府主要政治機構、軍事設施、文教設施以及現代商業設施營建的地方，清朝的衙署都被取代。日據初期的 15 年對臺北市的都市規劃，被稱之為衛生改造，僅對局部地區的道路、水溝加以計畫和改善（《臺北市志》，1957；簡博秀，

1992）。在 1905 年推行市區改正計畫，所包括的範圍，除了城內、大稻埕和艋舺之外，並擴大將東門外、南門外和三板橋（約在今中山南路以東、新生南路以西、縱貫鐵路兩側以南以及信義路以北）一帶併入。由城內往東南發展的走向，在這個計畫中顯示出來，預計 14 年之後，可以容納 15 萬人口。不同的地區，設定不同的人口密度標準，城內每人 25 坪，南門與東門城外 20 坪，艋舺 12 坪，大稻埕 10 坪（黃世孟，1989）。此一計畫的推行，拆除了清代所設立的城牆，改建所謂的三線道（日本人廢舊城牆，築成中間有快車道，兩旁植行道樹的安全島，再外側是慢車道的大馬路，即今日的中山南路、愛國西路、中華路和忠孝西路）。從計畫的內容看來，衛生問題的改善和都市生活的提升仍舊是重點（朱萬里，1954；溫振華，1986；簡博秀，1992）。這計畫使臺北市脫離臺北城的束縛，不過三線道與城內政治機構的分布，仍依稀可見臺北城的影響脈絡。城內地區的發展，一方面誘使艋舺和大稻埕的發展方向趨向城內，日人闢建西門外的商業娛樂區，形成重要的商業與娛樂地帶（王一剛，1958；王榮峰，1958）。到日據中期，使得城內、艋舺、大稻埕湊合成相互銜接的都市地區（陳正祥，1959: 282-287），整個臺北市的舊核心區，此時才底定。

1932 年時，當時的臺北市，人口超過 20 萬，凌越了 1905 年規劃所設定的目標。日本政府在 1932 年公告了新的都市計畫，計畫目標年設定在 1955 年，人口目標為 60 萬人，面積 6,676 公頃，約當前一計畫的四倍。此計畫最大的特徵在於通往郊區的道路計畫和市區公園的闢設，當時已經預期汽車時代的來臨，目前臺北的林蔭大道，具見於該計畫中。因戰事，整個計畫並未推展（黃世孟，1989）。從幾個都市方案的推行，臺北市作為全臺灣第一大都市而作的設計，甚為明白。作為殖民政府統治臺灣的首治，日本人移入臺北的情形居全臺灣之首位，在日據中期以後，臺北市擁有全臺灣日本人約三分之一，而日本人占全臺北市居民的比例都在三分之一以上，1920 年時約 5 萬人，1935 年近 10 萬人。日人的發展大致以城內的東南方向為主，導致臺北市的建成地在日據時期向東南方向的延伸。臺北這段時期的成長，使它與臺灣其他都市之間的差距，愈來愈明顯。在 19 世紀末期，艋舺與大稻埕合計的人口與臺南不相上下，但在 1920 年，臺北市的人口是臺南市的兩倍強，至此以往，臺北與臺灣第二大都市的人口比，都在 2 以上，其獨大的情形，比不上其他地區殖民社會的首要都市，但它在臺灣都市體系的優勢地位，在日據時期才明白呈現（章英華，1986b: 243-257）。

日據時期的臺北市區，可以就殖民者和被殖民者分成兩個壁壘分明的地帶（西村睦男，1985: 8-32）。大稻埕和艋舺地區係本省人居住地，人口離心的趨勢甚低，新築房屋的數量不大，以 2 至 4 層樓的磚造房屋為主。雖無西方式的大廈，但多少都呈現立體發展的傾向，人口密度甚高，居住空間也非常擁擠。基本上，這個本地人的居住地帶，尚處於人口集中的過程，建地擴張的速度不及人口的成長速度。日本人先是以城內地區為大本營，日人移入漸多之後，除西門外的日本人商業區之外，住宅區是由城內往東南方向擴展，住宅大多為日式的平面建築，與大稻埕和艋舺相比較，不但人口密度低得多，居住空間也較寬敞。日據末期，本地人居住地帶以地區面積計算的人口密度，每平方公里為 47,000 人，以建地面積計算為 60,000 人；而日人居住地帶，則分別為 17,526 和 23,752 人。前者人口最密集地段，高達每平方公里 18 萬人。因此，日本人占全市人口的比例雖然較低，整個臺北市建地的發展卻以日本人居住延伸的東南方向最為顯著。本地人和日本人居住地帶，在功能區分上亦呈現清楚的差異。本地人居住地帶，工商業單位與住宅混雜的情形非常嚴重，由於早先便是以商業市街為基礎而發展，又非殖民者的居住地帶，文教設施非常欠缺。而日本人的居住地帶，從城內的西北角開始，先是較新型的中心商業區（即今重慶北路和博愛路一帶），往東南是政府機關所在，再東南是相當廣大的文教設施地帶，再外則是日本人的住宅區。顯示相當清楚的功能區分。

如今臺北行政區的範圍內，松山和士林兩處算是開發早且繁盛的市街，在我們稍後界定的都會範圍內，尚有名之為街的都市，如三重、新莊、板橋、汐止等，但是它們的人口在日據末期都不到 1 萬人。這些聚落在臺灣的都市體系裡，都未擠入前 20 名之列。就是北部的第二大都市人口都只在 10 萬左右，而第三大都市在 5 萬左右，以臺北市的超過 30 萬的人口，它在臺北盆地以至臺灣北部的獨占優勢，不言而喻。臺北盆地的都市體系，可以說是一個獨大的都市，外圍環繞著小型的衛星都市。到了光復之後，臺北都會區的快速發展，使得盆地內的許多小型都市，人口快速成長，板橋、三重、永和、中和、新莊和新店，依其人口規模，都已在全省都市的前 20 名之內，不只是功能上與臺北的關聯愈來愈密切，甚至在建地上也已經連成一體。

二、人口成長、人口移動與人口分布

Graff（1976: 57-75）在他的博士論文中，以人口、土地、經濟以及交通資料，確定臺北都會區的中心點應為臺北火車站，而都會區則包括自臺北火車站向外延伸的 17.7 公里之內的 29 個鄉鎮市區。除了臺北的 16 個區之外，尚包括汐止、深坑、新店、中和、永和、土城、樹林、板橋、新莊、泰山、五股、蘆洲和三重 13 個鄉鎮市。陳寬政（1981）以人口密度指數的分布模式來界定臺北都會區的範圍。他以基隆火車站為起點向西南延伸，以各鄉鎮市區與基隆火車站的距離為橫軸，人口密度函數為縱軸。由 1962 至 1979 年分成三個時段所製成的人口密度指數的分布曲線，基本上沒有太大的差異。在臺北與基隆之間，汐止與七堵一直是個分隔點，也就是說，從臺北市人口密度的最高點往東北，最低點落在汐止，由基隆的密度最高點往西南，最低點落在七堵，七堵與汐止的人口密度大致相似。若由臺北市的密度最高點往西南，以新莊、土城和樹林為一組，而鶯歌、三峽和龜山為一組。樹林和土城為一個低點，而再向西南，鶯歌維持著與樹林大致相同的人口密度，而龜山和三峽到基隆火車站的距離與鶯歌相似，人口密度都低於鶯歌。陳寬政（1981）的結論是，上述的兩群鄉鎮，後者與臺北盆地因山區阻隔，在鐵公路的距離，較前一群為疏遠，人口密度，表現出不同於臺北都會區自市中心向外圍平穩下降的特性，暗示著鶯歌、三峽和龜山三鄉鎮的獨立地位。根據這個經驗數據，他以臺北火車站為中點，以與汐止火車站的距離，15.5 公里為半徑做圓，所包括的區域，便是臺北都會區。因深坑與臺北的公路距離，不論經過南港或木柵，都超過 15.5 公里，在陳寬政的界定中，不包括深坑，只得 28 個鄉鎮。不

圖 2 臺北都會行政分區圖

過在以後的幾章，對都會區的距離都是以直線距離為依據，我們還是採
Graff 界定的 29 個鄉鎮市區，為臺北都會區的範圍。

　　臺北都會人口的年平均成長率，自 1951 年以後，最高的是在 1951
和 1956 年之間，為 6.1%（見表 2-2.1）。1956 和 1961 年間，降至 5.2%，
旋又上升至 1966 和 1971 年間的 5.6%，再持續下降到 1980 和 1986 年
間的 3.6%。顯示都會的人口成長動力趨向緩滯，不過 3.6% 的成長，
仍意味著人口的流入。由於 1950 年代初期外省人大量流入，我們將外
省與本省人口分別觀察其人口成長率，外省人口的成長，在整個 1950

年代都高於本省人口，而在前半個 5 年，外省與本省人口成長率的差
距最大。在 1960 年代，本省人口的成長率提升，與外省人口大略相
等，但至 1971 年以後，外省人口的增加顯著降低，甚至低到 1.3% 和
1.5%，幾乎完全靠人口的自然增長，缺乏流入的人口。本省人口在
1960 和 1970 年代都維持在 5% 至 6% 之間的年平均成長，1980 年代的
前半，仍有每年平均 4% 的成長。相對於外省人口的增加模式，臺北都
會在 1970 年代以後人口的社會增加，幾乎全靠臺北都會以外流入的本
省人口。

表 2-2.1　臺北都會區人口成長率（年平均），1951-1986 年

地區	成長率（%）	1951	1956	1961	1966	1971	1976	1980	1986
城中區	全區人口	-	2.5	0.6	0.7	-0.4	-2.3	-4.1	-0.6
	外省人口	-	-0.3	-0.2	-0.9	-1.3	-4.2	-5.3	-2.9
	本省人口	-	6.1	1.5	2.3	0.4	-1.0	-3.2	0.7
龍山區	全區人口	-	2.6	1.3	0.6	-0.7	-3.3	-4.4	0.1
	外省人口	-	1.7	1.2	0.3	-1.9	-4.0	-5.8	-2.1
	本省人口	-	2.8	1.4	0.7	-0.4	-3.2	-4.1	0.5
雙園區	全區人口	-	8.6	7.2	6.4	4.5	0.8	-1.1	-0.2
	外省人口	-	12.3	6.0	6.3	5.0	-1.8	-1.0	-2.9
	本省人口	-	7.9	7.5	6.4	4.4	1.4	-1.1	0.2
建成區	全區人口	-	1.5	0.6	0.8	5.5	-10.9	-5.4	-1.5
	外省人口	-	-0.4	0.4	-0.5	-1.3	-6.0	-5.1	-2.9
	本省人口	-	1.8	0.7	0.9	6.2	-11.4	-5.5	-1.3
延平區	全區人口	-	-0.1	0.7	0.1	-0.1	-4.3	-5.6	-1.6
	外省人口	-	-0.2	1.1	0.1	-1.6	-4.2	-5.1	-5.3
	本省人口	-	-0.1	0.6	0.1	0.2	-4.3	-5.6	-1.0
大同區	全區人口	-	8.3	5.1	3.6	1.7	-1.5	-3.3	-1.6
	外省人口	-	15.2	4.3	2.0	0.8	-2.0	-6.9	-5.3
	本省人口	-	7.1	5.2	3.9	1.9	-1.5	-2.8	-1.1
中山區	全區人口	-	7.8	6.4	6.1	3.5	0.5	-1.0	2.0
	外省人口	-	8.3	5.4	3.7	2.8	-3.9	-3.0	0.1
	本省人口	-	7.5	7.1	7.5	3.8	2.4	-0.3	2.6
古亭區	全區人口	-	7.6	4.8	4.5	2.4	-0.3	-0.5	0.7
	外省人口	-	7.2	3.9	3.3	1.8	-3.2	-1.2	-0.1
	本省人口	-	8.0	5.8	5.8	2.9	2.2	-0.1	1.3

表 2-2.1　臺北都會區人口成長率（年平均），1951-1986 年（續）

地區	成長率（%）	1951	1956	1961	1966	1971	1976	1980	1986
大安區	全區人口	-	8.8	5.3	5.3	5.9	1.4	0.6	2.5
	外省人口	-	8.3	5.4	4.7	4.7	-2.2	-3.1	1.0
	本省人口	-	9.8	5.1	6.5	8.0	6.0	4.0	3.6
松山區	全區人口	-	6.8	9.2	9.4	9.5	7.4	3.1	2.4
	外省人口	-	10.6	12.8	11.2	9.6	3.9	0.6	2.3
	本省人口	-	5.1	6.9	8.1	9.5	9.9	4.5	2.4
士林區	全區人口	-	4.6	5.4	7.2	8.2	6.0	4.6	3.6
	外省人口	-	12.9	11.2	9.9	7.4	2.9	3.0	3.6
	本省人口	-	3.2	3.9	6.3	8.5	6.9	5.1	3.6
北投區	全區人口	-	6.1	5.2	5.0	7.2	9.0	5.7	2.9
	外省人口	-	13.1	9.2	6.0	7.3	7.3	2.0	0.9
	本省人口	-	4.3	3.8	4.6	7.1	10.3	6.9	3.5
內湖區	全區人口	-	4.9	4.6	8.7	7.8	1.9	10.2	11.7
	外省人口	-	20.1	16.1	21.0	11.9	1.4	7.9	9.4
	本省人口	-	3.9	3.0	5.1	5.7	2.2	11.5	12.6
南港區	全區人口	-	6.3	4.6	5.3	4.9	8.2	2.8	3.9
	外省人口	-	7.7	6.4	5.6	4.9	8.4	1.5	2.3
	本省人口	-	5.9	4.1	5.2	5.0	8.1	3.2	4.3
木柵區	全區人口	-	8.9	7.3	5.1	8.6	5.1	5.8	3.8
	外省人口	-	37.2	10.7	7.7	5.9	4.7	5.4	2.3
	本省人口	-	2.0	5.2	3.0	10.8	5.3	6.1	4.7
景美區	全區人口	-	10.1	6.8	4.6	11.0	8.7	4.1	3.7
	外省人口	-	69.4	11.5	5.6	14.1	7.3	4.7	2.5
	本省人口	-	3.4	4.5	3.9	8.7	9.7	7.0	4.4
板橋市	全區人口	-	6.3	8.4	4.2	9.9	16.0	8.9	3.3
	外省人口	-	21.9	18.9	0.8	10.4	8.3	5.4	0.6
	本省人口	-	3.9	4.6	5.7	9.7	18.4	9.7	3.8
三重市	全區人口	-	12.8	8.6	8.4	7.2	2.6	3.5	1.5
	外省人口	-	24.7	4.3	7.4	10.2	-7.5	-0.1	0.3
	本省人口	-	10.5	9.7	8.6	6.6	4.3	3.9	1.7
永和市	全區人口	-	-	13.4	9.2	6.7	8.6	7.8	2.5
	外省人口	-	-	18.3	7.1	5.9	4.4	4.2	1.8
	本省人口	-	-	6.0	12.8	7.9	13.2	10.7	3.0

表 2-2.1　臺北都會區人口成長率（年平均），1951-1986 年（續）

地區	成長率（%）	1951	1956	1961	1966	1971	1976	1980	1986
中和市	全區人口	-	-	6.6	9.6	10.9	11.9	13.4	4.1
	外省人口	-	-	13.7	16.9	13.0	9.3	8.3	2.2
	本省人口	-	-	4.6	5.5	9.2	14.0	16.5	5.0
新莊市	全區人口	-	3.6	3.5	5.1	11.4	11.9	13.2	5.2
	外省人口	-	13.2	8.7	10.1	14.8	5.6	8.3	2.7
	本省人口	-	2.8	2.9	4.3	10.7	13.1	13.9	5.5
新店市	全區人口	-	7.7	6.9	5.4	3.9	7.9	4.0	2.9
	外省人口	-	31.6	11.3	8.0	5.1	3.5	3.2	6.5
	本省人口	-	2.8	5.0	3.9	3.1	10.7	4.3	0.8
樹林鎮	全區人口	-	3.1	3.2	3.7	5.5	5.0	5.5	4.4
	外省人口	-	13.2	5.8	5.9	10.3	0.1	3.4	2.4
	本省人口	-	2.5	3.0	3.5	4.9	5.7	5.8	4.6
汐止鎮	全區人口	-	2.3	3.7	3.9	3.7	3.0	3.9	3.2
	外省人口	-	2.2	6.3	3.7	8.5	4.7	6.1	7.4
	本省人口	-	2.3	3.5	3.9	3.2	2.8	3.7	2.6
蘆洲鄉	全區人口	-	1.6	3.5	3.4	6.8	5.2	7.5	7.2
	外省人口	-	7.8	10.7	4.4	12.2	0.4	3.5	2.6
	本省人口	-	1.2	2.8	3.2	6.0	5.9	8.0	7.6
五股鄉	全區人口	-	2.3	2.2	8.8	5.4	1.9	3.8	2.8
	外省人口	-	1.2	10.2	45.7	7.3	-1.0	-0.3	-0.8
	本省人口	-	2.3	1.9	3.5	4.6	3.0	5.1	3.6
泰山鄉	全區人口	-	3.0	2.7	6.1	7.7	7.8	8.9	2.9
	外省人口	-	17.4	11.6	19.3	11.6	2.8	4.1	-0.3
	本省人口	-	2.3	1.8	3.8	6.6	9.2	9.9	3.5
深坑鄉	全區人口	-	1.7	3.4	2.0	1.5	1.5	4.4	3.4
	外省人口	-	14.9	28.7	3.8	4.6	4.5	8.7	6.2
	本省人口	-	1.5	2.3	1.9	1.2	1.2	3.8	2.9
土城鄉	全區人口	-	2.3	4.2	4.3	4.7	3.4	9.0	10.5
	外省人口	-	26.0	10.8	8.8	7.0	2.6	5.4	6.5
	本省人口	-	0.3	3.0	3.2	3.9	3.7	10.1	11.4
總計	全區人口	-	6.1	5.2	5.3	5.6	4.4	4.2	3.6
	外省人口	-	9.4	6.6	5.6	5.7	1.3	1.5	2.3
	本省人口	-	5.3	4.0	5.2	5.5	5.8	5.1	4.0

資料來源：依各年度臺北縣市統計要覽整理

　　日據時期臺北盆地內的都市發展，主要集中在臺北市舊市區的範圍之內。從日據以至光復後，臺北市舊市區的人口成長，有所不同。日據時期的社會增加和自然增加率約略相當，使得人口的成長頗為穩定。在光復以後以至 1971 年，是自然與社會增加俱高的時期，自然增加率先升後降，社會增加率則持續下降，不過整體而言，自然與社會增加在人口成長所占的分量，大致相當。至 1970 年代以後，人口的出生與死亡率都顯著低於日據時期，但自然增加與日據相似，社會增加，在 1970 年代卻在遞減中，甚至出現人口出超的情形，人口社會增加自此以後，遠不及人口的自然增加（孟靜，1982: 221）。當臺北市的人口以自然增加為主要動力之時，便已經喪失了過去 60 年來的成長活力。自然增加的遞減，可以推斷為生育現象的反映，而社會增加的變化，則與臺北核心區域人口的外流有關。

　　光復以後，我們所界定的臺北都會區內各都市聚落的成長情形也可反映上述的變化。在 1958 年，除臺北市之外，盆地之內，僅三重名列人口規模最大的 20 個都市中。在 1972 年的資料，加入了板橋、永和、新店和中和。1980 年的數據，又加入了新莊。在 1958 至 1972 年間，臺北市的人口成長率還是全省都市人口成長率的三倍以上，但在 1972 至 1980 年間，則不如全省都市的人口成長，而臺北都會陸續列名 20 大都市的聚落，在 1972 至 1980 年，人口的成長都較臺北市快，三重與新莊，成長率為全省都市成長的一倍半左右，其餘則在三到九倍之間（章英華，1986c: 262）。顯然，臺北都會在 1970 年代以後的成長，主要落在臺北舊市區以外的都會地帶。若以臺北市光復之初設定的 10 區為中心都市，而都會的其他地帶為外圍。中心都市占都會人口比例，1951 年為 54.91%，1961 年為 58.21%，1971 年為 51.77%，1980 和 1986 年，分別為 36.11% 和 36.62%。在 1950 年代，中心都市的人口分量增強，1960 年代已略下降，但仍維持在一半以上，但是在 1970 至 1980 年代，則外圍地帶的分量大增，中心都市只占都會人口的三分之一而已。

　　我們先觀察臺北市 16 個區的人口變化。城中、延平、建成和龍山是臺北市最古老的市區，在日據時期便已經人口相當密集。到了 1950

年代初（見表 2-2.1），人口成長率已經偏低，至 1971 年以後則為負成長。此種負成長至 1980 年代漸漸緩和，有接近零成長的跡象，唯龍山區的恢復的速度較快，人口未持續減退下去。雙園、大同和古亭區，屬於另一類型。在 1966 年以前維持相當快速的成長，至 1970 年代顯現下降趨勢，1970 年代後半，出現負成長，但旋而稍見回升。這三區的人口在 1971 年以後，可以說是沒什麼起伏。中山和大安二區，在 1950 年代初期成長率高於全都會的整體成長率，至 1960 年代仍維持與都會整體成長相當的狀況，再到 1970 年代，成長率下降甚多，但是至 1980 年代又上升，雖然還是不及都會的一般值，年平均 2% 的成長，意味著人口仍在入超的水準。松山、士林、北投、景美、木柵和南港，在 1951 年以後一直到 1970 年代都保持著與都會平均值相當或更高的成長率，爾後遞減，但仍與都會的一般值相近。內湖的成長動力，似乎一直維持到 1980 年代，在 1971 至 1976 年的緩滯時段之後，成為臺北市行政區內人口成長一枝獨秀的地方，1976 至 1986 年間的年平均成長率都在 10% 以上，而臺北其他各區，1976 至 1980 年都不及 6%，1980 至 1986 年則只有 4% 以下。臺北市是從淡水河岸發跡，1951 年以後的人口成長的動力逐漸東移和北移，以東移的趨勢更強。

　　都會往西和往南的發展，則是臺北縣都市發展最快的地帶。三重、板橋、永和、中和以及新店這五個市，在 1950 年代前期，人口的成長率，已經高過臺北市的各區，這種高度成長，除三重外，一直維持到 1970 年代末期。至 1980 年代初期，才緩慢下來。新莊、樹林、蘆洲和泰山屬於另外一型，在 1960 年代後半才開始快速的成長，蘆洲在 1980 年代初期仍維持著高於前期的成長率，其他三地則有緩滯的趨勢，不過成長率依然大都高過全都會的一般值，成長的動力仍在。土城比較特殊，在 1970 年代末期才有著高於都會一般值的成長率，這成長率竟然可以和內湖的相比，都在年平均 10% 上下。五股與深坑和汐止一般，一直到 1980 年代初期，成長率都無特別的表現。從人口成長來觀察。臺北都會可以分成如下的幾個地帶：光復之初人口已近飽和，很快便成為負成長地帶的，包括城中、龍山、延平和建成；光復之初人口快速成長，但隨即緩慢下來，再走向負成長，包括雙園、大同和古亭；光復初期便有著高成長率，但緩慢下來，進而低於都會的一般水準，包括大安、中山、松山和三重；光復初期便有著高的成長率，後來增加的速度慢下來，但仍顯示與都會成長率的一般值近似或略高的趨勢，包括北投、士林、景美、木柵、南港、板橋、永和、中和以及新店；在1960年代後半才快速成長，一直維持著高於都會一般成長水準的地區，包括內湖、新莊、樹林、泰山、蘆洲；土城在1970年代後半才快速成長，汐止、深坑和五股，則在整個時期都是成長較不明顯的地區，但是也沒有人口衰落的趨勢。整體說來，臺北市的舊市區之間，人口成長的變化顯現一些不同的模式，但整體不成長的傾向一直增強之中，而舊市區以外地帶，人口依舊增加，只是速率有別。換言之，整個臺北都會區在1970年代以前，人口集中化與分散化同時進行，至1970和1980年代則以分散化為主。

在1950和1960年代，臺北都會的人口成長，外省人口的增加，占相當大的比重，而1950年代尤其如此。若以臺北舊市區和其他都會地區比較，顯現不同的模式。在這20年間，大部分的臺北舊市區，不是外省人口的成長率低於本省人口，便是本省與外省都呈現高的成長率。以外省人口比例最大的大安與古亭區而言，在1950年代，便是本省人口成長率高於外省人口的情形。而大部分的外圍地區，都是外省人口的比例遠超過本省人口的情形。更值得注意的是，臺北縣在1951年以後人口便快速成長的五個地區，除三重外，外省人口的增加數還明顯高於本省人口。相對而言，在1950至1960年代，外省人口顯示遠超過本省人口的向外疏散趨勢。龍冠海（1972）在1960年代末期有關臺北都會四個郊區的問卷的分析，明白指出新店、永和以及淡水的移入人口大部分是外省籍的，只有三重才是本省人的比例較高。這樣的結果，與我們上面的分析不謀而合。我們或可以說，1971年以前和以後，臺北市人口的往外擴散的理由有所不同。之前是在政府疏散政策之下，外省籍人口往臺北市以外都會地帶疏散；之後則是在臺北市政治經濟功能日漸強化，吸引大量來自都會地帶（特別是城鄉移民）的結果。

根據1980年的普查報告（第一卷：668-669），五年前居住在臺北市而1980年居住在臺灣其他地區的總人數為284,655，其中臺北縣占

75.78%，其次為桃園縣和高雄市。換言之，臺北市移出的人口，以臺北縣為最大宗的目的地。依據主計處的人口遷徙調查（見表 2-2.2），在 1980 年代，臺北市移出人口以北部為最大宗，占六至七成之間，而臺北縣，就占五至六成之間。因此 1970 年代以後，臺北市人口往臺北

表 2-2.2　臺北市移入人口來源地與移出人口目的地，1980-1989 年

	移入人口來源地						移出人口目的地					
	1980	1981	1982	1987	1988	1989	1980	1981	1982	1987	1988	1989
總　計	100.00	100.00	100.00	100.00	100.00	100.00	100.00	100.00	100.00	100.00	100.00	100.00
北　部	40.48	31.43	43.10	55.42	42.60	45.65	71.69	67.32	69.13	73.97	63.41	59.89
基隆市	8.10	3.01	2.65	7.01	5.78	3.39	2.45	0.33	1.82	1.33	1.23	0.42
臺北縣	18.16	15.50	21.18	36.71	20.86	24.15	60.57	59.21	53.92	63.22	54.33	45.42
宜蘭縣	3.50	2.99	4.27	4.91	2.82	2.89	2.12	1.14	1.29	2.09	1.14	2.24
桃園縣	5.19	5.19	9.07	4.79	8.14	12.11	5.84	3.88	5.69	5.25	3.99	2.83
新竹縣	5.52	4.75	5.95	1.98	5.00	3.10	0.71	2.75	6.41	2.07	2.93	8.97
中　部	23.32	30.53	17.76	18.63	19.84	22.29	15.76	11.96	16.70	14.24	15.14	21.10
臺中市	5.10	10.17	3.41	2.50	5.52	3.12	7.59	5.99	4.31	8.45	9.68	13.77
苗栗縣	3.01	3.12	2.12	2.16	1.91	3.96	2.10	1.06	2.42	1.02	0.32	1.18
臺中縣	4.44	3.25	3.76	2.12	4.11	3.54	3.58	1.19	4.95	0.72	2.24	1.99
彰化縣	5.02	5.51	3.78	4.90	3.27	5.85	1.86	2.77	1.60	2.68	0.83	2.04
南投縣	1.94	4.30	1.73	1.98	1.43	3.25	0.11	0.53	1.16	0.50	1.06	0.75
雲林縣	3.80	4.18	2.96	4.97	3.59	2.58	0.52	0.44	2.27	0.87	1.02	1.36
南　部	31.40	35.00	34.23	23.38	33.66	28.16	10.82	20.08	13.46	10.11	19.29	18.11
臺南市	3.95	4.16	4.86	3.14	4.85	6.08	4.46	6.66	4.15	1.69	2.81	1.61
高雄市	7.60	11.17	12.17	5.38	11.03	7.89	3.08	7.61	4.32	3.71	5.53	10.96
嘉義縣	9.89	11.54	3.49	2.92	4.27	4.03	1.22	2.01	3.62	1.35	0.46	2.13
臺南縣	3.64	1.30	2.48	6.28	4.27	2.98	0.33	1.75	0.19	1.11	5.22	1.88
高雄縣	3.06	1.00	6.26	2.86	3.97	5.03	0.15	0.88	0.51	1.38	1.70	0.41
屏東縣	3.20	2.58	4.77	2.60	5.20	1.93	1.30	1.19	0.47	0.89	3.10	0.95
澎湖縣	0.07	0.21	0.19	0.19	0.07	0.22	0.12	-	0.20	0.04	-	0.17
東　部	4.80	3.04	4.91	2.58	3.91	3.91	1.73	0.63	0.71	1.68	2.15	0.90
臺東縣	1.89	0.63	2.80	1.14	1.37	1.94	0.55	0.19	0.16	1.01	0.48	0.28
花蓮縣	2.92	2.41	2.11	1.43	2.53	1.96	1.18	0.44	0.55	0.67	1.67	0.62

資料來源：中華民國臺灣地區國內遷徙調查報告

附註：新竹市、嘉義市升格後資料併入新竹縣、嘉義縣計算

縣流動的情形極為清楚。至於人口移入的模式，1980 年的普查顯示，五年以前住在臺北縣而 1980 年不住在臺北縣的人數為 169,622 人，住在臺北市的占 53.13%；主計處的遷徙資料顯示，臺北縣移入臺北市的人口占其移出人口的 50% 以上。臺北市縣之間人口的流動極為頻繁。再由臺北市所吸收的人口來源觀察，北部地區占四至五成，而臺北縣占二至二成半。因此臺北市流入的人口中，臺北縣並未占獨大的分量。中部與南部地區合占五成上下。我們可以推論說，臺北市人口的吸力是全省性的，而其移出的人口卻是地區性的。我們稍後的幾章將指出，其他大都市的人口的外移目的地，不是以其都會的外圍為主，而是以臺北市或臺北縣所占的分量最大。可以說整個臺北都會是臺灣人口流動的最大吸盤。由於臺北市縣之間人口的交流密切，也意味著，人們一旦流入臺北都會之後，大致便留在都會內，而在都會範圍內尋覓其理想的居住地點。

　　臺北都會成長率的最高地區，有著離心的趨向（陳寬政，1981），都會內部的人口負成長，意味著人口密度模式應該有所變化。根據 1970 年代的兩個臺北都會區人口密度的研究，都強調密度分布趨近所謂的西方模型，也就是核心區的人口密度下降，越是外圍地區則上升，使得密度斜率逐年降低，亦即都會內由核心往外圍的人口密度差異逐漸縮小（Graff, 1976；黃萬居，1981）。在這整體變化之下，尚有一些細微的變化值得注意。第一、城中區由於其公共建築物占地甚廣，以致不論從建地或整體面積觀察，密度一直是舊市區最低者。甚至以建地計算而得的人口密度，還低於臺北後來併入的六區。第二、舊核心區的延平、建成和龍山區，在光復之初是全市人口密度最高地區，自後密度逐年降低，但在 1980 年代初，仍高居前三位。不過，原來全市人口密度最高的里都在這三區，至 1980 年代，其人口密度都在 200 人至 700 人之間，分布均勻。而人口密度最高的里卻在這三區以外的地方（章英華，1986a）。我們以臺北火車站為中心形成的往外的環帶來說明一下密度的分布狀況（見表 2-2.3）。1 公里圈的密度高過 1 至 2 公里圈，不過，密度的最高點是在第三環，即 2 至 4 公里的地方。這意味著臺北都會在密度分布的模式，呈現一個倒 V 字形，即內低、中高、外又低。

這種的情況，最主要是因為城中區的政治性質，而非商業發展的結果。當我們觀察以臺北火車站為中點形成的八個扇面時，呈倒 V 字形的扇面有四個，其中三個的第一圈，主要就包含城中區。城中區的人口密度低於其外圍地區，在日據時期已經存在了。因此，以商業為其特色的舊核心，人口密度在降低趨勢之下，仍大致維持高於都會其他地區的水準。

表 2-2.3　臺北都會區平均人口密度依同心環、扇面分

	同心環一	同心環二	同心環三	同心環四	同心環五	同心環六	同心環 7-8	合計
扇面一	37154.49	15015.33	11264.98	14467.30	4751.77	895.59	126.42	3092.57
扇面二	31651.80	11686.23	40524.21	14770.24	6775.99	1912.56	866.27	4362.80
扇面三	9461.54	24589.62	33060.34	21626.46	5764.26	946.29	197.04	6443.29
扇面四	8204.36	21741.05	31011.10	23448.81	13873.70	2252.70	142.25	5550.19
扇面五	11292.35	23860.49	32262.99	25880.58	11448.08	3255.48	753.54	8569.65
扇面六	19165.34	34662.59	16563.07	20755.03	10481.42	4868.18	1729.87	7562.67
扇面七	38674.32	13121.56	30336.11	14615.14	3582.54	1110.39	182.66	6469.62
扇面八	41149.16	55810.13	26647.53	14012.36	7007.74	4505.61	127.08	9059.91
總　計	25801.09	21093.63	28138.04	18821.51	8284.24	2307.87	575.26	6121.79

資料來源：1980 年臺閩地區戶口及住宅普查報告書

三、產業結構與變遷

臺北在 20 世紀，一直是全島的政治中心，同時在整個臺灣的經濟上，除了工業外，亦占領先的位置。這樣的位置，應該可以反映在其產業結構上。以 1954 年的普查資料為準，商業和服務業的家數占全產業單位的 65% 強，而製造和營造業合計還不到三分之一。不過以員工數來觀察，商業和服務業是否仍占這麼大的優勢，難以確定。不過，以 1950 年代初期居民的居住地和工作地的關係來推論（見表 2-3.1），我們固然很難確定都會內的有業居民確切工作地點何在，但是他們工作地點在都會內的可能，應該非常之大。因此我們不妨以 1956 年都會全體居民的職業別的組成狀況作為推斷的基礎。當年，專門技術、行政主管、監督佐理、買賣工作和服務工作人員的比例占都會有業人口的五成以上，而農林漁牧人員占一成強，生產體力工作人員占三分之一左右。因此在光復初期，臺北都會的產業結構的特色，已經是一級行業的比例相當低，三級行業的分量顯著超過二級行業。

在往後的三十餘年，一級行業的比重持續下降，至 1980 年代末，微不足道，占不到有業人口的 2%。1971 年時，工商普查顯示臺北的各產業場所雇用的總人數為 795,452 人，當年的農業人口約 3 萬 8 千，而不包含在工商普查的公教人員，依估計，大約占全都會雇用人員的一成左右[1]。就此，我們推斷 1971 年全臺北都會提供的就業機會，約為 926,058 個，商業和服務業單位（包括政府和教育機構）占了約 50%，製造業 38%，營造業 6.18%，農業則才略超過 4%。商服務業仍居優勢，不過二級行業的勢力似乎稍微上升。我們以同樣的方式推估 1981 年的產業構造，各行業提供的總就業數約為 1,695,629，商服務業單位（含政府機構和教育機構）占 56%，製造業 32%，營造業 9%，農業不到 3%。1986 年，總就業數約為 2,007,362，商服務業占 57%，製造業 33.84%，營造業 6.31%，農業還是不到 3%。1981 和 1986 年的情形差不多，二、三級行業提供的就業數量，大約是四比六，與 1971 年的數據相較，則是三級行業的優勢增強，二級行業的減弱。光復後的四十餘年，臺北都會的三級行業一直保持著優勢。

我們視城中、龍山、延平和建成為臺北都會的舊核心，為著比較的方便，並以 1968 年以前的臺北市區範圍為中心都市。在 1954 年工商單位的分布上（見表 2-3.1），舊核心四區以人口數為基準計算的集中係數，都顯著高於其他地區。從工商單位的總數衡量是如此，個別行業，包括製造業同樣如此。當時，這四區，除了城中以外，是全都會人口密度最高的，更顯示出其工商業的密集程度。以建地為準顯現的集中程

1　我們以住宅調查的工作地的數據分析，臺北都會居民在政府與教學機構工作的人數，約占 10% 至 12% 之間。1981 年和 1986 年的數據顯示臺北市 16 區合占這類就業人口 86.91% 和 84.25%。依楊志雄（1975）的研究，公保的保險人邀保單位的分布顯示，公務和教學機構現職人員的分布，北市 16 區占 87.79%。公保的資料仍可能低估，不過已包含了公務機構和公私立學校的正式工作人員。由於 16 區所占比例在二類資料的結果大致相似，同時，調查資料在幾個年度顯示的比例都在一個相當小的變域之內，以 10% 來合計，可能低估，應該是可以接受的。

度，則尤高於以人口者（章英華，1986a）。城中區相對於人口數的集中係數高於其他三區，但筆者在有關臺北市的研究裡顯示，相對於建地的集中程度，城中較低。原因在於，城中區自日據以來，即為官署和文教設施地帶，人口密度偏低。不過城中的官署和文教設施與商業設施的區隔極為清楚，故其商業地帶的集中情形應不減其他三區。四區在1954年時，占都會人口21.76%，建地的10.40%，而占工商業單位總數的44.98%。商業更占了五成，分量較輕的製造業亦占了37%。就各業的分布，這四區又可分成兩類。延平與城中雖存在相當數量的製造業單位，可以說是商業獨盛，龍山和建成則是商業和製造業並重，我們或可說，城中和延平是商業核心，龍山與建成係核心的邊緣。城中區由於其中央機構的分布，在公務人員的分布上，應該更是占著極大的分量。這樣的論斷，大致也符合西村睦男（1985）對日據末期臺北功能區分的描述。

　　從1961年前半臺北市社會基圖（1965），進出口商、金融機構、旅館以及飲食店和攤販的分布來看，臺北市的舊核心仍占相當的優勢地位。不過再看1971年產業的分布，卻顯示著相對地位的降低。四區占都會總就業量的比例，不到三成。最主要是製造（7.32%）和營造業（24.65%）占的比例偏低的結果。不過商業和服務業占的比例，高過四成或五成，顯示這方面的優勢仍在。在這種變化之下，四區間的相對位置有了改變。城中區在商業尤其是服務業上的集中程度提高甚多，使得城中工商單位雇用人數占全都會的比例，還高過1954年占總工商單位的比例，龍山和延平所占的比例則明顯較低。再者，1971年的公保人數中，三成強的是在城中的公教機構工作（楊志雄，1975）。因此，加上公教人員，城中可能占全都會雇用量的二成上下，以其占人口與建地的比例都在3%以下，可以推斷其於1950、1960年代優勢的增強。到了1981年，舊核心四區占都會的工商勢力的分量，復又下跌。占工商雇用人數不到一成五，服務業的比例低於三成，商業的比例低於二成，營造和製造業的比例分別低於一成和半成。除了延平之外，其他三區的雇用總人數都不及1971年者，這種人數的減少普見於各個行業，就是延平區，亦只是商業上的雇用量增加而已。因此在1970年代，舊核心

表 2-3.1　臺北都會區產業結構，1954、1971、1981、1986 年

地區	係數	礦土 (1954)	製造	營造	商業	服務	合計	礦土 (1971)	製造	營造	商業	服務	合計	礦土 (1981)	製造	營造	商業	服務	合計	礦土 (1986)	製造	營造	商業	服務	合計
城中區	%	4.42	10.04	16.34	18.45	15.95	15.38	1.14	3.31	18.38	23.48	42.01	18.55	5.20	2.05	5.70	9.75	21.5	8.98	2.50	1.58	3.08	7.77	16.80	7.06
	Q	29	65	106	120	104	3372	6	18	99	127	227	147544	58	23	63	109	239	133564	35	22	44	110	238	124307
	CI	69	156	254	287	248	239	42	123	680	869	1555	687	388	153	425	727	1604	670	214	135	263	664	1436	603
龍山區	%	1.77	11.46	14.92	10.06	12.19	10.92	0	1.61	2.51	5.25	4.31	3.13	0	0.57	0.87	2.42	2.55	1.59	0.06	0.65	0.35	2.05	1.28	1.21
	Q	16	105	137	92	112	2395	0	52	80	168	138	24894	0	36	54	152	160	23686	5	53	29	169	105	21341
	CI	32	204	266	180	218	195	0	66	102	214	176	128	0	48	73	203	214	134	6	62	34	197	123	116
雙園區	%	0.88	3.53	4.09	1.86	1.50	2.35	0	1.51	1.45	2.19	1.25	1.57	1.33	2.05	1.82	2.44	1.54	2.03	9.84	1.81	1.04	2.60	1.91	2.04
	Q	38	150	174	79	64	516	0	92	66	140	79	12490	65	101	90	120	76	30248	482	88	51	127	94	34979
	CI	21	83	96	44	35	55	0	30	29	44	29	32	41	63	56	75	47	62	340	63	36	90	66	71
建成區	%	3.54	7.76	11.37	8.30	6.61	7.90	0	1.29	2.14	6.62	2.49	2.80	0.44	0.53	2.18	3.47	1.20	1.75	0.85	0.39	0.42	2.88	0.89	1.30
	Q	45	98	144	105	84	1733	0	46	77	237	89	22241	25	30	124	198	69	25994	66	30	33	222	69	22815
	CI	76	166	244	178	142	169	0	63	105	323	122	137	53	64	262	416	144	210	125	57	62	422	130	190
延平區	%	1.77	8.22	3.37	13.69	8.11	10.78	0.07	1.11	1.62	8.26	3.46	3.28	0.66	1.25	0.24	3.70	1.83	2.03	0	0.78	0.43	2.97	1.41	1.59
	Q	16	76	31	127	75	2363	1	34	50	252	106	26090	33	62	12	182	90	30180	0	49	27	187	89	28035
	CI	35	162	67	270	160	213	1	53	77	391	164	155	73	137	26	407	201	223	0	106	58	403	191	216
大同區	%	0	4.58	2.13	2.43	3.11	3.17	0	5.05	36.53	17.82	17.19	13.11	1.67	2.49	1.31	3.48	1.54	2.41	0.63	1.71	0.76	3.53	1.24	2.11
	Q	0	145	67	77	98	695	0	39	279	136	131	104244	66	98	52	137	64	37757	30	81	36	167	59	37205
	CI	0	81	38	43	55	56	0	59	425	207	200	153	74	110	58	154	83	112	34	91	41	188	66	113
中山區	%	0	6.18	11.72	5.79	5.45	5.97	0	2.08	2.79	4.13	1.54	2.41	6.86	6.11	24.24	24.47	20.00	16.62	16.39	4.90	21.79	25.00	19.36	15.74
	Q	0	103	196	97	91	1309	0	86	116	171	64	19185	41	37	146	147	120	247032	104	31	138	159	123	277339
	CI	0	71	134	66	62	68	0	98	65	97	36	56	122	108	430	434	355	295	290	87	385	442	342	278
古亭區	%	2.65	7.55	15.81	7.11	7.92	7.58	0	1.00	6.46	4.84	3.58	2.87	0.03	0.86	6.30	3.97	4.45	3.16	1.14	0.93	4.48	3.42	5.78	3.06
	Q	35	100	209	94	104	1662	0	15	225	169	100	22809	1	27	199	126	143	47026	37	30	147	112	189	53903
	CI	32	92	192	87	96	92	0	20	100	94	75	44	1	20	148	94	107	74	29	24	116	88	149	79

表 2-3.1　臺北都會區產業結構，1954、1971、1981、1986 年（續）

地區	係數	1954年 礦土	製造	營造	商業	服務	合計	1971年 礦土	製造	營造	商業	服務	合計	1981年 礦土	製造	營造	商業	服務	合計	1986年 礦土	製造	營造	商業	服務	合計
大安區	%	0.88	4.38	10.12	4.77	5.61	4.91	1.96	2.17	6.60	6.88	4.32	4.05	1.50	2.01	17.41	10.06	9.43	7.66	3.54	1.78	15.66	10.85	9.85	7.46
	Q	18	89	206	97	114	1077	48	54	163	170	107	32242	23	26	227	131	123	113831	47	24	210	145	132	131454
	CI	11	53	123	58	68	60	22	25	75	78	49	46	23	30	262	151	142	115	53	27	233	162	147	111
松山區	%	7.96	3.99	1.42	3.32	3.73	3.57	6.75	5.90	3.14	3.75	4.73	4.95	1.25	5.82	14.45	11.42	13.29	10.01	1.46	4.60	21.89	13.65	15.46	11.13
	Q	223	112	40	93	105	782	136	119	63	76	96	39359	12	58	144	114	133	148860	13	41	197	123	139	196142
	CI	175	88	31	73	82	79	82	72	38	46	58	60	14	64	160	127	147	111	16	50	238	149	168	121
士林區	%	10.62	2.19	0.36	2.03	2.55	2.17	4.61	4.67	1.51	2.46	2.45	3.40	2.89	3.71	1.19	3.89	2.62	3.27	4.33	3.50	1.97	4.26	2.73	3.46
	Q	490	101	16	94	118	475	136	137	44	72	72	27060	88	113	36	119	80	48658	125	101	57	123	79	60905
	CI	265	55	9	51	64	54	94	95	31	50	50	69	52	67	22	71	48	59	74	59	33	72	46	59
北投區	%	7.96	2.21	1.24	2.46	3.73	2.60	0.87	3.33	0.35	0.96	1.60	2.13	1.07	1.79	1.48	2.11	2.52	2.01	1.46	2.25	1.44	1.98	2.76	2.22
	Q	307	85	48	95	144	569	41	156	17	45	75	16975	53	89	74	105	125	29868	66	101	65	89	125	39082
	CI	258	72	40	80	121	84	18	68	7	19	32	43	23	39	32	46	55	44	31	48	31	42	59	47
內湖區	%	5.31	0.85	0	0.84	0.75	0.83	7.63	1.68	0.24	0.39	0.43	1.05	4.09	1.96	0.43	0.70	0.50	1.11	0	2.42	0.64	1.08	0.71	1.48
	Q	640	103	0	101	91	182	725	160	23	37	41	8373	369	176	38	63	45	16503	0	164	43	73	48	26052
	CI	386	62	0	61	55	60	445	98	14	23	25	61	200	96	21	34	24	54	0	71	19	32	21	43
南港區	%	7.96	1.55	0.89	1.27	1.50	1.42	4.47	2.15	0.32	0.52	0.46	1.26	5.84	3.04	0.81	0.98	1.28	1.81	2.44	3.09	0.82	1.00	1.31	1.86
	Q	561	109	63	89	106	311	354	170	25	41	36	10035	323	168	45	54	71	26928	131	166	44	54	70	32794
	CI	439	85	49	70	83	78	254	122	18	30	26	72	270	140	37	45	59	84	104	132	35	43	56	79
木柵區	%	2.65	0.59	0	0.72	1.40	0.79	3.33	1.10	0.35	0.46	0.59	0.80	4.52	0.43	0.53	0.47	0.61	0.51	2.94	0.37	0.75	0.48	0.61	0.49
	Q	336	75	0	91	177	173	401	137	44	58	74	6379	889	85	103	92	120	7558	601	75	154	98	126	8619
	CI	233	52	0	63	123	70	203	69	22	29	37	50	257	24	30	27	35	29	153	19	39	25	32	26
景美區	%	1.77	1.14	0.18	0.87	1.24	1.00	7.73	1.41	0.96	0.66	0.51	1.06	0	0.63	1.89	1.35	0.77	1.01	0.13	0.37	4.29	0.85	0.88	0.92
	Q	177	114	18	87	124	219	729	133	90	62	48	8433	0	62	187	134	76	15019	14	40	468	93	96	16168
	CI	155	100	16	76	108	87	443	81	55	38	29	61	0	27	80	57	33	43	5	15	169	33	35	36

表 2-3.1　臺北都會區產業結構，1954、1971、1981、1986 年（續）

地區	係數	1954年 礦土	製造	營造	商業	服務	合計	1971年 礦土	製造	營造	商業	服務	合計	1981年 礦土	製造	營造	商業	服務	合計	1986年 礦土	製造	營造	商業	服務	合計
板橋市	%	2.65	2.74	2.31	1.67	2.63	2.18	0	8.21	1.31	1.66	1.11	4.40	4.52	8.05	4.06	3.43	3.08	5.13	3.92	7.90	5.98	3.37	3.61	5.36
	Q	122	126	106	77	121	477	0	187	30	38	25	34990	88	157	79	67	60	76331	73	147	112	63	67	94462
	CI	81	84	71	51	80	67	0	181	29	37	24	97	45	81	41	34	31	51	38	76	57	32	35	51
三重市	%	0.88	8.80	1.60	3.70	4.05	5.22	0	13.07	2.85	3.94	2.92	7.63	1.45	11.68	7.32	4.07	3.02	6.98	0.70	10.53	1.99	4.18	3.51	6.31
	Q	17	169	31	71	78	1144	0	171	37	52	38	60656	21	167	105	58	43	103777	11	167	31	66	56	111220
	CI	17	168	31	71	77	100	0	146	32	44	33	86	18	147	92	51	38	88	9	138	26	55	46	83
永和市	%	0	0	0	0	0	0	0	0.75	6.36	1.41	0.81	1.30	0.13	1.03	2.85	1.68	1.16	1.44	0	1.10	2.38	1.72	1.43	1.52
	Q	0	0	0	0	0	0	0	58	488	108	62	10364	9	71	198	－	80	21376	0	72	215	113	94	26850
	CI	－	－	－	－	－	－	0	21	182	40	23	37	3	20	56	33	23	28	0	22	65	34	28	30
中和市	%	5.31	2.72	0.18	1.98	2.04	2.18	2.05	7.94	0.62	0.74	0.66	3.94	4.50	7.11	1.97	1.39	1.46	3.59	3.01	6.41	3.38	1.78	1.78	3.68
	Q	243	125	8	91	93	479	52	202	16	19	17	31317	125	198	55	39	41	53418	82	174	92	48	48	64889
	CI	173	89	6	64	66	71	68	264	21	25	22	131	68	107	30	21	22	54	42	90	48	25	25	52
新店市	%	10.62	1.51	0.89	2.44	3.25	2.30	9.65	5.77	0.76	0.92	1.37	3.29	5.21	5.04	1.27	1.17	1.45	2.69	17.4	6.00	2.17	1.00	1.81	3.23
	Q	462	66	39	106	141	504	293	175	23	28	42	26165	194	187	47	43	54	39965	539	186	67	31	56	56824
	CI	299	42	25	69	91	65	283	169	22	27	40	97	128	124	31	29	36	66	414	143	52	24	56	77
新莊市	%	0.01	3.01	0.18	1.38	1.21	1.80	0.01	9.17	0.60	0.80	0.66	4.48	1.26	11.35	0.64	1.41	0.86	4.89	0	12.37	1.04	1.54	1.74	5.72
	Q	0	167	10	77	67	395	0	205	13	18	15	35597	26	232	13	29	18	72752	0	216	18	27	30	100770
	CI	0	168	10	77	68	101	0	444	29	39	32	217	28	251	14	31	19	108	0	239	20	30	34	111
樹林鎮	%	6.19	1.52	0.71	1.28	1.32	1.37	10.13	3.90	1.03	0.45	0.32	2.11	5.29	5.25	0.21	0.55	0.54	2.27	6.68	6.65	0.43	0.45	0.71	2.91
	Q	453	111	52	93	96	300	479	184	49	21	15	16820	233	231	9	24	24	33780	230	229	15	15	24	51180
	CI	291	71	33	60	62	64	622	239	63	28	20	129	289	287	11	30	29	124	330	328	21	22	35	144
汐止鎮	%	7.08	1.40	0	1.54	1.96	1.56	10.64	2.00	0.64	0.48	0.56	1.31	19.73	2.40	0.27	0.45	1.19	1.39	16.8	2.93	0.52	0.43	1.13	1.59
	Q	454	90	0	99	126	342	811	153	49	37	43	10435	1415	172	19	32	85	20725	1059	185	33	27	71	27944
	CI	291	58	0	63	81	64	622	117	37	28	33	77	1226	149	17	28	74	86	999	174	31	26	67	95

表 2-3.1　臺北都會區產業結構，1954、1971、1981、1986 年（續）

地區	係數	1954 年						1971 年						1981 年						1986 年					
		礦土	製造	營造	商業	服務	合計	礦土	製造	營造	商業	服務	合計	礦土	製造	營造	商業	服務	合計	礦土	製造	營造	商業	服務	合計
蘆洲鄉	%	0	0.72	0	0.58	0.62	0.61	0	1.86	0.09	0.32	0.17	0.95	0.47	1.42	0.11	0.33	0.21	0.69	0.16	1.98	0.36	0.45	0.42	1.03
	Q	0	118	0	95	102	133	0	196	10	34	18	7534	69	207	17	48	30	10197	15	193	35	44	41	18083
	C1	0	61	0	49	52	52	0	197	10	34	18	101	41	124	10	29	18	60	11	131	24	30	28	68
五股鄉	%	0	0.65	0	0.41	0.56	0.50	0	2.05	0.06	0.19	0.05	0.97	0.22	2.17	0.09	0.19	0.15	0.90	2.82	2.86	0.08	0.14	0.14	1.19
	Q	0	132	0	83	113	109	0	211	6	19	5	7721	25	240	10	21	16	13414	237	241	7	12	12	20930
	C1	0	63	0	40	54	49	0	215	6	20	5	103	26	257	11	23	18	107	329	333	9	16	16	139
泰山鄉	%	0	0.24	0	0.28	0.46	0.29	0	2.93	0.22	0.16	0.20	1.41	0.06	3.33	0.13	0.29	0.39	1.42	0	3.03	0.21	0.24	0.18	1.30
	Q	0	83	0	97	156	64	0	208	16	11	14	11194	4	234	9	20	28	21114	0	233	16	18	14	22878
	C1	0	35	0	41	67	42	0	447	34	24	31	215	6	347	14	30	41	148	0	311	22	25	18	133
深坑鄉	%	1.77	0.12	0	0.24	0.21	0.20	7.65	0.22	0.08	0.05	0.05	0.22	0	0.29	0.02	0.04	0.07	0.14	0	0.49	0	0.05	0.06	0.22
	Q	882	61	0	118	107	44	3518	100	35	25	23	1730	0	212	13	32	48	2049	0	223	0	24	29	3904
	C1	394	27	0	53	47	44	2945	85	31	19	19	85	0	115	8	16	28	56	0	202	0	21	25	91
土城鄉	%	5.31	0.33	0.18	0.54	0.32	0.46	21.42	2.77	0.02	0.22	0.17	1.58	19.79	5.58	0.21	0.33	0.36	2.35	0.82	6.63	0.75	0.29	0.49	2.81
	Q	1164	73	39	118	71	100	1355	175	2	14	11	12576	842	237	9	14	15	34956	29	236	27	10	18	49542
	C1	408	25	25	41	25	35	1869	242	2	19	15	138	1384	390	15	23	25	164	38	303	34	13	22	129
總計	N	113	6,571	563	10,953	3,724	21,924	9,449	354,682	57,269	172,496	201,557	795,452	6,331	550,395	151,162	460,220	318,458	486,566	3,161	679,204	126,638	558,717	393,906	761,626
	%	0.52	29.97	2.57	49.96	16.99	100.00	1.19	44.59	7.20	21.69	25.34	100.00	0.43	37.02	10.17	30.96	21.42	100.00	0.18	38.56	7.19	31.72	22.36	100.00

資料來源：1951 年陽明山管理局兩年

1954 年臺灣省工商普查初步報告，以場所單位資料所計算

1954、1971、1976、1981、1986 年臺北市、臺北縣統計要覽

1956 年戶口普查報告書

1971、1976、1981、1986 年臺閩地區工商普查報告，以單位員工數資料計算

說明：1. 土林區及北投區之人口數（1951 年人口數＋1956 年人口數）/2

2. 土林區及北投區之建地面積採 1951 年 7 月底資料

3. 各鄉鎮市區「合計」欄第二項係該區總單位數（1954 年）或總員工數

在工商業上，不只是相對分量的減輕，而是落入了絕對衰退的情形。這種趨勢延續到 1980 年代前半，延平區也呈現絕對衰退的情形。舊核心的絕對衰退，相應的是中心都市其他地區在都會工商勢力上的增強。

　　1954 年時中心都市舊核心以外的六區，占都會人口的 39.56%，建地面積的 38.60%，卻只占全都會工商業場所不到三成，除了營造業，它們占製造、服務與商業的比例亦多低於三成。換言之，六區在 1950 年代初期，居住的性質強於工作的性質。1971 年時，整個中心都市占都會雇用量的 56.72%，舊核心只占 27.76%，核心四區的雇用量已不及其他六區。這樣的雇用比值，不如 1954 年的單位比值，最主要是因為製造業的分量太輕，占都會雇用量的四分之一而已。中心都市在營造、服務和商業的雇用量上都占八成以上。不過六區在商服務業的雇用量仍

表 2-3.2　臺北、臺南、高雄都會區公務服務業及政府部門工作百分比

年度		臺北市		臺北縣		臺南市		臺南縣		高雄市		高雄縣	
		人數	%	人數	%	人數	%	人數	%	人數	%	人數	%
1981	公務服務	299	10.8	45	1.6	76	9.5	11	1.4	98	8.5	16	1.4
	政府單位	365	13.2	58	2.2	76	9.5	12	1.5	201	17.4	28	2.4
1982	公務服務	334	10.8	54	1.7	63	9.9	10	1.6	126	10.8	20	1.7
	政府單位	377	12.1	66	2.1	69	10.9	11	1.7	260	22.2	22	1.9
1983	公務服務	328	10.0	53	1.6	58	7.9	12	1.9	119	9.6	15	1.2
	政府單位	406	12.4	61	1.9	66	9.0	12	1.6	247	19.8	14	1.4
1984	公務服務	353	10.3	77	2.2	50	6.8	14	1.9	116	8.5	33	2.4
	政府單位	433	12.6	69	2.0	60	8.2	23	3.1	200	14.7	37	2.7
1985	公務服務	399	11.7	79	2.3	56	9.7	14	2.4	146	9.8	58	3.9
	政府單位	467	13.8	83	2.4	66	11.5	23	4.0	239	16.0	60	4.0
1986	公務服務	385	12.0	72	2.2	44	9.9	3	0.7	129	7.8	57	3.4
	政府單位	462	14.4	82	2.6	47	10.6	6	1.4	276	16.7	59	3.6
1987	公務服務	438	12.1	97	2.7	55	9.5	7	1.2	157	9.6	33	2.0
	政府單位	516	14.3	97	2.7	54	9.3	8	1.4	343	21.0	33	2.0
1988	公務服務	359	9.2	96	2.5	48	6.7	10	1.4	157	10.5	37	2.5
	政府單位	452	11.6	109	2.8	52	7.2	10	1.4	322	21.5	42	2.8
1989	公務服務	376	10.6	99	2.8	59	9.6	16	2.6	150	9.1	26	1.6
	政府單位	409	11.5	94	2.6	63	10.2	10	1.6	293	17.8	32	1.9

資料來源：1981-1989 年勞動力調查附屬住宅調查磁帶資料

不及核心四區。換言之，在工商業疏散的過程中，中心都市在製造業的優勢完全喪失外，其餘三業的優勢仍在，而核心四區的分量仍高於以外的六區。到了 1981 年，中心都市占雇用總量的比例，維持著 1971 年的水準，但核心四區的比例顯著下降，只是其餘六區的三分之一罷了。這種差距，在營造、服務和商業更大。舊核心以外六區在製造業以外的產業分量，超過它們在人口上的分量，其作為工作地的性質甚是彰顯。以公保資料而言，中心都市公教的雇用量更高於其他的商服務業，在 85% 左右，由於公教雇用的比重並無太大的變動，可能六區的分量也高於核心四區。1986 年時，中心都市占都會雇用量的總數略為下降，至 52%，但占人口的比例已低於三分之一。由於舊核心的分量再度減弱，因此六區的分量反倒是增強中。中心都市各業在都會的相對分量都略為下降，但製造業以外的各業仍占七成左右或以上，顯示六區這三業的優勢，同時只是相對分量的略為減輕，絕對數量上依然增加中。

　　中心都市外圍六區之間，顯現不等的發展狀況。在 1954 年時，高於 100 的集中係數只見於營造或製造業，而區位商數所反映的偏向，亦顯示在上述二業。1971 年時，中山區的優勢極為突出，其工商總雇用人數計算而得的集中係數，高過龍山和建成，與延平相近，僅低於城中。中山區在商業上的集中優勢，只超越舊核心的龍山，營造與服務業則僅次於城中。我們可以推論說，在 1960 年代當城中發展成最強勢的中心之時，臺北市的商業和服務業同時呈現往中心都市的東北方向成長趨向（行政院經合會都市發展處，1968）。1981 年的資料顯示，中山區的成長依舊，在總雇用量、商業、服務業的集中優勢僅次於城中，而營造業則超越之。這時的另一個現象是，大同、大安和松山總雇用量的集中係數也超過 100。這種勢力的增強主要是製造業以外行業擴展的結果。大同區比較偏向商業的發展，大安與松山的發展取向則近似中山區。這樣的發展模式，在 1980 年代前半持續延伸。在我們比較舊核心和其外的六區之時，發現從集中係數上，龍山的勢力是明顯衰頹，但城中依舊維持著全市的領先地位，而建成和延平仍可以與中山相比擬，特別在商業和服務業上的優勢，高於中山以外的五區[2]。以客觀的數據而言，新興商服務業的擴展，雖顯示舊核心的衰落，舊核心在整個都會的產業分布，特別是在商業和服務業上仍維持著優勢位置。再則是目前有關臺北市都市核心的討論，所謂東區的發展都集中在忠孝東路四段，屬大安區，鄰近大安、松山和中山的交界處（夏鑄九，1987；高樹仁，1987）。這地區在零售業上的興盛，是肉眼便可以判斷的事實。以大型百貨公司和商業辦公大樓的分布而言，這裡正是臺北都會商業由舊核心往東和東北延伸的末梢，由於占松山和大安的面積尚小，其發展未能明顯展現在全區的數據上。

　　中心都市以外的都市地帶，在 1971 年時，也有總雇用量超過 100 甚至 200 的例子，這完全是製造業大量在都會外圍擴展的結果。除了北市的景美之外，沒有一個鄉鎮市區在營造、服務和商業上的集中係數超過 50。製造業超過 200 的包括，中和、新莊、樹林、五股、泰山和土城。超過 150 的有板橋、新店和蘆洲。這明白呈現中心都市以西和以東地帶的差異。以西大都在臺北縣的範圍，工業集中的優勢明顯，以東包括臺北市的六個區和臺北縣的深坑和汐止，工業發展較遜色。不過東面各地產業上的偏向，仍在製造業。1981 年和 1986 年的資料呈現大致相似的模式。整體說來，相對於人口成長的情形，各類產業都有向外擴散的趨勢，舊核心仍有其集中的優勢，但是中心都市的松山和大安，尤其是中山，在營造、服務和商業的擴張，最是明顯，製造業則是在都會西側臺北縣的人口密集地帶大量擴張。使得中心都市和都會的外圍地帶，在產業構造上的差異，依然相當明白。

2　集中係數是相對於各區人口所顯示的集中現象，舊核心的人口一直減少中，以致其各業的雇用人數雖然減少，而相對於人口比例的數值卻維持一定的水準。不過我們在人口成長的一節曾說過，舊核心的人口密度依舊居全都會的領先位置，因此高的集中係數，仍可以反映舊核心在商業和服務業的優勢。

四、人口組成特質

（一）年齡、性別與籍貫

陳寬政與葉天鋒（1982: 508-527）有關日據時代以來臺灣人口年齡組成的研究中指出，臺灣經歷典型的人口轉型過程，由高出生率高死亡率轉為低出生率低死亡率。於是年齡組成先是幼年的部分加強，繼有老年部分的加重，老化現象大致從 1951 年便開始。他們還指出，1979 年 45 歲年齡組男性居多，多少是因為軍籍的外省男性歸入一般人口統計的結果。的確，臺灣地區人口的年齡組成和性比例，自 1949 年以來的變動，很大部分得歸因於外省籍人口的移入。臺北都會，由於臺北市的首府地位，一直是外省人口最多的地區，探討省籍與年齡和性比例的關係，自有其意義。

整個臺北都會人口的年齡組成（見表 2-4.1a），是 15 歲以下人口比例的持續下降，以及 15 至 49、50 以上和 60 以上年齡組比例的持續上升。這種變化與全省的大致相同，只是在不同的年期，臺北都會的幼年人口和老年人口的比例一直低於全省的一般值，而壯年人口比例一直較高。若與陳寬政等的推斷相較，臺北市的人口在老化之中，不過老化的程度是低過全省的趨向。在性比例方面，都會整體在 1956 和 1966 兩年的值都偏高，在 1980 和 1989 兩年，則趨於正常。在不同年齡層間，15 歲以下的每個年度的性比例都是 107，極為穩定；15 至 49 歲年齡層，在 1956 年時，有著最高的性比例，1966 年時仍相當偏高，但是 1980 和 1989 年的值卻顯然略為偏低；50 以上在 1956 年時顯示男女比例相當的情形，但在 1966 和 1980 年，卻有著高於其他年齡組的性比例，60 以上的人口，在 1980 年呈現高性比例，而其 1989 年的值則是各年齡組之中最高的。高性比例，從未出現在 15 歲以下的人口組，而高性比例，隨著時間逐漸在低年齡層消失而出現在高年齡層，而各年度的最高性比例，先出現在 15 至 49 歲組，再至 50 以上，再至 60 以上。這明白顯示是，1956 年的特殊人口年齡組成因人口老化，而逐漸上移至高年齡組的變遷。

表 2-4.1a **臺北都會區年齡組成與性比例（SR），1956、1966、1980、1989 年**

地區	年齡 年別	0-14 歲 %	性比例	15-49 歲 %	性比例	50 歲以上 %	性比例	60 歲以上 %	性比例	總計 %	性比例
城中區	1956	36.53	99	56.54	163	6.89	146	2.25	81	73,073	139
	1966	32.27	108	56.50	163	11.22	207	3.21	119	90,419	146
	1980	24.18	109	55.76	108	20.06	200	8.53	163	65,288	122
	1989	22.95	113	56.61	99	20.45	135	12.59	152	55,270	108
龍山區	1956	41.84	107	49.90	114	8.26	85	3.42	60	63,311	108
	1966	42.05	111	47.88	103	10.07	107	4.06	75	72,308	107
	1980	29.84	109	54.69	101	15.47	126	7.73	114	48,799	107
	1989	27.47	109	54.66	97	17.88	118	10.02	117	47,732	104
建成區	1956	42.13	105	48.98	99	8.89	82	3.76	59	52,526	100
	1966	41.59	106	48.04	97	10.38	91	4.39	74	57,362	100
	1980	29.93	107	55.80	103	14.28	107	7.19	87	35,312	103
	1989	25.64	105	56.90	102	17.46	98	9.46	89	30,543	102
延平區	1956	41.92	106	49.23	106	8.84	80	3.68	59	56,192	104
	1966	41.23	108	48.34	100	10.43	95	4.35	73	59,734	103
	1980	28.88	102	56.19	102	14.93	115	7.35	103	38,910	103
	1989	26.82	109	56.01	97	17.19	109	9.19	108	35,012	102
雙園區	1956	42.45	105	49.06	117	8.40	92	3.49	69	54,477	110
	1966	44.05	105	46.89	110	9.06	111	3.54	77	110,473	108
	1980	31.58	108	55.54	102	12.88	131	5.62	114	145,531	107
	1989	24.45	105	58.00	102	16.54	120	8.28	131	135,330	106
大同區	1956	42.51	105	48.41	106	9.08	84	3.78	60	69,756	104
	1966	43.08	108	47.26	101	9.66	96	3.98	72	108,448	103
	1980	29.78	109	56.31	105	13.91	114	6.34	96	99,153	107
	1989	24.71	111	57.35	102	17.94	103	9.25	101	86,285	104
中山區	1956	40.59	107	51.73	129	7.68	108	2.86	68	106,193	118
	1966	39.59	108	50.49	116	9.92	141	3.46	93	204,239	115
	1980	26.61	106	58.64	92	14.76	147	6.25	148	242,893	102
	1989	24.44	102	58.63	93	16.92	117	9.31	131	273,935	99
古亭區	1956	39.71	108	52.96	139	7.25	121	2.49	73	99,230	124
	1966	40.58	114	49.51	118	9.91	170	3.21	109	163,858	121
	1980	27.71	109	54.31	98	17.98	177	7.86	164	173,315	112
	1989	23.64	106	56.61	94	19.75	135	11.94	158	185,257	105
大安區	1956	38.11	108	54.62	142	7.24	120	2.56	71	106,808	126
	1966	34.67	106	54.07	133	11.25	165	3.57	110	189,157	126
	1980	26.76	105	55.24	94	18.00	160	7.95	185	265,506	107
	1989	23.40	105	57.22	92	19.38	79	11.79	139	335,058	101
松山區	1956	41.91	108	50.18	123	7.90	99	3.16	148	55,463	114
	1966	39.82	106	50.74	130	9.44	150	3.09	69	146,954	121
	1980	28.87	108	56.38	95	14.74	148	6.37	92	384,998	105
	1989	24.00	107	58.12	97	17.88	114	9.62	124	454,416	102

表 2-4.1a 臺北都會區年齡組成與性比例（SR），1956、1966、1980、1989 年（續）

地區	年別	0-14 歲 %	性比例	15-49 歲 %	性比例	50 歲以上 %	性比例	60 歲以上 %	性比例	總計 %	性比例
景美區	1956	40.20	111	50.71	133	9.06	109	3.25	74	15,807	121
	1966	42.02	109	48.09	125	9.89	145	3.70	97	29,013	120
	1980	28.54	108	56.23	94	15.23	165	6.04	150	102,140	106
	1989	23.76	105	59.41	100	16.83	121	9.39	134	123,275	105
士林區	1956	41.78	107	48.05	157	10.17	97	4.67	79	48,062	112
	1966	41.34	107	48.53	123	10.13	119	4.21	88	93,813	116
	1980	36.63	106	55.46	98	12.91	129	5.55	124	229,325	104
	1989	26.13	108	58.75	96	15.12	109	8.04	118	289,593	101
北投區	1956	41.32	106	48.60	111	10.07	104	4.34	80	38,377	111
	1966	42.41	105	46.73	117	10.86	136	4.49	97	64,746	113
	1980	30.86	105	54.76	96	13.38	140	5.65	122	188,247	104
	1989	26.93	106	57.70	96	15.37	118	8.65	131	238,786	102
內湖區	1956	40.70	108	48.06	105	11.24	100	4.92	80	16,393	106
	1966	43.22	107	47.28	127	9.49	137	4.06	112	34,686	119
	1980	30.97	109	54.76	98	14.27	163	5.90	133	81,890	109
	1989	28.59	106	58.98	98	12.43	116	6.96	134	196,922	102
南港區	1956	40.17	109	50.75	129	9.08	109	3.45	83	22,754	118
	1966	43.53	106	46.48	120	9.98	145	4.04	107	39,576	116
	1980	32.89	109	53.80	100	13.30	167	5.45	141	89,693	110
	1989	28.99	108	55.91	103	15.10	109	7.16	113	115,584	106
木柵區	1956	40.31	109	49.17	99	10.52	102	4.79	86	15,334	115
	1966	41.45	106	47.42	123	11.13	147	4.37	107	29,779	119
	1980	30.85	104	54.26	127	14.89	180	6.23	148	76,584	109
	1989	26.31	113	57.38	94	16.31	141	9.60	169	98,640	105
板橋市	1956	39.85	103	50.50	123	9.65	91	4.27	69	40,872	111
	1966	42.51	107	47.60	110	9.89	120	5.95	184	77,617	110
	1980	35.55	107	54.33	101	10.12	139	4.21	131	414,556	106
	1989	32.22	107	56.35	98	11.43	125	5.91	144	531,065	104
三重市	1956	41.84	107	49.40	113	8.75	85	3.65	63	73,790	108
	1966	44.13	106	46.99	108	8.88	99	3.57	73	177,582	107
	1980	34.61	106	55.26	106	10.14	115	4.31	100	350,383	107
	1989	30.90	106	56.36	103	12.74	106	5.95	106	370,957	105
永和市	1956	-	-	-	-	-	-	-	-	-	-
	1966	40.00	108	48.98	107	11.02	156	5.59	207	69,247	112
	1980	29.58	107	56.82	95	13.60	138	5.82	131	213,630	103
	1989	26.87	106	57.17	93	15.96	112	8.97	125	247,939	100
中和市	1956	39.03	109	51.41	126	9.54	112	3.80	77	43,251	118
	1966	41.58	105	48.20	121	10.23	135	3.82	101	50,197	116
	1980	32.74	106	55.24	97	12.02	159	4.76	138	285,365	106
	1989	27.64	107	57.71	99	14.65	124	8.47	169	365,225	105

表 2-4.1a 臺北都會區年齡組成與性比例（SR），1956、1966、1980、1989 年（續）

地區	年別	0-14 歲 %	性比例	15-49 歲 %	性比例	50 歲以上 %	性比例	60 歲以上 %	性比例	總計 %	性比例
新莊市	1956	41.97	106	47.52	111	10.51	95	4.35	77	21,062	107
	1966	42.03	106	47.35	113	10.62	116	4.63	88	32,771	110
	1980	38.83	107	52.74	103	8.43	134	3.41	107	182,623	107
	1989	36.28	106	54.94	99	8.78	115	4.17	118	287,645	103
新店市	1956	39.86	106	49.97	136	10.15	114	4.24	86	41,334	121
	1966	39.03	103	49.09	146	11.88	183	4.13	105	75,042	131
	1980	29.18	105	53.98	96	16.84	165	7.34	151	176,663	108
	1989	23.76	112	57.49	99	18.75	130	11.32	148	216,757	107
樹林鎮	1956	42.85	107	46.37	104	10.78	95	4.76	80	24,445	104
	1966	43.20	108	46.35	120	10.45	103	4.71	87	35,811	113
	1980	36.52	106	52.62	104	10.86	129	4.72	105	75,600	107
	1989	32.18	105	55.64	105	12.18	120	6.19	120	106,951	107
汐止鎮	1956	41.88	105	47.24	101	10.88	93	4.53	76	27,304	102
	1966	45.49	104	43.74	112	10.77	100	4.90	81	40,176	107
	1980	33.31	106	53.34	105	13.35	125	6.12	105	70,031	108
	1989	27.20	107	56.59	105	16.21	111	8.82	117	90,198	106
蘆洲鄉	1956	42.11	109	46.07	112	11.82	82	5.62	70	13,370	107
	1966	42.84	109	46.25	113	10.91	100	5.43	77	19,197	110
	1980	35.52	108	54.06	110	10.41	121	4.66	106	49,242	110
	1989	33.80	102	54.21	106	12.00	108	6.09	106	97,874	105
五股鄉	1956	42.70	109	46.12	110	11.17	106	5.10	91	11,688	109
	1966	45.38	107	45.11	109	9.50	114	4.48	97	20,551	108
	1980	36.04	108	50.87	101	13.09	181	5.18	126	34,569	111
	1989	28.92	109	55.10	105	15.98	133	8.85	150	44,712	110
泰山鄉	1956	43.93	107	44.62	103	11.44	100	5.31	91	7,971	104
	1966	38.44	111	52.84	181	8.72	116	3.98	89	14,473	143
	1980	38.79	106	51.73	103	9.47	153	3.94	114	41,394	108
	1989	32.47	104	56.46	102	11.07	130	5.58	135	50,420	105
深坑鄉	1956	42.14	107	45.73	113	12.14	91	5.61	72	5,183	107
	1966	47.45	100	40.74	109	11.81	99	5.84	85	6,725	102
	1980	31.98	110	52.80	108	15.23	133	7.31	126	9,660	112
	1989	25.55	106	56.81	111	17.64	125	10.20	129	12,416	112
土城鄉	1956	38.79	108	49.60	124	11.62	102	5.26	80	16,624	115
	1966	42.49	104	46.07	128	11.44	134	4.79	97	27,005	118
	1980	32.69	105	54.29	123	13.02	180	5.53	154	60,847	112
	1989	32.04	106	56.64	105	11.32	130	6.06	147	129,424	108
總計	1956	40.74	107	50.44	123	8.81	100	3.57	71	1,256,288	114
	1966	40.79	107	49.03	119	10.18	132	3.96	98	2,188,010	115
	1980	31.45	107	55.12	99	13.43	145	5.75	129	4,300,345	107
	1989	27.75	107	57.13	98	15.12	119	8.26	131	5,334,359	103

資料來源：1956 年戶口普查報告書

1966、1980 年臺閩地區戶口及住宅普查報告書

1989 年臺北市、臺北縣統計要覽

　　這是 1940 年代末、1950 年代初外省人口大量移入的結果。臺北都
會較高的性比例出現在 1956 和 1966 兩年的數據，這兩年當區分成本
籍、非本籍本省以及外省人口三組時（見表 2-4.1b），非本籍本省人口
的性比例（114）雖高於一般的正常值，卻遠低於外省籍人口（149），
此時都會的外省人口是非本籍本省人口的兩倍，性比例的偏高，受後者
的影響不言而喻。非本籍本省人口在 1956 年以後的數據都顯示近乎常
態的性比例；外省籍人口，同樣呈現性比例遞減的情況，只是在 1966
和 1980 年的值仍顯著偏高，至 1989 年時仍未回復常態。換言之，外
省第二代的成長，使得外省人口的性比例得以逐漸趨向常態，而性比例
的偏高往高年齡層推移。再加上外省人口在都會人口大量增加的進程
中，比例逐漸降低，至 1989 年時，非本籍本省人口已是外省人口的兩
倍，顯示與 1950 年代前半正恰相反的情形。外省第一代的老化和外省
人口分量在都會的減弱，都使得都會人口整體的性比例，已不會受到早
期人口移入這個歷史遺業的影響。不過 15 至 49 歲年齡層性比例低於全
省一般值，則成為另一值得觀察的現象。

　　各區的年齡組成大致相似（見表 2-4.1a），城中比較特別，壯年人
口在光復以後的四十餘年維持著相似的比例，而幼年人口比例逐年下
降，老年人口比例逐年上升。除了城中區之外，都是幼年人口比例逐漸
降低，壯年和老年人口比例升高的情形。在 15 至 49 歲年齡層，1956
和 1966 年時顯示極其明顯的中心都市和外圍地區之間的差異，外圍地
區大都低於都會的平均值，而中心都市各區或者高過都會一般值，或與
之相當。1980 和 1989 年的數字，比較缺乏這樣的對比。1980 年時，
各分區的比例都高過 50%，1989 年則幾乎都超過 55%。基本上，整個
臺北都會在 1971 年以後以壯年人口比例來顯示地區差異，並不適當。
我們轉而從幼年和老年人口的分布狀況來觀察。

　　中心都市的十區，在 1980 和 1989 兩年的數據，都顯示低於都會
一般值的比例。其中的城中、中山、大安、古亭和松山，在 1950 年代
便呈現較少幼年人口的跡象，而龍山、延平、建成、雙園和大同，則是
在 1950 和 1960 年代呈現高於都會一般值的幼年人口比例，在 1970 年
代以後則較都會一般值為低。不過後五個區，在 1970 年代以後的幼年

人口比例仍高於前五個區。外圍的鄉鎮市區，亦有高低比例的不同，但是除了景美和新店較特殊，比例與中心都市比例低的區近似，其餘各分區有著高過或近似中心都市較高值的比例。若扣除城中區，整個都會幼年人口的分布，先有個高比例的內環，再有個低比例的中環，然後有個更高比例的外環，中心都市與外圍地帶之間的差異，大體是可以辨識的。至於 50 歲以上的人口比例，中心都市是由 1950 年代的低於都會一般值的情形變為高於都會的一般值。而外圍各分區，則是由高於都會一般的變化為低於都會一般的比例。除了新店以外，外圍各分區容或有著高於一般值的比例，但是低於中心都市大部分分區的 50 歲以上人口的比例。中心都市比起外圍都市，顯示較強的老化傾向，幼年人口的比例也較低。至於在中心都市之內，老化的狀態大致相似，不過內環地帶反而有著較高比例的幼年人口。

以 15 歲以上各年齡層的性比例觀察，臺北市的 10 個舊市區，可以明白分成兩類。龍山、建成、延平、雙園和大同，不論任何年期，三個年齡分層的性比例都低於都會的一般值，而城中、中山、古亭、大安和松山，則都高於一般值。同時，後五區明白顯示最高性比例逐漸往高年齡層轉換的現象。前五區在 1956 年時，外省人口大致都在 20% 以下（見表 2-4.1b），後五區，都在 30% 以上。大安則高達 66%，城中和古亭亦在 50% 以上。10 區的外省人口比例逐年下降，高比例區，除中山外，至 1989 年時外省人口大致在 30 和 40% 之間，而低比例區則在 10 至 15% 上下，差距仍在。外圍地區，在 1956 和 1966 兩年度顯示高性比例的有，景美、士林、內湖、南港、木柵、板橋、永和、中和、新店、土城和泰山，這些區同樣有最高性比例隨年代轉至較高年齡層的情形，它們的地理位置，除泰山之外，一則是在後來劃歸臺北市的地區，一則是臺北市往南延伸的地區，至於往西和西北的地區，則性比例大致都低於全都會的一般值。在 1956 和 1966 兩年度呈現 15 至 49 歲組高性比例的外圍地區，同樣顯示較高比例的外省人口。不過這些地區最高外省比例的年代，是在 1966 或 1980 年，晚於中心都市的高外省比例地區。一般而言，除了中、永和之外，外圍地區的外省人口比例偏高的話，尚不及中心都市外省偏高地區的比例。當中心都市的外省人口比例遞減，而外圍地區先遞增再略減之下，使得中心都市與外圍地區在外省人口的比例上逐漸拉平。在 1989 年，外圍地區外省人口比例超過都會一般值的有，景美、內湖、木柵、永和、中和以及新店，其中除內湖之外，比例都在 30% 以上，顯示外省人口在都會外圍集中於較以前小的範圍之內，更偏向都會的南半。

　　在 1966 年以後，都會的成長主要依靠島內鄉村居民往都市的遷徙。這導致非本籍本省人口在都會內各地的快速成長，以及本籍人口比例的遞減，特別是都會的外圍地帶，在 1950 年代初期，非本籍的本省人口的比例都在 10%，甚至 5% 以下，但是到了 1980 年代，則大都在四成和五成以上。再加上外省人口，則臺北都會的各個分區，在 1980 年代的人口，大部分是 1950 年代以後陸續加入的。在這種趨勢下，尚有幾個本籍人口比例偏高的分區。中心都市的龍山、建成、延平和大同，仍有四成五上下的人口為本籍的。而都會的外圍，四成以上為本籍人口的，尚有樹林、汐止、五股和深坑，大致也是人口成長較慢的地方。島內移入的本省的人口，在 1956 年時，仍顯現性比例偏高的情形，也就是男性在移入人口上占較大的分量。但是在 1966 年以後的數據，性比例與常態一般，甚至有低於 100 的情形。這種性比例的平衡，一方面意味著舉家遷徙的可能性高，再則是就業的吸力，平分於男性和女性。

　　我們曾就臺北市 1980 年的普查資料進一步的探討（章英華，1986a）。全市各區新進人口 15 至 49 歲年齡層的比例高於原住人口，新進人口的幼年比例大致也低於原住人口。在性比例方面，15 至 49 歲年齡層，新進人口低於原住人口，意味新進人口的女性分量較大，特別是 20 至 29 歲年齡層，女性比例特別偏高，而中心都市的情形又更甚於外圍地區。這應是就業女性重移入的結果。臺北市男女就業工作人口的比值約是三與二，在 1976 和 1981 年，均如此。由於單身青年女性移入都市工作，而有偶婦女又隨夫遷移，使得青年層，特別是 20 至 29 歲年齡層的婦女數量超過男性。也因為如此使得都會的許多分區顯示偏低的性比例。比較顯著的是在舊核心與新發展的商業地帶。

表 2-4.1b **臺北都會區籍別與性比例（SR），1956、1966、1980、1989 年**

地區\籍貫	年別	本籍 性比例	%	本省籍 性比例	%	外省籍 性比例	%	總計 性比例	總人數
城中區	1956	102	18.76	114	28.66	180	52.58	141	72,219
	1966	102	23.34	107	30.15	144	46.51	121	77,147
	1980	101	22.07	101	39.43	141	38.49	115	57,201
	1989	100	22.01	101	45.68	128	32.32	109	55,270
龍山區	1956	98	60.81	106	19.02	165	20.17	110	64,282
	1966	100	55.04	103	25.23	135	19.72	107	70,908
	1980	103	49.95	105	33.12	131	16.93	108	48,815
	1989	98	44.30	100	39.62	127	16.08	103	47,772
建成區	1956	94	63.45	159	26.13	152	10.41	113	56,242
	1966	96	60.89	100	28.90	130	10.22	100	57,173
	1980	106	53.79	95	36.78	125	9.43	103	35,110
	1989	103	46.05	100	44.92	107	9.03	102	30,543
延平區	1956	93	61.62	112	22.54	145	15.84	104	57,146
	1966	99	58.28	110	25.59	120	16.13	105	59,476
	1980	103	48.68	103	36.11	120	15.22	105	38,265
	1989	95	49.01	95	36.67	108	14.31	97	36,012
雙園區	1956	102	55.42	111	25.75	149	18.83	112	55,926
	1966	104	46.05	107	36.36	132	17.59	110	110,595
	1980	104	35.77	106	48.35	126	15.88	108	138,392
	1989	104	34.05	102	50.56	120	15.38	106	135,330
大同區	1956	96	65.15	104	17.91	140	16.94	104	71,207
	1966	99	59.04	106	25.87	133	15.09	105	109,655
	1980	103	49.39	106	38.41	134	12.20	108	96,944
	1989	107	45.55	100	40.35	109	14.10	104	86,285
中山區	1956	102	37.90	109	20.81	148	41.29	120	108,246
	1966	103	35.50	103	29.73	131	34.77	112	202,168
	1980	102	31.17	98	43.80	131	25.03	107	236,672
	1989	95	27.31	98	51.12	106	21.57	99	273,935
古亭區	1956	102	19.16	108	24.63	146	56.22	126	101,620
	1966	106	22.37	106	26.80	136	50.84	120	161,433
	1980	111	19.53	103	38.76	127	41.70	114	174,827
	1989	104	19.96	97	43.53	117	36.50	105	186,257
大安區	1956	110	18.53	120	14.97	138	66.50	130	108,445
	1966	108	16.96	106	18.21	132	64.83	123	183,876
	1980	100	17.67	102	38.44	115	43.89	107	272,215
	1989	95	16.95	96	45.06	110	37.99	101	335,058
松山區	1956	103	53.11	112	12.13	139	34.76	115	56,177
	1966	105	34.18	104	20.31	129	45.50	115	142,452
	1980	101	25.34	103	39.89	116	34.77	107	375,964
	1989	107	25.71	97	42.89	105	31.41	102	454,416

表 2-4.1b 臺北都會區籍別與性比例（SR），1956、1966、1980、1989 年（續）

地區	籍貫 年別	本籍 性比例	%	本省籍 性比例	%	外省籍 性比例	%	總計 性比例	總人數
景美區	1956	104	62.84	119	7.82	184	29.34	123	15,992
	1966	103	48.32	104	12.65	142	39.03	117	28,269
	1980	104	26.95	99	32.67	117	40.38	107	96,225
	1989	104	26.77	102	38.04	108	35.19	105	123,275
士林區	1956	106	76.22	110	5.36	163	18.42	114	48,838
	1966	105	59.23	103	14.08	125	26.69	110	91,560
	1980	104	44.39	99	35.05	112	20.56	104	224,080
	1989	103	36.62	100	44.30	104	19.08	102	290,796
北投區	1956	104	70.72	97	5.53	139	23.75	111	38,686
	1966	101	61.40	100	8.71	129	29.88	109	64,565
	1980	102	41.79	100	34.78	114	23.44	104	185,978
	1989	102	36.62	98	41.32	109	22.06	102	238,786
內湖區	1956	106	85.07	103	5.87	136	9.05	108	16,735
	1966	105	61.60	100	8.64	120	29.76	109	32,572
	1980	104	40.12	99	27.42	122	32.46	108	79,718
	1989	106	25.95	98	46.52	106	27.53	102	196,922
南港區	1956	103	66.89	112	8.99	186	24.13	119	23,383
	1966	105	58.95	110	14.44	141	26.61	114	38,495
	1980	111	37.19	102	38.03	130	24.78	112	87,778
	1989	108	32.83	101	46.12	114	21.05	106	115,584
木柵區	1956	105	60.47	136	4.48	138	35.05	117	15,593
	1966	105	45.32	101	7.29	128	47.38	115	28,917
	1980	105	31.03	98	29.08	117	-	-	-
	1989	119	26.19	91	38.54	113	35.27	105	98,640
板橋市	1956	100	72.99	111	7.46	137	19.55	107	41,268
	1966	100	57.85	105	14.18	134	27.97	109	77,424
	1980	102	24.41	103	58.18	125	17.42	106	403,057
	1989	105	21.36	100	65.17	119	13.47	104	531,065
三重市	1956	99	59.71	108	19.36	141	20.92	108	74,248
	1966	105	57.34	108	26.69	114	15.97	107	174,196
	1980	103	37.35	106	52.35	120	10.31	106	327,001
	1989	108	31.57	101	59.94	113	8.49	104	371,412
永和市	1956	-	-	-	-	-	-	-	-
	1966	101	23.73	104	15.63	125	60.64	115	69,866
	1980	100	14.45	101	43.13	107	42.42	103	205,313
	1989	102	14.39	96	47.94	103	37.67	99	247,939
中和市	1956	105	54.44	101	6.90	153	38.66	121	44,325
	1966	102	46.78	103	10.36	123	42.86	111	48,839
	1980	104	19.17	100	45.43	113	35.40	105	261,684
	1989	105	18.18	101	51.52	111	30.30	105	365,225

表 2-4.1b 臺北都會區籍別與性比例（SR），1956、1966、1980、1989 年（續）

地區	年別	本籍 性比例	本籍 %	本省籍 性比例	本省籍 %	外省籍 性比例	外省籍 %	總計 性比例	總計 總人數
新莊市	1956	102	85.70	116	4.87	163	9.44	107	21,252
	1966	105	72.94	102	11.37	142	15.69	110	32,717
	1980	104	28.29	103	60.18	129	11.53	106	178,019
	1989	104	23.42	102	68.29	111	8.30	103	287,645
新店市	1956	107	66.04	174	5.73	167	28.23	124	42,148
	1966	108	52.01	113	8.22	166	39.77	128	78,335
	1980	109	40.97	111	25.45	112	33.58	111	166,423
	1989	109	25.85	101	35.54	112	38.61	107	216,757
樹林鎮	1956	102	87.02	127	4.88	136	8.10	105	24,552
	1966	100	80.07	109	9.67	143	10.25	106	34,720
	1980	104	52.14	108	38.09	123	9.78	107	73,187
	1989	104	40.92	107	49.88	115	9.20	107	106,951
汐止鎮	1956	99	90.76	104	2.63	148	6.61	102	27,245
	1966	101	85.43	103	7.14	144	7.43	104	39,833
	1980	105	64.66	107	24.05	119	11.29	107	65,276
	1989	105	49.30	105	35.71	112	14.99	106	90,198
蘆洲鄉	1956	107	90.54	106	2.04	114	7.42	108	13,322
	1966	106	82.84	104	5.94	127	11.22	108	18,757
	1980	106	53.94	108	35.81	129	10.26	109	46,256
	1989	97	39.70	110	52.30	110	8.00	105	97,874
五股鄉	1956	108	95.59	99	1.56	207	2.85	110	11,750
	1966	105	69.24	92	3.92	114	26.84	107	20,419
	1980	108	54.97	107	22.68	125	22.35	112	34,214
	1989	109	46.26	104	38.75	130	14.99	110	44,712
泰山鄉	1956	100	91.49	116	1.85	158	6.67	103	8,057
	1966	102	74.38	106	5.36	121	20.26	106	12,464
	1980	104	37.79	106	46.14	120	16.08	107	38,615
	1989	107	32.08	101	55.25	122	12.66	105	50,420
深坑鄉	1956	103	95.77	156	2.23	222	2.00	105	5,152
	1966	101	87.82	97	4.44	139	7.74	104	6,756
	1980	109	74.98	117	12.14	139	12.89	114	9,367
	1989	114	63.10	102	22.50	123	14.41	112	12,416
土城鄉	1956	104	83.88	202	3.46	198	12.67	115	16,671
	1966	101	71.74	107	6.11	139	22.14	109	25,437
	1980	106	45.33	112	33.99	135	20.68	114	54,737
	1989	109	26.93	104	58.17	122	14.90	108	129,424
總計	1956	101	53.65	114	15.73	149	30.62	116	1,240,726
	1966	103	46.07	105	20.68	132	33.25	112	2,099,024
	1980	104	31.90	103	41.99	119	26.11	107	4,083,576
	1989	104	27.40	100	49.61	110	22.99	103	5,256,919

資料來源：1956 年臺北縣統計年報
　　　　　1956、1966 年臺北市統計要覽
　　　　　1967 年臺北縣統計要覽
　　　　　1980、1989 年臺北市、臺北縣統計要覽

（二）教育與職業組成

　　臺北都會居民的教育水準，在 1956 至 1980 年之間，可以分成兩個階段，呈現不同的轉變（見表 2-4.2a）。1950 和 1960 年代，不識字人口銳減，人口的增加將近兩倍，可是不識字人口的數量還減少了一些，初中、高中和專上的比例則略為增加。1966 至 1980 年之間，則顯示臺北都會人口教育水準的顯著提升，小學與初中的比例下降，高中與專上的比例上升。此時高中以上教育的人口已占了四成以上，1980 年代這種趨向持續，1990 年的高中以上人口占了 15 歲以上人口的 46%[3]。一般而言，教育程度的提升是全面的，擴及整個都會。各分區不識字和小學程度的人口比例都逐漸降低。初中程度的比例，1966 年的高於 1956 年的，但 1980 年的反又不及 1966 年的。高中和專上程度的人口比例，則是由 1956、1966、1980 以至 1990 年，逐年上升；不過高教育程度者在年代增加的情形已不如 1970 年代那麼快速。此種比例顯示，教育的提升，已從初（國）中層次，轉至高中以上層次。在教育普遍提升的趨向下，各分區間仍有高下的差別。

　　中心都市的 10 個區，可以大略分成二組，龍山、建成、延平、雙園和大同，自 1956 年開始，便是大專以上人口比例偏低而小學以下人口比例偏高的情形。而城中、中山、古亭、大安、和松山，在 1980 年的商數，都顯示偏高的大專以上人口比例和偏低的小學以下人口比例。以上五個教育程度偏高的區，除松山是在 1970 年代才顯示此種性質外，其餘四區，在 1956 年時便是如此，不過其高教育人口的比例雖然增加，但相對於其他分區的比例的優勢卻逐漸減弱。外圍各區中有些亦呈現較高比例的高教育人口，包括景美、永和、新店以及木柵。其中，木柵和永和，在 1956 年起，便具備這樣的性質。景美和木柵則在 1970 年代，此種性質才告彰顯。景美以外臺北市的另五個外圍分區中，大致都呈現明顯的高教育人口比例增高的情形，南港稍弱，它們高教育程度

3　在各年的教育人口的數字，1956 和 1966 年的是以 12 歲以上的人口計算，而 1980 年普查的則以 15 歲以上的人口計算。1990 年的普查資料，臺北市的行政區重新規劃成十二區。

表 2-4.2a 臺北都會區教育組成，1956、1966、1980、1990 年

教育程度 地區	年別	不識字 %	Q	小學 %	Q	初中 %	Q	高中 %	Q	專上 %	Q	合計 總人數
城中區（中正區）	1956	14.33	56	32.53	76	16.96	138	20.06	179	16.04	194	49,868
	1966	7.21	51	30.16	70	20.14	115	23.35	155	19.13	187	67,035
	1980	3.94	52	20.55	63	12.51	82	29.64	110	33.37	188	49,500
	1990	2.69	73	23.89	75	14.60	80	27.54	103	31.29	159	179,934
龍山區（萬華區）	1956	22.12	87	45.92	108	15.71	128	11.26	101	4.99	60	40,523
	1966	13.06	92	44.31	103	20.73	119	15.51	103	6.39	63	47,621
	1980	7.42	97	32.42	100	16.11	106	28.91	107	15.15	85	34,235
	1990	4.82	132	33.15	104	19.73	109	27.33	103	14.97	76	211,931
建成區	1956	23.08	90	47.95	112	14.30	116	10.57	95	4.08	49	33,736
	1966	13.27	94	45.91	107	20.17	115	14.97	99	5.67	55	38,147
	1980	7.13	94	33.14	102	16.15	106	28.98	108	14.61	82	24,744
	1990	-	-	-	-	-	-	-	-	-	-	-
延平區	1956	20.54	80	45.87	108	16.11	131	12.82	115	4.65	56	36,290
	1966	11.97	84	43.24	101	21.38	122	17.03	113	6.39	63	39,968
	1980	6.37	84	31.20	96	16.53	109	29.49	109	16.40	92	27,673
	1990	-	-	-	-	-	-	-	-	-	-	-
雙園區	1956	31.46	123	47.70	112	10.87	88	6.79	61	3.17	38	34,360
	1966	19.09	135	51.09	119	15.61	89	10.31	68	3.79	37	70,206
	1980	9.95	131	37.86	117	17.13	113	25.12	93	9.94	56	99,576
	1990	-	-	-	-	-	-	-	-	-	-	-
大同區	1956	26.92	105	48.50	114	11.97	97	8.49	76	4.09	49	44,164
	1966	15.86	112	49.83	116	17.46	100	12.25	81	4.60	45	70,607
	1980	9.16	120	36.75	113	16.25	107	26.08	97	11.76	66	69,628
	1990	3.88	106	32.26	101	19.06	105	28.71	108	16.09	82	135,835
中山區	1956	21.10	83	38.05	89	13.97	114	14.43	129	12.41	150	68,241
	1966	10.92	77	36.08	84	17.93	113	19.78	131	13.49	132	138,111
	1980	5.65	74	26.06	80	15.15	100	30.33	113	22.81	128	178,265
	1990	2.34	64	24.73	78	16.19	89	31.22	117	25.53	130	233,497
古亭區	1956	18.10	71	33.57	79	15.49	126	16.93	151	15.77	190	64,470
	1966	11.70	83	37.53	87	19.27	110	17.55	116	13.95	136	108,311
	1980	7.30	96	25.88	80	14.19	93	29.57	110	23.06	130	125,295
	1990	-	-	-	-	-	-	-	-	-	-	-
大安區	1956	14.90	58	28.84	68	14.92	121	19.49	174	21.18	263	70,891
	1966	8.51	60	27.99	65	18.06	103	20.70	137	24.72	242	136,260
	1980	4.67	61	18.55	57	11.63	76	30.25	112	34.91	197	194,465
	1990	1.94	53	19.48	61	11.97	66	26.67	100	39.94	203	343,194
松山區	1956	28.87	113	44.84	105	12.10	98	9.28	83	4.90	59	35,069
	1966	12.47	88	40.69	95	18.16	104	16.91	112	11.76	115	98,395
	1980	5.87	77	23.88	74	13.30	87	30.66	114	26.29	148	273,831
	1990	1.97	54	23.12	73	14.09	77	29.54	111	31.29	159	199,250
（信義區）	1990	3.53	97	26.79	84	15.49	85	28.57	107	25.63	130	220,399

表 2-4.2a　臺北都會區教育組成，1956、1966、1980、1990 年（續）

地區	教育程度 年別	不識字 %	Q	小學 %	Q	初中 %	Q	高中 %	Q	專上 %	Q	合計 總人數
景美區	1956	26.44	103	46.38	109	11.00	90	9.46	85	6.65	80	10,191
	1966	13.37	94	46.80	109	18.22	104	13.38	89	8.23	81	18,865
	1980	5.64	74	23.98	74	13.11	86	30.02	111	27.25	153	72,986
	1990	3.22	88	25.75	81	14.99	82	27.47	103	28.57	145	213,187
士林區	1956	31.37	123	47.78	112	8.60	70	7.41	66	4.82	58	30,640
	1966	15.46	109	47.63	111	15.59	89	13.14	87	8.19	80	61,804
	1980	7.28	96	32.95	102	14.14	93	27.27	101	18.36	103	156,798
	1990	3.22	88	29.94	94	16.49	91	27.50	103	22.86	116	281,754
北投區	1956	32.33	126	45.68	100	10.04	82	8.44	75	6.51	79	24,604
	1966	17.82	126	45.91	107	15.03	86	12.88	85	8.37	82	41,798
	1980	7.50	98	31.14	96	14.71	97	27.92	104	18.73	105	128,267
	1990	3.68	101	30.25	95	17.69	97	27.36	103	21.02	107	226,717
內湖區	1956	42.19	165	48.55	114	5.02	41	3.18	28	1.05	13	10,620
	1966	21.01	148	50.01	116	14.04	80	10.94	72	4.01	39	22,017
	1980	8.94	117	33.34	103	14.83	97	26.63	99	16.26	92	56,529
	1990	3.21	88	29.72	93	15.75	87	28.57	107	22.75	116	181,271
南港區	1956	33.89	133	44.47	104	10.37	84	6.98	62	4.28	52	14,719
	1966	19.79	140	49.40	115	15.74	90	10.40	69	4.66	46	25,138
	1980	9.08	119	36.92	114	15.61	103	26.25	97	12.13	68	60,190
	1990	4.26	117	34.00	107	18.11	100	27.59	103	16.04	82	104,089
木柵區	1956	32.21	126	37.68	88	9.76	79	9.44	84	10.87	131	10,001
	1966	15.29	108	38.18	89	16.09	92	14.81	98	15.64	153	19,459
	1980	7.72	101	27.59	85	14.33	94	27.51	103	22.84	129	52,961
	1990	-	-	-	-	-	-	-	-	-	-	-
板橋市	1956	28.04	110	48.90	115	10.19	83	8.67	78	4.20	51	26,851
	1966	15.30	108	47.88	111	17.31	99	13.04	86	6.48	63	50,308
	1980	8.64	113	39.88	123	17.18	113	24.09	89	10.21	57	267,178
	1990	4.12	113	38.23	120	21.49	118	24.60	92	11.56	59	479,094
三重市	1956	30.89	121	50.72	119	9.53	78	6.40	57	2.46	30	46,490
	1966	17.51	123	54.67	127	15.77	90	9.42	62	2.63	26	112,522
	1980	10.25	135	45.94	142	17.32	114	20.36	76	6.13	35	229,125
	1990	5.25	144	41.75	131	21.90	120	22.78	85	8.33	42	338,591
永和市	1956	-	-	-	-	-	-	-	-	-	-	-
	1966	12.47	88	35.65	83	18.75	107	18.61	123	14.52	142	45,898
	1980	6.22	82	24.76	76	14.22	93	31.17	116	23.62	133	150,435
	1990	3.45	94	27.61	87	16.26	89	28.97	109	23.71	121	211,430
中和市	1956	28.28	111	42.10	99	10.04	82	10.33	92	9.21	111	28,503
	1966	14.99	106	43.76	102	17.20	98	15.19	101	8.85	87	32,697
	1980	7.10	93	33.17	102	16.52	109	28.13	104	15.09	85	191,937
	1990	3.71	102	33.69	106	19.55	108	27.84	104	15.21	77	333,032

表 2-4.2a 臺北都會區教育組成，1956、1966、1980、1990 年（續）

地區	年別	不識字 %	Q	小學 %	Q	初中 %	Q	高中 %	Q	專上 %	Q	合計 總人數
新莊市	1956	33.84	132	51.18	120	8.50	69	4.39	39	2.09	25	13,477
	1966	18.75	132	52.41	122	15.45	88	9.14	61	4.25	42	21,346
	1980	8.95	117	44.43	137	17.65	116	21.82	81	7.15	40	111,708
	1990	3.80	114	40.51	127	23.03	127	22.61	85	10.05	51	282,692
新店市	1956	30.28	118	44.46	104	10.40	85	8.94	80	5.91	71	27,084
	1966	16.59	117	45.94	107	15.53	89	12.88	85	9.06	89	50,599
	1980	7.13	94	27.77	86	13.76	90	28.86	107	22.49	127	125,121
	1990	3.89	106	28.23	89	16.48	91	29.02	109	22.38	114	204,234
樹林鎮	1956	32.36	127	49.60	116	10.21	83	5.55	50	2.28	28	15,499
	1966	18.46	130	52.19	121	16.44	94	9.70	64	3.22	32	23,075
	1980	9.80	129	42.44	131	17.93	118	23.21	86	6.62	37	48,089
	1990	4.37	119	40.35	127	22.90	126	24.24	91	8.14	41	98,141
汐止鎮	1956	39.92	156	46.33	109	7.49	61	4.22	38	2.00	24	17,445
	1966	24.15	170	54.35	126	12.43	71	6.84	45	2.24	22	25,045
	1980	12.67	166	42.17	130	15.96	105	21.53	80	7.67	43	46,702
	1990	6.01	164	36.55	115	19.75	109	25.22	95	12.47	63	87,045
蘆洲鄉	1956	37.04	145	54.69	128	4.60	37	2.81	25	0.85	10	8,544
	1966	21.97	155	57.54	134	9.49	54	6.02	40	4.98	49	12,342
	1980	11.02	145	49.54	153	15.73	103	17.34	64	6.37	36	31,750
	1990	4.73	129	44.62	140	23.14	127	20.88	78	6.62	34	93,236
五股鄉	1956	38.60	151	53.49	125	4.88	40	2.47	22	0.55	7	7,463
	1966	21.42	151	59.27	138	10.86	62	5.78	38	2.68	26	12,508
	1980	11.92	156	46.97	145	16.62	109	18.99	70	5.49	31	22,112
	1990	5.32	145	42.07	132	21.98	121	22.51	84	8.13	41	41,895
泰山鄉	1956	35.56	139	51.09	120	8.29	67	3.61	32	1.44	17	4,983
	1966	14.65	103	45.59	107	15.56	89	20.06	133	4.14	41	9,801
	1980	8.32	109	42.41	131	18.27	120	23.89	89	7.11	40	25,336
	1990	3.57	98	35.15	111	20.25	111	26.34	99	14.69	75	54,974
深坑鄉	1956	41.52	162	51.35	120	3.82	31	2.41	22	0.87	11	3,324
	1966	27.80	196	58.77	137	8.03	46	4.02	27	1.38	14	4,058
	1980	14.55	191	43.68	135	17.71	116	18.55	69	5.51	31	6,571
	1990	7.67	210	38.21	120	21.14	116	23.31	87	9.67	49	12,076
土城鄉	1956	37.36	146	50.68	119	5.89	48	3.56	32	2.49	30	11,164
	1966	20.76	146	54.93	128	12.77	73	8.22	54	3.32	32	17,419
	1980	10.46	137	44.87	138	17.58	116	20.68	77	6.40	36	40,955
	1990	4.19	115	39.78	125	22.83	126	24.45	92	8.75	44	134,919
總計	1956	25.57	-	42.65	-	12.29	-	11.18	-	8.28	-	789,214
	1966	14.18	-	43.02	-	17.48	-	15.10	-	10.22	-	1,421,360
	1980	7.62	-	32.46	-	15.22	-	26.94	-	17.76	-	2,901,962
	1990	3.65	-	31.81	-	18.18	-	26.69	-	19.67	-	4,902,417

資料來源：1956 年戶口普查報告書
1966、1980、1990 年臺閩地區戶口及住宅普查報告書

的商數，原來低於舊核心各區，但在 1980 年趨近或超過之。至於其他的外圍地帶，都是小學以下比例偏高而大專以上偏低的情形，而他們居住人口教育水準偏低的程度，更甚於中心都市內教育程度偏低的地帶。簡言之，中心都市和外圍地帶都可區分出教育水準偏高和偏低的地區，最高教育程度比例最高的分區，在中心都市，而低教育程度比例最高的地區，在外圍地帶，特別是淡水河以西的各個鄉鎮市。

　　1990 年的數據，大致仍維持 1980 年的模式。專上教育人口比例最偏高的仍是在舊 10 區的範圍內，是松山、大安和中正，區位商數都在 159 以上，另外中山區與信義區，商數都為 130，亦屬較偏高的行政區。這幾個區中，中正區大致包括原來的城中和古亭區，而信義區是由原來的大安與松山區分出部分地段而新設的。外圍地區中專上教育人口比例偏高的有文山、內湖、士林、北投、永和以及新店。文山區是由原先的景美和木柵區合併而成，因此 1990 年外圍各區人口的教育程度偏高與 1980 年並無二致。這幾區中，只有文山區的區位商數為 145，其餘各區都在 120 以下。換言之，外圍行政區教育程度偏高者，尚不及舊市區的偏高地區。同時舊市區中教育偏低的萬華區（合併原來的龍山和雙園區）以及大同區（合併原來的建成、延平和大同區），專上教育人口的區位商數仍大於外圍偏低的各行政區。同時萬華與大同在高中教育人口的區位商數略大於 100，高於大部分的外圍行政區。

　　各行政區的高中和大專人口比例都增加之中，見不到高教育地區商數不斷增高的現象，反而這些地區高教育人口的商數逐漸下降，其他地區加大，這似乎意味著，區與區之間在高教育人口比例差距減弱，這或許是教育程度又大量提升至專科層級的結果。不過中心都市內的高教育地區與其他之間的差距，仍相當明顯。不過這種差距或可以在大學以上人口更顯示出來。筆者曾以 1980 年的普查資料，對臺北市 16 個區大專以上的人口，加以更細的分層的分析（章英華，1986b: 64）。龍山、雙園、建成、延平和大同，由專科以迄研究所，商數逐次減低，士林、北投、南港和內湖亦然，只是減低的程度不如上述各區。城中和大安在大學以上教育組的優勢更加突出，其餘各區不同教育分層間的差異，較為平緩。中心都市的高教育程度區的優勢，的確更反映在高於大學以上教育人口的比例。

　　臺北都會從 1956 年以後，職業結構有著相當的轉變（見表 2-4.2b）。在產業結構中，我們引用職業結構的數據，說明農業人口在 1956 年時已經占很小的比例，但仍持續下降之中，1980 年居住的總就業人口是 1956 年的五倍，而 1980 年的農業人口數還不及 1956 年的，1990 年戶籍資料的農業人口數多過 1980 年普查的數字，但仍低於 1980 年戶籍資料的數字，因此在 1980 年代，農業人口的絕對數字還是遞減中，特別在比例上減至只占就業人口的 2% 上下，農業在整個都會就業量的提供上，實在是微不足道。生產體力工作人員的數量，在 1990 年時趨近 60 萬，算是相當龐大，不過其三十餘年來的增加倍數，不及總就業人口，以致在都會就業人口上所占的分量，1966 年以後逐漸減少。

　　其餘較屬三級行業的職業，在絕對數量上都呈現增加的趨勢。但在相對的分量上，監督和佐理人員以及買賣工作人員，呈現與總就業人口相似或更快的成長。服務工作人員有點例外。1956 至 1966 年間顯示超過前後各年度的比例，這種高比例，主要是因為保安人員分量突然提高的結果。我們推斷，在 1966 年時，服務業本不應該有著如此的分量，可是因為國民政府遷臺以後的特殊需求，以致公部門的保安人員比例突然增強。其餘的三個都會區在這方面所受的影響更強。1966 年時，服務業人口為 104,549 人，保安人員則有 55,324 人，占 52.91%。服務業人員在 1966 年以後，分量先是減弱，再又稍後提高。若扣除 1966 年，服務業人口的比例，未呈現太大的變化。行政主管人員在 1956 至 1990 年間，占就業人口的分量一直減弱。合併普查與戶籍資料，專門與技術人員在 1956 至 1980 年間，顯示比例的增加。因此在職業排序上比較可以列為高社會經濟地位的兩類職業人口，一類比重增加，另一類則減低，此趨勢一直維持到 1980 年代。配合監佐人員的穩定快速增加，我們似乎可以推論說，在企業擴張的過程中，導致整體從業人員數的增加，但主要是對中層以下人員的需求較為殷切，高層人員數的擴充在成長一段時期之後便會碰到瓶頸。買賣人員的擴張，亦是同樣的情形。在三級行業中，唯獨服務業人員的分量，自 1956 以後未見

表 2-4.2b　臺北都會區職業組成，1956、1966、1980、1990 年

地區	年別	專門 %	專門 Q	行政 %	行政 Q	監佐 %	監佐 Q	買賣 %	買賣 Q	服務 %	服務 Q	農牧 %	農牧 Q	體力 %	體力 Q	其他 %	其他 Q	合計 Q	合計 N
城中區（中正區）	1956	8.58	141	8.55	171	26.50	170	14.44	110	16.06	166	0.07	1	22.33	65	4.38	89	89	26,257
	1966	12.01	150	5.40	152	30.05	162	14.38	113	21.37	135	0.34	6	16.40	46	0.06	30	30	33,999
	1980	15.47	172	3.50	122	30.23	136	16.19	118	11.37	134	0.44	17	15.49	45	7.31	115	115	27,013
	1990	17.76	155	3.51	151	34.10	121	22.21	126	8.65	93	0.47	27	13.29	46	-	-	-	71,030
龍山區（萬華區）	1956	5.73	94	8.61	172	15.34	102	21.43	163	10.18	105	0.16	1	37.58	109	0.98	20	20	17,776
	1966	6.46	80	7.07	199	16.06	87	24.99	196	11.05	70	0.32	6	34.04	96	0.02	10	10	19,849
	1980	7.69	85	4.23	148	20.43	92	26.16	191	11.92	141	0.39	15	23.60	68	5.59	88	88	18,005
	1990	9.12	79	1.63	70	24.21	86	26.59	150	11.84	127	0.62	35	26.00	89	-	-	-	85,500
建成區	1956	5.91	97	9.50	190	13.16	87	25.12	192	9.91	102	0.24	2	35.70	104	0.46	9	9	13,754
	1966	5.86	73	6.84	193	16.88	91	28.62	224	9.73	61	0.39	7	31.57	89	0.10	50	50	15,756
	1980	7.01	78	4.13	144	24.28	109	27.12	198	9.91	117	0.45	18	21.57	62	5.53	87	87	12,958
	1990	-	-	-	-	-	-	-	-	-	-	-	-	-	-	-	-	-	-
延平區	1956	6.28	103	9.14	182	15.94	106	27.44	209	9.54	98	0.23	2	30.40	88	1.03	21	21	15,048
	1966	5.80	72	6.82	192	19.53	106	30.19	237	9.32	59	0.43	7	27.81	79	0.09	45	45	16,345
	1980	6.87	76	4.69	164	26.16	118	26.87	196	10.13	120	0.64	25	19.53	56	5.10	80	80	14,605
	1990	-	-	-	-	-	-	-	-	-	-	-	-	-	-	-	-	-	-
雙園區	1956	3.60	59	2.33	47	11.81	78	18.41	140	9.72	100	4.32	37	47.53	138	2.27	46	46	15,108
	1966	4.90	61	2.89	81	13.31	72	18.53	145	12.73	80	1.61	28	45.99	130	0.04	20	20	31,883
	1980	5.50	61	0.69	24	19.95	90	20.27	148	10.19	120	1.16	45	36.73	106	5.51	86	86	52,405
	1990	-	-	-	-	-	-	-	-	-	-	-	-	-	-	-	-	-	-
大同區	1956	5.16	85	4.12	82	12.15	80	19.06	145	8.83	91	1.44	12	46.14	134	3.10	63	63	18,670
	1966	5.96	74	4.26	120	14.41	78	19.05	149	10.82	68	0.96	17	44.49	126	0.05	25	25	30,942
	1980	5.76	64	4.80	168	19.97	90	20.77	151	8.05	95	0.82	32	32.15	92	7.67	120	120	35,809
	1990	8.34	73	3.26	140	30.24	107	27.36	155	9.68	104	0.35	20	20.77	71	-	-	-	57,174

表 2-4.2b 臺北都會區職業組成，1956、1966、1980、1990 年（續）

地區	年別	專門 %	專門 Q	行政 %	行政 Q	監佐 %	監佐 Q	買賣 %	買賣 Q	服務 %	服務 Q	農牧 %	農牧 Q	體力 %	體力 Q	其他 %	其他 Q	合計 N
中山區	1956	6.67	110	5.53	110	18.70	124	11.32	86	11.90	123	2.95	25	35.73	104	7.21	147	31,286
	1966	8.39	104	4.61	130	25.10	135	13.82	108	17.54	111	1.41	24	28.81	82	0.33	65	61,892
	1980	9.56	106	4.34	152	25.13	113	19.43	142	14.74	174	0.73	29	20.42	59	5.64	89	95,190
	1990	11.74	102	2.93	126	34.12	121	24.39	138	12.84	138	0.41	23	13.58	47	-	-	100,618
古亭區	1956	8.72	143	5.24	105	22.39	148	12.44	95	13.54	140	0.77	7	29.11	85	7.78	159	31,472
	1966	9.82	122	3.82	108	21.38	115	15.73	123	19.44	123	0.73	13	28.92	82	0.15	75	48,698
	1980	11.31	125	2.33	81	26.31	118	15.32	112	10.71	126	0.64	25	24.77	71	8.60	135	64,549
	1990	-	-	-	-	-	-	-	-	-	-	-	-	-	-	-	-	-
大安區	1956	11.27	185	5.82	116	22.89	152	9.53	73	12.13	125	1.92	16	23.39	68	13.03	266	32,567
	1966	13.21	165	3.97	112	29.82	161	9.57	75	20.59	130	0.88	15	21.63	61	0.32	160	59,226
	1980	15.71	174	6.42	224	31.32	141	15.46	113	7.88	93	0.62	24	16.34	47	6.25	98	96,189
	1990	20.04	174	3.69	159	40.67	144	18.66	106	8.04	86	0.25	14	8.64	30	-	-	142,870
松山區	1956	4.72	78	2.48	50	11.05	73	8.20	63	7.49	77	8.15	70	51.15	149	6.76	138	16,497
	1966	10.71	133	2.49	70	20.66	111	8.00	63	20.20	128	2.62	45	35.08	99	0.24	120	47,587
	1980	12.75	141	3.35	117	28.96	130	14.67	107	8.37	99	0.89	35	25.36	73	5.65	89	145,599
	1990	15.26	133	5.99	257	37.14	131	21.41	121	8.14	88	0.59	33	11.48	39	-	-	85,542
（信義區）	1990	14.59	127	2.77	119	34.52	122	17.90	101	9.95	107	0.50	28	19.78	68	-	-	93,238
景美區	1956	4.90	81	4.94	99	12.51	83	9.52	73	7.48	77	7.61	65	47.59	138	5.44	111	4,612
	1966	7.52	94	2.78	78	15.55	84	8.02	63	20.44	129	3.45	60	41.87	119	0.37	185	8,806
	1980	14.77	164	3.49	122	29.35	132	11.00	80	6.91	82	0.89	35	25.40	73	8.19	129	38,042
	1990	16.72	145	2.74	118	34.43	122	14.08	80	9.46	102	1.84	104	20.73	71	-	-	87,005
士林區	1956	3.89	64	2.06	41	10.03	66	9.06	69	7.58	78	33.76	289	24.95	72	8.67	177	14,151
	1966	6.47	81	2.43	68	16.02	86	8.74	69	19.63	124	15.51	269	31.02	88	0.17	85	28,139
	1980	8.71	97	3.99	140	23.62	106	14.89	109	7.97	94	5.21	204	29.15	84	6.46	101	81,611
	1990	11.90	104	2.62	112	31.95	113	19.81	112	9.16	98	3.50	198	21.08	72	-	-	114,505

表 2-4.2b 臺北都會區職業組成，1956、1966、1980、1990 年（續）

地區	年別	專門 %	專門 Q	行政 %	行政 Q	監佐 %	監佐 Q	買賣 %	買賣 Q	服務 %	服務 Q	農牧 %	農牧 Q	體力 %	體力 Q	其他 %	其他 Q	合計 N
北投區	1956	5.20	86	4.33	86	11.98	79	7.19	55	12.79	132	28.44	244	25.70	75	4.37	89	11,155
	1966	8.51	106	2.28	64	15.10	81	7.19	56	19.20	121	14.58	253	33.07	94	0.07	35	19,519
	1980	11.13	123	2.92	102	23.14	104	12.84	94	9.62	114	4.48	176	28.01	81	7.86	123	65,211
	1990	13.18	115	2.97	128	28.47	101	17.89	101	10.28	110	4.66	263	22.56	77	-	-	87,009
內湖區	1956	2.51	41	1.49	30	4.09	27	6.75	51	3.47	36	36.81	315	41.41	120	3.47	71	4,501
	1966	10.29	128	0.94	26	8.13	44	5.33	42	19.98	126	13.27	230	41.91	119	0.14	70	11,054
	1980	8.29	92	3.20	112	21.19	95	8.88	65	7.70	91	4.18	164	38.63	111	7.95	125	30,532
	1990	12.14	106	3.60	155	33.46	118	16.48	93	8.80	95	1.48	83	24.04	82	-	-	80,584
南港區	1956	5.16	85	2.90	58	9.69	64	6.54	50	5.66	58	12.37	106	54.61	159	3.07	63	6,938
	1966	5.65	70	1.81	51	9.69	52	6.87	54	10.86	69	4.65	81	60.38	171	0.09	45	12,611
	1980	7.15	79	0.60	21	21.66	97	8.74	64	7.51	89	2.28	89	44.48	128	7.57	119	33,334
	1990	10.71	93	0.60	26	27.67	98	14.10	80	9.78	105	2.08	118	35.05	120	-	-	42,904
木柵區	1956	5.87	97	5.04	101	16.32	108	7.55	58	7.30	75	28.70	246	23.64	69	5.59	114	4,345
	1966	9.80	122	2.58	73	23.60	127	6.03	47	16.67	105	11.58	201	29.20	83	0.54	270	8,849
	1980	11.39	126	2.09	126	23.71	107	9.73	71	9.15	108	3.78	148	32.45	93	7.70	121	27,876
	1990	-	-	-	-	-	-	-	-	-	-	-	-	-	-	-	-	-
板橋市	1956	4.87	80	3.81	76	12.82	86	10.33	79	6.88	71	20.95	180	38.17	111	2.17	44	11,414
	1966	5.83	73	2.24	63	15.53	84	9.85	77	14.24	90	9.73	169	42.30	120	0.27	135	22,584
	1980	6.54	73	1.88	66	17.72	80	12.80	93	7.75	91	1.97	77	45.96	132	5.37	84	142,281
	1990	8.86	77	1.14	49	21.92	78	16.71	95	9.26	100	1.49	84	40.63	139	-	-	188,385
三重市	1956	4.05	67	4.40	88	10.07	67	15.41	118	5.82	60	11.51	99	46.57	135	2.16	44	20,003
	1966	4.51	56	3.46	97	11.09	60	16.23	127	9.43	60	4.56	79	50.44	143	0.28	140	49,035
	1980	4.00	44	1.65	58	13.40	60	14.10	103	6.96	82	2.49	98	52.40	151	4.99	78	123,243
	1990	5.83	51	1.43	62	18.95	67	18.45	104	9.12	98	0.87	49	45.33	155	-	-	135,737

表 2-4.2b　臺北都會區職業組成，1956、1966、1980、1990 年（續）

地區	職業 年別	專門 %	Q	行政 %	Q	監佐 %	Q	買賣 %	Q	服務 %	Q	農牧 %	Q	體力 %	Q	其他 %	Q	合計 N
永和市	1956	-	-	-	-	-	-	-	-	-	-	-	-	-	-	-	-	-
	1966	11.06	138	4.27	120	23.54	127	12.78	100	14.28	90	3.84	67	29.95	85	0.27	135	19,563
	1980	12.89	143	3.12	109	28.05	126	13.46	98	8.89	105	1.22	48	26.57	76	5.79	91	78,223
	1990	15.34	134	2.35	101	33.49	118	17.87	101	10.33	111	0.54	30	20.07	69	-	-	90,955
中和市	1956	5.10	84	4.96	99	14.73	98	9.56	73	9.46	98	15.98	137	36.84	107	3.36	69	13,017
	1966	7.14	89	2.57	72	18.37	99	5.89	46	17.59	111	7.84	136	40.54	115	0.05	25	15,539
	1980	8.56	95	1.88	66	20.71	93	10.29	75	7.88	93	1.71	67	42.30	122	6.68	105	103,794
	1990	10.15	88	1.57	67	25.44	90	14.30	81	9.78	105	1.02	57	37.75	129	-	-	134,850
新莊市	1956	4.57	75	1.92	38	6.90	46	10.86	83	4.09	42	38.77	332	31.71	92	1.18	24	5,739
	1966	5.80	72	2.87	81	10.55	57	8.74	69	7.51	47	21.90	380	42.59	121	0.03	15	9,534
	1980	4.78	53	2.04	71	15.46	70	10.15	74	6.20	73	5.18	203	51.95	149	4.25	67	59,924
	1990	6.48	56	1.14	49	19.30	68	13.82	78	7.79	84	2.86	161	48.61	167	-	-	112,968
新店市	1956	4.01	66	3.54	71	10.34	68	7.96	61	6.18	64	33.90	290	27.35	79	6.72	137	10,868
	1966	6.09	76	2.13	60	13.98	75	5.57	44	17.04	108	12.66	220	42.19	119	0.34	170	25,029
	1980	11.28	125	2.31	81	24.14	109	8.97	65	7.18	85	4.01	157	32.39	93	9.71	152	68,487
	1990	13.05	114	1.69	73	29.77	105	13.98	79	9.06	97	2.31	131	30.13	103	-	-	87,808
樹林鎮	1956	3.52	58	2.57	51	7.63	51	6.81	52	5.32	55	38.95	334	34.37	100	0.84	17	6,817
	1966	5.91	74	1.51	43	12.92	70	5.50	43	8.50	54	19.77	343	45.87	130	0.03	15	11,156
	1980	0.42	5	1.97	69	14.34	64	7.96	58	5.20	61	7.60	298	56.74	163	5.77	91	27,231
	1990	5.98	52	0.94	40	17.16	61	10.68	60	6.52	70	5.50	311	53.21	182	-	-	39,868
汐止鎮	1956	3.77	62	2.36	47	7.99	53	8.10	62	4.39	45	30.59	262	41.10	119	1.70	35	7,170
	1966	4.90	61	2.08	59	9.65	52	6.92	54	8.41	53	13.79	239	54.15	153	0.10	50	11,445
	1980	4.97	55	1.23	43	14.42	65	7.01	51	5.92	70	4.78	187	55.07	158	6.60	104	25,626
	1990	8.55	74	2.38	102	25.71	91	11.20	63	9.03	97	2.83	160	40.30	138	-	-	38,349

表 2-4.2b　臺北都會區職業組成，1956、1966、1980、1990 年（續）

地區	職業年別	專門 %	專門 Q	行政 %	行政 Q	監佐 %	監佐 Q	買賣 %	買賣 Q	服務 %	服務 Q	農牧 %	農牧 Q	體力 %	體力 Q	其他 %	其他 Q	合計 N
蘆洲鄉	1956	2.59	43	1.37	27	4.13	27	18.46	141	3.55	37	42.86	367	25.44	74	1.60	33	3,439
	1966	3.02	38	2.34	66	5.31	29	11.79	92	6.45	41	26.97	468	44.10	125	0.02	10	5,428
	1980	3.61	40	2.33	81	10.77	48	10.59	77	5.35	63	8.77	344	53.40	154	5.19	81	17,443
	1990	4.57	40	1.07	46	7.85	28	14.71	83	8.09	87	4.69	265	48.32	166	-	-	37,117
五股鄉	1956	1.91	31	0.90	18	2.42	16	5.62	43	4.39	45	67.65	580	16.53	48	0.57	12	3,345
	1966	2.81	35	0.98	28	3.29	18	4.03	32	22.42	142	39.03	678	27.33	77	0.10	50	5,901
	1980	3.05	34	1.99	70	10.01	45	7.06	51	5.99	71	17.24	676	46.66	134	7.99	125	11,787
	1990	4.62	40	0.79	34	18.04	64	10.83	61	6.73	72	9.95	562	49.05	168	-	-	17,052
泰山鄉	1956	2.79	46	1.20	24	6.09	40	7.98	61	3.94	41	56.94	488	20.01	58	1.05	21	2,004
	1966	10.31	128	1.51	43	12.76	69	4.68	37	17.97	113	22.36	388	30.00	85	0.40	200	4,696
	1980	5.10	57	1.69	59	13.18	59	7.66	56	6.17	73	8.14	319	52.38	151	5.68	89	14,090
	1990	8.97	78	0.95	41	19.87	70	9.44	53	7.53	81	5.30	299	47.94	164	-	-	21,169
深坑鄉	1956	1.91	31	2.27	45	3.68	24	4.46	34	4.39	45	62.25	533	20.54	60	0.50	10	1,412
	1966	1.77	22	1.11	31	3.98	21	5.59	44	5.37	34	40.76	708	41.43	117	0.00	0	1,808
	1980	3.27	36	1.19	42	10.56	47	6.19	45	6.05	71	15.29	600	50.03	144	7.43	117	3,702
	1990	6.62	58	1.24	53	15.10	53	9.79	55	9.56	103	11.74	663	45.95	158	-	-	5,484
土城鄉	1956	2.89	48	1.27	25	5.41	36	5.93	45	6.92	71	39.28	337	37.27	108	1.03	21	4,567
	1966	5.59	70	1.33	37	7.28	39	5.20	41	14.00	88	18.59	323	47.26	134	0.74	370	7,805
	1980	4.84	54	1.47	51	10.82	49	7.11	52	6.54	77	5.84	229	56.93	164	6.47	102	21,406
	1990	6.52	57	1.46	63	16.00	57	13.29	75	7.94	85	2.75	156	52.02	178	-	-	55,327
總計	1956	6.08	-	5.01	-	15.10	-	13.11	-	9.70	-	11.67	-	34.43	-	4.90	-	353,932
	1966	8.03	-	3.55	-	18.55	-	12.75	-	15.84	-	5.76	-	35.31	-	0.20	-	644,678
	1980	9.02	-	2.86	-	22.24	-	13.72	-	8.47	-	2.55	-	34.77	-	6.37	-	1,536,165
	1990	11.49	-	2.33	-	28.27	-	17.68	-	9.30	-	1.77	-	29.16	-	-	-	2,013,048

資料來源：1956 年戶口普查報告書
1966、1980、1990 年臺閩地區戶口及住宅普查報告書

明顯增強，可能是個人服務業的分量不如以前。以 1990 和 1980 年的資料相較，三級行業的倍數是 1.72，而商業與金融服務業分別是 1.81 和 2.62，至於個人與社會服務業則為 1.58（臺北市統計要覽，1981: 113；1990: 119）。

臺北都會職業別人口的空間分布，在 1956 年之後，呈現相當的轉變。在 1956 年時舊核心的優勢仍然持續著。城中區，不論是專門技術人員或行政主管人員的區位商數都是都會最高區之一。龍山、建成和延平，在專門技術人員的比例上，與都會的一般值近似，但是其行政主管人員的比例卻高居都會的一、二、三位。1956 年專門技術人員比例高的區，是在古亭和大安，二者在行政主管的比例雖高過都會的一般值，卻明顯低於上述舊核心區。我們似乎可以取城中為中心，它在專門技術和行政主管人員二類的比例都偏高。由城中往西北和西南延伸，顯現的是行政主管偏高的三個舊核心區，由此往東南，兩個日據時期日本人居住占優地帶，在 1950 年代初期，是外省人集中性質最強的地區，也是專業人員的集中地。中山區在專門技術與行政主管人員的比例，都高於都會的一般值，但商數都只在 110 左右，不見特別突出。中心都市內的大同、雙園和松山區，這兩類職業人口的比例與所有的外圍地區一般，都低於都會的一般值。因此，1956 年時的中心都市在職業層級高的人口的分布上居優勢。只是不同類別的高職業人口，有不同的偏好地段。

買賣人口與監督佐理人員分布偏向亦不相同。買賣人員比例最偏高的是舊核心的龍山、建成和延平，然後是大同和雙園。而監督佐理人員比例偏高的依序是，城中、大安、古亭和中山，這與專門技術人員分布的偏向完全相同。監佐人員與買賣工作人員在中心都市以外的地區，都是比例偏低，僅木柵在監佐人員，三重和蘆洲在買賣工作人員上顯示比例稍微偏高。都會外圍則有農林和生產體力工作人員都比例偏高的鄉鎮，或只是農林、生產體力人員之一比例偏高的鄉鎮。在中心都市之內，大同、雙園和松山亦顯現高比例的生產體力工作人口。綜合言之，1956 年時的中心都市，在專門技術、行政主管、買賣工作以及監督佐理人員的分布上，都居明顯的優勢，中心都市可以分成專門技術與監督佐理優勢地區，含城中、大安、古亭和中山；行政主管與買賣工作人員優勢地區，含龍山、建成和延平；買賣工作與生產體力人員優勢地區，含雙園與大同。松山與都會的其他外圍鄉鎮，則是農林以及生產體力工作人員優勢地區。

在 1966 和 1980 年，城中、古亭和大安，仍舊與 1956 年一般，專門技術人員的比例明顯偏高，1990 年的大安與中正區，亦復維持同樣的優勢。而松山在 1966 和 1980 兩年，專技人員有著相當的增長，其商數還超過古亭，不過在 1990 年又停滯下來，該年的松山和信義區，區位商數都在 130 上下，均略低於 1980 年時松山的商數。中山區在 1956 年屬偏高地區，這種優勢次第減弱，在 1980 和 1990 年時，逐漸趨近都會的一般值，其位置由松山取而代之。1966 年以後，幾個外圍鄉鎮在專技人員方面，增加甚快，陸續呈現高的區位商數。首先是木柵、永和以及內湖在 1966 年時的比例高於都會的一般值，接著在 1980 年是景美、新店顯示高於一般值的比例，在 1990 年時，再加入士林。總之，納入臺北市區的外圍鄉鎮，在 1966 年以後，都吸納了較高比例的專技人口，此外，都會外圍的南方各分區，比西方各分區，對專技人口有較大的吸力。不過專技人口的最高商數，還是落在中心都市之內。在行政主管人員的比例分布上，城中仍偏高，龍山、延平和建成的優勢減弱，在 1990 年，萬華區的比例還低於都會的一般值。古亭、大安和松山，在這類人員的居住分布上的相對優勢亦已超過核心各區。都會的外圍地帶，也有兩三個分區在不同的年代顯示略高的商數，但行政主管人員的分散化，主要侷限於中心都市的範圍之內，舊核心雖還維持著高於都會一般值的優勢，但也已和專技人員一般，不及中心都市內舊核心以外的幾個區。

監佐人員的分布趨勢，與專技人員大致類似。比例較高的是由城中往東、往北、往南的地區。而最占優勢的，還是中心都市內的中山、古亭、大安和松山。只是最高值在 1990 年時，出現在都會的外圍。同時，其最高的商數都在 150 以內，意味地區間的差異較小。買賣人員的居住地，舊核心的龍山、延平和建成，以及其南北緣的大同和雙園，一直都維持著甚高的商數。此外城中、中山、大安和松山，亦顯示增高的傾向，尤其是中山與大安。都會外圍的士林和北投呈現高於都會一般值的比例。大體而言，買賣工作人員的居住地，同樣呈現分散化的傾向，是以中心都市往東的方向為主，與行政主管人員的分布一樣，蘊含較強的中心都市優勢。農業人口的比例，大致已微不足道，仍是都會外圍的現象。生產體力人員的分布，在 1956 年時最高的商數出現在臺北市舊市區的範圍之內，但臺北市的舊 10 區，在生產體力工的比例卻節節後退，萬華與大同在 1990 年時，已低於都會的一般值（以臺北市統計要覽的資料，舊行政區的雙園和大同，在 1990 年時亦已趨近都會的一般值）。松山由最高商數落到遠低於一般值的比例。另外，臺北舊市區以外的六區，生產體力工的比例，逐年下降，至 1990 年僅南港高於都會的一般值。相反的，屬臺北縣的都會地帶，除了永和，所有的鄉鎮市，都呈現日漸升高的商數。並非這些地區生產體力工的比例都增加中，而是這些地區在都會生產體力工分布上的相對優勢，卻一致提高。這與製造業場所分散化的歷程若合符節。

經過三十餘年，中心都市在都會居住人口上的分量明顯減輕的是生產體力人口。在專技和監督佐理人員上，仍占優勢，但分散的趨勢較強。在行政主管與買賣工作人員上，則比較是中心都市內的再分配。以 1980 和 1990 年的資料觀察，舊核心各區，買賣工作人口的優勢不墜，而行政主管人員的偏高情況不如從前。雙園和大同成為買賣和生產體力人員並重的地方，城中、中山、古亭和松山，則是專門技術、行政主管、監督佐理和買賣工作人員都比例偏高的地區。至於都會的外圍，則是從農林人員比例偏高轉為生產體力人員比例偏高的狀態。不過臺北市所轄的幾個外圍區和都會南方屬臺北縣的幾個鄉鎮市，在專技和監佐人員的比例都顯現增長的趨勢。只是在如此的趨勢下，除永和、木柵和內湖外，生產體力工作人員的分量仍然偏高。其餘屬臺北縣下的鄉鎮市，則以生產體力人員的相對優勢的日漸增強為特色。

五、臺北都會的生態因子分析

為陳述因子分析所找出的社會變項的空間分布模式，我們將臺北都會區的同心環和扇面作如下分割。臺北都會最大的都市聚落在日據之前，是沿淡水河的艋舺和大稻埕，到日據時期，城內的發展與上述二地串連起來。不過，三者在日據時，各有其商業中心。而臺北火車站，自日據以後，都一直是臺北市內和臺北市以外地區的交通樞紐。其地點，也略在三者之間。以臺北火車站為中點，所畫出來的 2 公里環圈的範圍，大致包含了日據時期的三個核心地帶。因此，我們先以臺北火車站為中點（見圖 2-1），向外畫出 1 公里的兩個同心環圈，再以 2 公里為準，形成兩個同心圈，最後，則以 3 公里為準，一共到 18 公里的邊緣，另外再繪出四個環圈。因此，從臺北火車站為中心到都會的邊緣，最大距離約 18 公里，我們以上述的方式作出八個環圈。在實際的分析裡，由於第八環所包含的面積和里數太少，第七和第八環實際上合在一起分析。

我們以臺北火車站與往松山方面鐵路縱貫線形成的直線，作為扇形劃分的起始，向兩側以 45 度角作成八個扇面。從臺北火車站往東北經建成、中山，以至士林，形成扇面一。扇面二，亦在東北方向，經中山和北松山，再到內湖和汐止。扇面三，由城中經過大安和南松山，再到南港、深坑和木柵。扇面四，是由城中往東南，經古亭，穿永和、景美，到新店。扇面五，起自城中，經龍山、雙園，到中和、土城。扇面六，由城中、龍山，到板橋、新莊，再至樹林。扇面七，是由建成往西北，經延平至三重，再到蘆洲、五股和部分的泰山鄉。最後是第八扇，由建成而延平，往東北，經大同穿部分士林區，再到北投。這八個扇面，大致都可以與主要的交通路線相符合，不過以臺北火車站往外延伸，第三扇外緣的南港與深坑和木柵，受山區的隔離，交通走向極其不同（扇面與環圖的劃分，參見第 28 頁，圖 2 臺北都會行政分區圖）。

（一）因素一：地區生命循環

從表 2-5.1，我們看到因素一解釋的變異量為 23.84%[4]。其負荷量大於 0.40 的有六個變項，大都與住宅的性質相關。其正值的依序為（見

4　轉軸之後各因素的解釋力，由於未排除因素之間的相關，均提高。四個因素轉軸之前解釋力總和達 77.81%，而轉軸之後為 95.11%。

表 2-5.1），連棟式住宅比例、非住宅及混用住宅比例、1960 年以前住宅比例。負值的依序落在公寓或大廈比例，以及平均居住面積。我們就此推斷，因素一可以是個地區生命循環的因素，反映的是新興與老舊地區的對比。因素分數正值高的是老舊地區，連棟式住宅多，公寓大廈少，住宅較老舊，同時非住宅與住宅活動混同的情形較為顯著，居住面積較為狹小。因數分數負值高的則為新興地區，顯示與老舊地區相反的特質。

表 2-5.1 旋轉因素結構（因素負荷量）：臺北都會區

	因素一	因素二	因素三	因素四	H2
連棟式住宅比例	0.871**	0.233	-0.176	0.185	0.817
1960 年以前住宅	0.784**	0.104	-0.157	0.609**	0.712
居住本區滿 5 年以上人口	0.741**	0.214	-0.157	0.582**	0.670
公寓或大廈比例	-0.841**	-0.387	0.013	-0.471*	0.824
小學以下教育程度	0.233	0.965**	-0.296	-0.205	0.943
生產體力工作人員	-0.012	0.887**	-0.068	-0.448*	0.874
總生育率	0.380	0.744**	-0.328	0.059	0.662
幼年人口比例	0.165	0.681**	-0.277	-0.754**	0.821
平均居住面積	-0.596**	-0.662**	0.073	-0.120	0.674
專技與行政主管人員	-0.351	-0.878**	0.286	0.202	0.798
大專以上教育程度	-0.289	-0.937**	0.367	0.281	0.904
公務與軍事機構服務人員	0.065	-0.339	0.827**	0.284	0.800
外省人口比例	-0.100	-0.578**	-0.822**	0.378	0.862
非住宅及混用住宅	0.630**	-0.023	-0.680**	0.128	0.793
買賣工作人員	0.345	-0.326	-0.691**	0.098	0.822
老年人口比例	0.218	-0.198	0.229	0.843**	0.748
單身戶比例	0.239	-0.395	0.148	0.673**	0.505
平方和	4.053	5.835	2.952	3.328	
各因素解釋之變異量（%）	23.84	34.32	17.36	19.58	

＊：因素負荷量絕對值大於 0.40 者
＊＊：因素負荷量絕對值大於 0.50 者

從共變數的分析（見表 2-5.2），我們看到，不論環圈、扇面或二者間的互動，都具顯著水準，而扇內距離的解釋力與扇面的大致相同。再看各扇面之內因素分數和距離的相關，五個達顯著水準，而達顯著水準的都呈負值，大致上，是都會內環比都會外環較為老舊的情形。不過，在圖 2-1 和 2-1a，我們明白看到這個因素由內而外的關係，並不是直線的。在村里的分布圖上，最綠的部分是出現在都會中點的四周，但是外圍綠色的部分也明顯較多。扇面和環圈關係的曲線圖顯示，各扇的第一環，因素分數的平均值都是正值，第二環有五個正值，第三環四個正值，第四環一個正值，第五環沒有正值，第六環二個正值，第七環則有五個正值，大致是一種倒 V 字形的分布，亦即，由老舊轉為新興再轉為老舊的狀況。

表 2-5.2　臺北都會區因素分數與扇面、同心環距離之共變與相關分析表

因素分數與同心環距離之相關									
因素		I 新舊		II 社經		III 省籍－商業		IV 家庭狀態	
扇面	里數	平均數	相關	平均數	相關	平均數	相關	平均數	相關
I	94	.18	-.209*	-.33	.251*	-.22	.490**	.43	.153
II	143	-.14	.098	-.09	.729***	.08	.105	.14	-.270**
III	142	-.37	.073	-.64	.681***	.54	.076	.39	-.101
IV	201	-.31	-.072	-.67	.585***	.76	.113	.52	-.134
V	189	.07	-.344***	.29	.502***	.11	.193**	.25	-.259***
VI	169	-.10	-.342***	.46	.626***	-.46	.547***	.13	-.250***
VII	117	.43	-.367***	.73	.632***	-.62	.523***	-.28	-.285**
VIII	175	.42	-.574***	.29	.117	-.53	.698***	.21	-.232**
共變數分析									
單別數＝1230		I 新舊		II 社經		III 省籍－商業		IV 家庭狀態	
變異來源		F值 （自由度）	解釋力	F值 （自由度）	解釋力	F值 （自由度）	解釋力	F值 （自由度）	解釋力
環圈		25.45*** (1)	2.44%	250.11*** (1)	26.41%	62.34*** (1)	6.53%	1.49 (1)	.14%
扇面		65.98*** (6)	6.33%	145.95*** (6)	15.41%	130.96*** (6)	13.71%	18.93** (6)	1.81%
互動		36.41*** (6)	3.49%	37.27*** (6)	3.93%	30.61*** (6)	3.20%	13.74* (6)	1.31%
扇內距離		63.90*** (7)	6.12%	324.76*** (7)	32.99%	85.02*** (7)	8.98%	15.98* (7)	1.53%

註：***p <.001；**p<.01；*p<.05

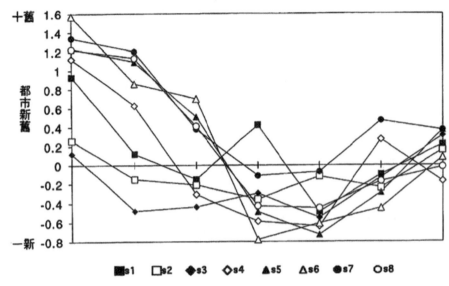

圖 2-1a　臺北都會區因素一（都市新舊）同心環與扇面分布關係圖

　　各扇面的最高值幾乎都出現在第一環（除第七扇內，第一環低於第七環外），第七環的平均值，不見得是第二或第三高，但大致都高於第四、五、六環，而最低值不是在第四環便是在第五環，因此都會新興性質最強的地帶是在離中心 4 至 9 公里的地方。我們的人口密度資料亦顯示，第五環與第六環人口密度的比值遠大於第四環與第五環的。不過，由於第六環各扇面的平均值大都為正，因此臺北都會帶在 1980 年時，已經擴張到 12 公里地帶。另外值得一提的是，內三環，尤其是第二和第三環，各處平均值間的差異遠超過其他各扇。第二和第三環，在有些扇面的平均值，高過第七環的，在有些扇面卻低於第七環的。當我們仔細觀察圖 2-1 和 2-1a 時，可以看到第三環四個偏負值的地區，是第一、二、三、四扇，四個正值的在五、六、七、八扇。前者正好在都會的東面，包括古亭、大安和中山區較靠中心的地帶。後者，正好在都會的西面，地屬臺北市的龍山、雙園和大同，以及臺北縣的三重。在都會中心 4 公里範圍內，西面的一半很明顯較東面的一半為老舊。

　　不論如何，在都會中心 4 公里以內的老舊地帶，可以說是較早形成的都會地帶且尚未進行更新的部分。而在 9 公里或 12 公里以外的都會

帶，則是都會外圍尚未興建住宅的山林或田園地帶。臺北市東南和東北
的廣大山坡地區，在都市計畫中被列為保護區，都市的工商業不致向
內發展，而住宅的興建亦有所限制，以後人口稀少，並殘留不少的農
家。在臺北縣同樣的地帶，大約也具有類似的性質。此外，在都會距核
心 4 至 9 公里地帶，可以見到在紅色之中，出現一些零星的綠色地段。
如第一扇的第四環，是該扇中因素分數平均值次高者，第三環偏東北的
一半，亦有同樣的性質，這裡是中山區的大佳里、松山區的金鳳、玉露
和舊宗等里，即松山機場以北、以東沿基隆河地帶（第一扇的第三和第
四環）。第八扇的三、四、五環之間，同樣在紅色地帶間出現了綠色地
帶，這是士林區的洲子、福安和中洲里，即一般稱的社子島，正好在士
林、北投和蘆洲之間。第六扇的第三環，三重與新莊之間，從交通路線
觀察，是連續向西的情形，但中間亦出現了紅色的中間地帶。以上地
區，都在都市計畫中，被列為農業區，或因屬防洪管制區，都市計畫未
完成，而遭到禁建。另外，在臺北市內有些公共設施的預定地，因特別
的原因而拖延開發時間，其地又為民居所占，無法改建，四周已經興建
較新的建築，如臺北市的大安區內，在一片新興地帶之中，出現小塊的
老舊地段，大安區七號公園預定地上的龍崗、自安和萬安三里，便是如
此的案例。

（二）因素二：社會經濟地位

　　轉軸後的因素二，解釋了 34.32% 的變異量（見表 2-5.1）。負荷量
大於 0.40 的變項，正值的依序為，小學以下人口比例、生產體力人員
比例、總生育率、幼年人口比例。負值的依序為大專以上教育人口、專
技與行政主管人員比例、平均居住面積和外省人口比例。由於負荷量最
高的顯示高教育程度、高職業階層以及低教育程度、低職業階層之間的
對比，我們應該可以將此一因素命名為社經地位，而平均居住面積與高
階層成正比，低階層成反比，正反映如此的性質。因素分數正值高的反
映的是低社經地區，而負值高的則為高社經地區。但再看其他高負荷量
的變項，高社經地區也有高比例的買賣工作人員，外省人口的比例也可

能偏高。另外，高社經地區幼年人口比例較偏低，而與老年人口比例的相關低，反映的是高壯年人口比例與生育率低的情形。因此社經地位的因素與家庭取向和籍別的分布，亦有所關聯。

　　在共變數分析裡（見表 2-5.1），不論是環圈、扇面或二者的互動，都達到統計的顯著水準。環圈的解釋力最高，為 26.41%，扇面其次，為 15.41%。由於環圈與扇面間有互動效果，我們控制扇面之後，環圈的解釋力升高到 32.99%。基本上，我們可以說，臺北都會的社會經濟地位的空間分布，同時可以從扇面和與都會中心的距離來說明。各扇面之間因素分數的平均值，很一致的第一至第四扇都是負值，而第五至第八扇都是正值。換言之，東面四扇的社會經濟地位高於西面的四扇。在圖 2-2，我們看到，紅色部分是在都會東側 9 公里的半圓內。由於東側大都屬於臺北市的範圍，而西側屬臺北縣，或可說，高社經地位的居住傾向，比較偏向臺北市，而臺北縣的新店可以看作臺北市較高社會經濟地帶的延伸部分。大致來說，臺北都會較高社經地位的居住地帶，是往東北、東和東南三個方向發展。我們同時也可以看到，因素分數高負值的地區，很大部分是在離中心 6 公里的範圍之內，在 6 公里以外，反而是較零星的分布。反映的是在向外擴展，都會東側的內環地帶仍占相當的優勢。

　　我們再看各扇面內因素分數與距離的相關分析。第二至第七環都是在 0.5 以上的正相關，意味著距都市中心越遠，居民的社會經濟地位越偏低，距離與社經地位的分布成反比。在因素二的扇面與環圈的分布圖，顯示的模式，大致也符合如上的描述。社經地位偏低的第五至第八扇，在 2 公里以內的範圍，尚偏向負值，但在 2 公里以外的各個環圈，雖不完全呈直線上升的情形，但因素分數的平均值完全為正，而最高點出現在第六和第七環。在社經地位偏高的四個扇面，4 公里以內三個環圈的因素分數平均值，大抵相似，以外則逐漸上升，到 9 公里以外，社經地位則告偏低，意味著社會經濟地位有著沿扇面向外延伸的情形，不過只及於某個範圍之內。第一扇比較特別，第五環是扇內社經地位的最高點，只在這一扇的第一環至第五環（平均值都是負的），由核心往外圍居民的社經地位略顯逐漸偏高的情形，但是第六環以後則陡然呈現正

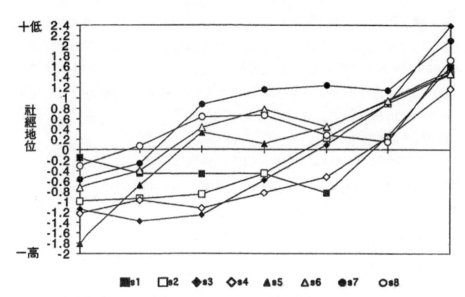

■s1　□s2　◆s3　◇s4　▲s5　△s6　●s7　○s8

圖 2-2a　臺北都會區因素二（社經地位）同心環與扇面分布關係圖

值。總之，臺北都會高社經地位的分布，有著沿幾個扇面往外延伸的情形，但大致仍在 9 公里以內的範圍，同時社經地位偏高的東側扇面，仍然占有社經地位上的優勢。

　　因素分數 -2 以下的里，分布最多的在第三扇第二環大安區偏北的地段，以及第二扇，三、四環交接處屬松山區的地段，前者，正是仁愛路與忠孝東路三、四段的兩側，後者則為松山機場出來向南延伸的敦化北路的兩側地段，都位於都市計畫設定的林園大道的附近。在 6 公里以外的地方，有三個這樣的里，第一扇第五環的翠山里，是中央人員公務人員的住宅區；第二扇第六環的大湖里，和第四扇第五環的中央里，都是中央民意代表的住宅區。是在政府特殊考慮下營建的居住地帶，而非民間自發的現象。新店、北投和士林區的部分地帶，構成了都會 6 至 9 公里之間，較明顯的占地較廣的社經地位偏高地帶。其社經地位最高的里，一則出現在士林與北投交界之處，其最早的居住性質是 1950 和 1960 年代美國駐臺灣軍人主要居住地。另外新店的邊緣，在 1967 年也興建了臺北都會邊緣最早的民間營造的高級住宅區，花園新城（第四扇的第七環）（謝英俊，1982: 43-44）。北投和新店在日據末期臺北的規劃（臺北市役所，1941: 30）中，已考慮到新店與草山（今陽明山）、北投的風景秀麗，可以是將來高級住宅發展的地方（卓越編輯部，1985）。因此，往北和往南的邊緣社經地位偏高地位，似乎很早便顯示了居住可能的優越性。在光復之後，如此的優越性才逐漸展現，但是還是未能取代在都會中心 6 公里範圍內的高社經地位地帶，顯示了並陳的集中與分散現象。

高社會階層有離心的現象，但低社會階層的離心現象更為明顯。我們可以看到，在都會中心 6 公里以外地帶，綠色的部分占的面積較為廣闊（見圖 2-2）。而我們的統計分析也明白指出都會外圍社經地位偏低的情形。不過，外圍社經地位偏低的地方，大致可以分成兩大類。首先是都會西半側臺北縣所屬地帶，大致是在淡水河以西，其社會階層偏低，主要是因為與工業發展相結合的製造業從業人員大量移入的結果。這地帶的北半，在日據時期已經被規劃為工業發展區，但是真正在工業上的成長，是 1961 年以後的事。1963 年政府在臺北縣內編定的九個工業區，七個便在淡水河以西的三重、新莊、蘆洲、樹林、板橋和中和，另兩個在新店和汐止，1973 年再加上三個，在樹林、泰山和土城（許松根、莊朝榮，1991: 42, 53）。這些製造業的人口，很多都是由臺灣其他地區鄉村地帶遷移而來，並非全是中心都市疏散的結果。1966 年普查（第二卷第一冊：670, 701）遷徙資料顯示，本省籍人口遷入臺北市的，25.76 % 來自臺北縣；遷入臺北縣的，35.04% 來自臺北市，我們可以推論說，臺北都會的中心都市和外圍地區，在 1960 年代，同時吸收了臺灣地區的鄉村人口，市縣之間的交流，相對而言，分量較輕。龍冠海（1972: 57）在 1968 年的調查數據可以作為旁證。三重、永和遷入人口的來源地，臺北市與臺北市縣以外地區的比例，大致相等。新店則是臺北縣市以外地區的分量大於臺北市。另外則是都會東半圓外圍地帶，大抵是臺北市邊緣的山區，工業並未大量滲入，而是在山林保護的規定之下，是住宅分布尚少，密度較低地帶。與上述一型與工業相關的低社經地帶的高人口密度，大不相同。

（三）因素三：省籍與商業的對比

　　因素三負荷值高於 0.40 的有四個變項（見表 2-5.1），正值的依序落在公務與軍事機構服務人員比例、外省人口比例，負值依序落在買賣工作人員比例、非住宅及混用住宅比例。這因素首先反映著兩類工作人員居住地的分化現象，同時也反映著本省與外省人口居住的分化。正值高的意味著外省人口與軍公人員的比例高，而負值高的則是買賣工作與本省人口的比例高。我們以省籍與商業的對比，來指稱這一因素。不過在實際的分析中，圖 2-3 中的紅色分布地帶，很明顯的並非商業地帶，在居住人口的職業性質上，我們也知道是以生產體力人員為多，因此因素分數在 0 與負 1 之間的村里，不見得是因為商業性質偏高，而是因為外省人口與軍公人員比例偏低。因此，根據這因素討論商業居住性質時，必須考慮以上的限制。因素分數大於 2 的里，外省人口的比例絕大部分高於五成，職業特性，以軍人比例高為主，而小部分的里則以公務人員比例高為特色。

　　在共變數的分析裡，環圈、扇面與二者互動的效果都達統計的顯著水準（見表 2-5.2）。控制扇面之後，環圈的解釋力仍不及扇面的，意味著，扇面對因素三空間分布的影響大於環圈。平均值為正的為第二、三、四和五扇面，其中又以第三和第四扇面正值最為突出，也就是從都會中心往東南方向，是軍公與外省人員比例特別偏高的情形。由城中往東南，經大安、古亭，再至景美、永和，最後延伸到木柵和新店，這些鄉鎮市區外省籍人口的比例，1980 年代都在三成以上，都會的一般值，則只是略高於二成。在這些外省人口比例偏高的扇面，距離與因素分數的相關，三個未達統計顯著水準，一個只有顯著的低相關。從圖 2-3a 的因素分數的扇面與環圈圓形成的曲線，我們也看到由第三環以後，是外省人口比例再下降的狀況。第一、第六、第七、第八四個扇面，因素分數的平均值皆為負，顯示外省人口比例偏低的性質。這些扇面內，因素分數與距離的相關都達統計的顯著水準，且都為中度以上的正相關。在圖 2-3a 中，扇面六、七、八從第一環到第六環的每一環，平均值雖均低於其他扇面相對等的環帶，卻呈現清楚的由低而高的線型

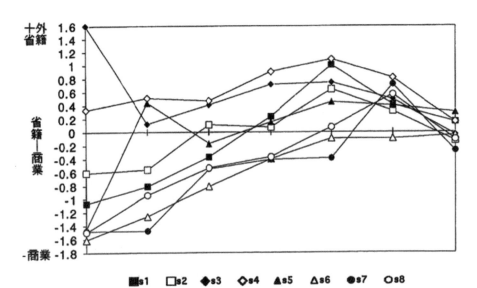

圖 2-3a 臺北都會區因素三（省籍－商業）同心環與扇面分布關係圖

關係。從這兩筆數據，我們可以推論說，在外省人口比例偏低的扇面，外省人口是由內而外逐次遞增。

　　從外省人口比例偏低扇面的因素分布情形，我們可以討論因素三所反映的商業分布性質。因素分數偏低四扇的第一環，因素分數的平均值正好是全都會最低的幾個。在我們以環圈和扇面劃分臺北都會地區時，這幾個扇面最靠近中心的環圈，包括了龍山、建成和延平，是臺北較早發展的商業和居住地區。在我們的分區資料中，也明白指出，這些區的商業性質依然保存，同時是這幾區有別於其他分區的特色。第六、七、八三扇面往西南或西北，是透過大同和雙園二區，再往都會的外圍，大同和雙圓的商業性質雖不及上述的核心三區，但在整個都會區仍是較高的。都會這幾個扇面 4 公里以外地區，商業性質減弱但製造業性質增強。由於接近中點各區的高商業性質，外圍各環圈因素分數的平均值雖不及其他各扇面同距離環圈的，這幾個扇面還可以顯現相當清楚的直線關係。這種變化，外省籍人口比例可能也有影響，但是最好還是從商業性質的遞減來看待。接著我們可以討論因素三反映在都會西半圓的商業性質。在西半側中心點 4 公里以內地帶，因素分數的村里分布圖呈現著北紅南綠的對比。這對比多少也可以反映其北半以中山區為主的地帶，在商業性質上強於大安和古亭所在的南半。在中山區內因素分數較高的里別，集中在中山北路和林森北路南北延伸的軸線上。值得注意的是中山區的北側和南側都有向東延伸的紅色地帶。在北側的主要是基隆河沿岸的行水區，明顯是因外省人口比例極度偏低的結果。但南側往東延伸的地段，在松山、大安與中山三區交會地帶，與一般肉眼可以觀察到的商業往東延伸的現象，相當契合。

（四）因素四：家庭狀態

因素四解釋了 19.58% 的變異量，負荷值高於 0.40 的有七個變項（見表 2-5.1）。正值的依序為老年人口比例、單身人口比例、1960 年以前住宅以及居住本區滿 5 年以上人口比例，負值的依序落在幼年人口比例、公寓和大廈比例以及生產眾工作人口。由於在這因素中，高負荷量落在單身戶比例，而不在總生育率，反映的只是老年人口與幼年人口的對比，而不是擴大家庭或主幹家庭與核心家庭的對比。因素分數正值高的，代表的是不與子女同居的老年人口的比例高，負值高的則是幼年人口比例偏高。此一因素亦包含住宅與移民的變項，意味著此一因素不只蘊含家庭狀態性質，亦呈現地區老舊與新興的對比。不過與因素一相較，本因素主要是反映著家庭循環最後階段與初期階段的對比。

在共變數的分析中（見表 2-5.2），以 0.01 的顯著水準來判斷，只有扇面的解釋力是可以接受的，但是扇面的解釋力，不到 2%。在扇面內的相關中，有五個扇面顯示達顯著水準的負相關，不過只是低度的負相關。意味著，老年人口比例與距離成些許的反比，越近都會核心，老年人口的比例越高。在觀察圖 2-4 和 2-4a 之後，我們發覺，老年人口與距離的關係不明顯，主要是因為二者間的曲線關係。各個扇面平均值最高的，不是在第一環就是在第七環，同時，最低值大都在第四環，次低在第三和第五環。因此，在都會中心點的附近，先出現老年人口比例偏高地帶，到至 6 公里地段或 6 至 9 公里地段，則是老年人口最偏低地段，然後老年人口再向都會外圍逐次提高，至 12 公里以外地帶，又如

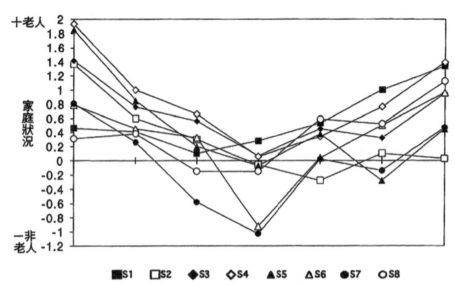

圖 2-4a 臺北都會區因素四（家庭狀態）同心環與扇面分布關係圖

都會核心附近地帶一般，綠色地帶的比重較強。這種的分布模式和因素一的大致相似，不過比因素一呈現更明顯的核心高、中段低，外圍又高的模式。從圖 2-4，我們可以看到都會西半圓比東半圓，老人比例偏低的地區較廣。扇面解釋力低，主要因為各扇面的內二環都是老年比例偏高所致。但是仔細觀察扇面內各環間的差異，明顯可以看到平均值為負的環圈，大都集中在第五、六、七扇面的第四、五、六環。這三扇的最低值，都落在這三環之一。因此，全都會老年人口最偏低的地帶，位於第五、六、七扇的 4 至 12 公里地帶。

第三章
臺中都會區的都市發展與內部結構

一、臺中都市發展簡史

在清領時期，臺灣中部的最大都市，先是鹿港，再則為彰化。直至 19 世紀末葉，現在的臺中市只有幾個鄉村市街，如東大墩（在現在中區的西北角）和犁頭店（南屯區的最早聚落，南屯的舊核心）。臺中之成為臺灣中部中心都市的契機，出現在 1880 年代（光緒年間），劉銘傳主政臺灣之時。劉銘傳決定移臺灣省會於臺灣的中部，但並不設於當時中部的第一大城，縣治所在的彰化城，而另覓地於東大墩以至橋仔頭莊一帶的廣大地域，大致在現今的中區和它鄰近的北區、東區、南區和西區的一部分地方。這個建城計劃，雖在劉銘傳治下積極進行，主要城門大致完工，部分城牆亦已興建中。不過當巡撫易人，便告夭折。

1895（光緒 21）年臺灣割日之後，為控制臺灣中部，先設臺灣民政支部於彰化，但很快便移往東大墩，利用劉銘傳所建的考院和宏文書院內辦公。在 1896 年置臺中縣，轄境包括現在的苗栗、臺中、彰化、南投和雲林五縣，並將東大墩和其附近聚落合而更名為臺中街，為縣官署所在，日本人的聚落也逐漸形成。1900 年時，廢縣置廳，轄區縮小，僅及現在的臺中縣。臺中街的建設工作曾一度停頓，因 1905 年時鐵路經過臺中街，設立車站，市況又活潑起來。1909 年時，臺中廳的轄區擴大，含如今的苗栗、臺中和彰化三縣。1920 年時廢州置縣，當時的臺中州，又再納入了現今的南投，臺中街改為臺中市，為州治所在。臺中作為中部的最大都市便在這個過程中奠定下來（《臺中市志‧卷首》，1972: 33-78；《臺中市志‧卷一》，1978: 108-113；《臺中市綱要計劃》，1971: 11-15）。在 1897 年，臺中街的人口才 2,546 人，而鹿港和彰化，分別為 17,273 人和 13,539 人。1905 年之時，臺中的人口仍不及鹿港和彰化，1920 年則臺中人口超過鹿港和彰化，而且成為臺灣的第四大都市。1935 年時，臺中市的人口 70,069，而彰化和鹿港都只有 24,000 人左右（章英華，1986c: 246）。

臺中興起的契機雖見於 1880 年代（光緒年間），但真正的都市建設還是要到日據時期才算開始。火車的經過與火車站的建立，不但是臺中與全島其他地方交通的要點，一般也被視為臺中的中心，臺中的鬧區一直與臺中火車站相去不遠。日據時期在臺中建立的街道模式，仍存在於臺中市的人口密集的核心地帶。在 1930 年代所呈現的街道模式，大致是由三個不同方向的格子狀組合而成。在鐵路以西，大致在今日的中區和西區，受綠川和柳川的影響，取東北向西南與西北向東南交叉成的直角格子，在 1896 年開始建造，1911 年完成，格子較小而密。其次是鐵路以東地帶，受鐵路走向之影響，以與鐵路平行和直交的街道而組成格狀系統，乃今日東區和南區毗臨鐵路的地方，在 1916 年開始建設。最後則是臺中公園以北和雙十路以西，在 1920 年代以後才規劃，格子狀不太規則，多成長方形，而且參雜著非格子狀。在 1920 年，臺中市的行政範圍已經包含了現在的中、東、南、北和西區，但除了中區之外，其他各區尚有相當大的部分是未建成地帶。

這時期所形成的公共建築，仍延續到光復後。我們可以看到日據時期兩個明顯的公共建築地帶。一在民權路的西南，即今中區和西區交界靠西區的地方，有著主要的官署、法院、監獄和醫院；另外則是臺中公園及其以北，有公園、軍事設施、體育場、水源地和學校等。圍繞著官署的地方形成極其明顯的日本人居住地，但是往西北靠近商業中心的地方，則有著日本人和本地人混居的情形，再往西北，則是以本省人居住為主。日本人與本省人混居的地帶，也就是最主要的商業地段，這商業地段也顯示以本省為主和以日人為主的分化。工業設施的分布，大致是以鐵路以南和以東的地方最為聚集，糖廠（帝國製糖株式會社）、酒廠

（專賣支局）和華南麵粉廠等大型工業設施，都分布在此（《臺中市志‧卷一》，1978: 110-114；Pannell, 1972: 40-45）。

　　臺中市在日據時期，可以說是中部地區的首要都市，它的人口是中部第二大都市的三倍多。其人口的增加率，在 1910 年以後都在 5% 以上，很明白的，社會增加是人口增加相當重要的因素。臺中成為中部的政治中心之後，日本人的移入數量不小，在 1920 年時日本人占全人口的 37%，但至 1935 年，日本人只占人口的四分之一，顯示 1920 年以後，臺中市人口的增加，是本省人口的移入為主。隨著政治地位的提升，臺中的工業、商業亦隨而發展，足以吸引相當數量的外來人口。其淨遷移率，在 1921 至 1926 年約是 25%，在 1927 至 1931 年為 30% 左右。當時的彰化和鹿港都不及 2%，因此同期中部區域的都市，只有臺中才有吸引外來人口的力量。依據溫振華（1988）的分析，當時臺中所吸引的人口，大部分來自目前臺中縣市的轄區。

二、人口成長、人口移動與人口分布

　　光復以後，在臺灣的五個省轄市之中，臺中與臺北和高雄一樣，都顯示著快速的成長。在 1958 年，南屯、北屯和西屯三地併入臺中市，使臺中市的轄區擴大許多。不過當時的已建成地主要還是分布在臺中市的舊市區。以目前的狀況來說，臺中市的建地不只已擴及屯區，同時也與其四周的鄉鎮連接起來。依據 1970 年代的一些資料，臺中市的通勤範圍和購物勢力圈不限於臺中縣境之內，還及於南投縣的部分鄉鎮。因此在討論臺中的都市性質之時，似乎不能只限於臺中市轄區，必須以整個都會地帶來探討。都會地帶是逐步擴大的，以不同的判準會界定出不同的都會範圍，而同一判準之下，不同時期的都會範圍也不盡相同。在此我們只以鄭彩夷（1984）就 1970 年代臺中都會區人口分布分析之後所界定的範圍為準，是以臺中火車站為中心 9 公里範圍所涵蓋的鄉鎮，除臺中市之外，還包括臺中縣的大雅、潭子、太平、大里、烏日和霧峰六個鄉。在這個範圍之內，大致可以包含都市密集的核心地帶以至人口稀疏的邊緣地帶。我們就先以這個都會帶來看看人口增加和分布的狀況。

圖 3　臺中都會行政分區圖

　　以我們所界定的臺中都會區而言，從 1951 年來，人口一直穩定成長（見表 3-2.1）。1956 至 1961 年的年平均人口成長率是 4.1%，從 1966 至 1971 年間，則維持在 3.7%。此後成長率稍減，1976 至 1980 年為 3.3%，1980 至 1986 年又減至 3.1%。以臺灣人口增加每年不及 2% 的情況，臺中都會區仍顯示對人口移入的吸力。1971 年時，都會區的社會增加是 0.83%，而 1980 年時是 1.19%，至 1987 年，則為 1.94%（鄭彩夷，1984: 27；《臺閩地區人口統計》，1987: 956-957）。若細分各

表 3-2.1　臺中都會區人口成長率（年平均），1951-1986 年

地區	成長率（%）	1951	1956	1961	1966	1971	1976	1980	1986
中區	全區人口	-	0	1.4	1.7	1.5	-1.0	-0.8	2.2
	外省人口	-	-8.9	1.6	0.3	4.5	-2.2	-8.3	1.2
	本省人口	-	1.5	1.4	1.9	1.1	-0.8	0	2.3
東區	全區人口	-	7.7	5.5	3.1	2.9	1.2	-0.4	-0.3
	外省人口	-	17.9	6.0	2.4	1.4	-3.0	-3.7	-2.6
	本省人口	-	4.9	5.4	3.3	3.4	2.4	0.4	0.1
西區	全區人口	-	3.9	3.9	4.5	5.2	4.6	1.9	1.8
	外省人口	-	0.8	2.7	3.2	3.4	0.5	-2.5	-1.2
	本省人口	-	5.0	4.3	4.9	5.7	5.6	2.7	2.2
南區	全區人口	-	3.6	5.7	4.1	5.4	2.8	1.7	0.7
	外省人口	-	-2.6	6.9	0.4	9.4	-1.2	-0.8	0.2
	本省人口	-	4.7	5.5	4.6	4.8	3.3	2.0	0.7
北區	全區人口	-	6.9	5.7	4.6	3.7	2.8	1.7	2.5
	外省人口	-	12.7	6.4	4.3	1.7	-0.3	-1.4	1.9
	本省人口	-	4.7	5.3	4.8	4.6	4.0	2.6	2.6
西屯區	全區人口	-	2.8	4.0	4.8	4.8	5.2	3.0	4.8
	外省人口	-	4.0	10.1	12.3	6.7	4.4	-1.2	1.7
	本省人口	-	2.6	2.8	2.6	4.0	5.5	4.6	5.7
南屯區	全區人口	-	2.5	2.7	5.4	3.0	5.9	1.6	4.1
	外省人口	-	-10.6	20.1	42.7	7.2	9.5	-1.8	-0.6
	本省人口	-	2.7	2.4	2.3	2.1	4.9	2.6	5.1
北屯區	全區人口	-	2.7	4.3	4.8	5.9	7.2	1.5	5.0
	外省人口	-	2.2	17.7	14.0	10.3	8.0	-2.3	2.0
	本省人口	-	2.7	2.7	2.6	4.3	6.9	3.1	5.9
潭子鄉	全區人口	-	-	2.4	2.3	3.4	4.8	5.8	2.5
	外省人口	-	-	11.1	4.8	16.3	10.3	3.9	0.3
	本省人口	-	-	2.0	2.1	2.1	4.0	6.2	2.8
大雅鄉	全區人口	-	-	3.7	3.4	3.1	1.3	3.8	3.3
	外省人口	-	-	14.4	9.8	12.2	-1.6	2.1	0.8
	本省人口	-	-	2.7	2.4	1.1	2.1	4.1	3.9
太平鄉	全區人口	-	-	4.0	3.2	3.3	7.4	13.5	6.0
	外省人口	-	-	16.5	10.9	9.7	18.2	10.6	3.4
	本省人口	-	-	3.4	2.6	2.5	5.2	14.2	6.5
烏日鄉	全區人口	-	-	3.4	2.9	2.3	1.6	3.9	2.1
	外省人口	-	-	18.6	4.6	9.3	3.8	0.2	-0.1
	本省人口	-	-	2.5	2.8	1.5	1.2	4.5	2.4
大里鄉	全區人口	-	-	3.8	2.9	4.5	6.2	10.1	5.4
	外省人口	-	-	26.6	3.6	7.1	5.5	9.7	4.2
	本省人口	-	-	2.6	2.9	4.2	6.3	10.1	5.5
霧峰鄉	全區人口	-	-	3.9	3.4	1.1	1.1	2.9	1.5
	外省人口	-	-	17.6	12.7	3.3	-2.2	6.8	1.5
	本省人口	-	-	3.6	2.9	0.9	1.3	2.6	1.5
總計	全區人口	-	12.3	4.1	3.7	3.7	3.6	3.3	3.1
	外省人口	-	7.6	7.7	6.2	5.5	2.9	-0.2	1.1
	本省人口	-	13.2	3.5	3.2	3.3	3.8	4.0	3.5

資料來源：依各年度臺中縣市統計要覽整理

區，則有不同的人口成長模式。中區在光復後人口就顯示飽和的跡象，從 1951 至 1971 年雖然人口是正成長，卻低於整個都會區的一般值，年平均成長率都不到 1.7%；在 1970 年代，更呈現負成長，到 1980 年代，雖又呈正成長，還是低於都會區的一般值。東區在 1961 年以前還有著高於整個都會區的成長率，但是在 1960 和 1970 年代，便低於都會區的一般值，而自 1976 年以後還顯示負成長。東區和中區是兩個出現負成長的地區。西、南、北三區則顯示同樣的模式，在 1971 年以前成長率高於一般值，到 1971 年以後不但逐漸減弱，還都低於一般值。因此整個臺中市的舊市區，在 1971 以後都已是都會區人口成長緩慢的部分了。不過，雖有負成長地區，整個舊市區的人口仍然增加之中，1980 年時人口為 386,570，1986 年增至 420,990。若是以舊市區為中心都市，以其他區和鄉為都會的外圍，中心都市的人口分量在 1970 年代以後漸漸減低，之前大都維持在 48% 左右，1976 年時為 46%，1980 年再降至 42%，1986 年時已不到 38%。

西、南、北三個屯區可以視為同一的成長模式。在 1950 年代的後期三區均顯示較前期快速的人口增加，但還不如中區以外的舊市區。至 1960 年代前半，其人口成長不僅超過舊市區，還是全都會區最高的三個。迄 1976 年，三區的成長速度略緩，仍是都會區中人口成長較快速的地區；在 1970 年代後半，突然緩滯下來，人口成長不及全都會的一般值；迄 1980 年代前半，又恢復到 1970 年代前半的成長速度。1971 年以後，人口成長最快的，不是三個屯區，而是臺中市東邊的太平鄉和南邊的大里鄉。這兩個鄉在 1960 年代末期，年平均人口成長率不僅不如屯區，還不及西、南、北三區。1970 年代前半則已超越屯區，成為人口增加最快的地區，這種衝勁持續到 1970 年代的後半，當三個屯區人口成長緩和之際，它們的年平均成長率，竟高達 13.5 和 10.1%，是臺中都會區歷來所見的最高成長率。在 1980 年代前半，成長速度稍減，但成長率分別為 6.0 和 5.4%，均略高於屯區，是全都會區最高的。潭子的人口增加模式有點近似大里和太平，在 1970 年代呈現升高的趨勢，成長率也高於屯區，但 1980 年代前半緩慢下來，成長率又低於屯區，同時還不及都會區的一般值。其餘各鄉的人口都穩定成長之中，在 1970 年代以前，是全都會除了中區以外成長最為緩慢的地區；
1970 至 1980 年代前半，成長率大致與平均值接近，低於屯區、太平和
大里，高於所有的臺中舊市區。

若以臺中的中區為核心，我們看到臺中都會的最中心，在光復之時
人口已達飽和，1970 年代以後還呈現輕微的負成長；1950 年代至 1960
年代前半，人口成長的重心在中區以外的舊市區；迄 1970 年代前半，
增長最快的轉至三個屯區，1976 年以後，則又為臺中市東方和南方的
太平和大里。大致說來，臺中都會區人口成長顯示明顯的外緣移動的情
形。由於大里鄉整個都在離臺中市中心點 9 公里的範圍之內，同時屯區
的人口增加速度快於其他的都會外圍鄉鎮，我們或可推論說：臺中都會
可以分成四個環圈，中區是核心，已停止了人口的成長；其餘各區，光
復後，人口由成長最快變為成長最慢的地區；第三環包括鄰近舊市區各
區和鄉的內緣部分，人口由穩定成長至快速成長；第四環則包括上述各
鄉區的外緣部分，人口成長的速度穩定上升，目前已超過第二環。因此
由人口成長率觀察，是內環優勢為外環所取代，至 1970 年代以後，係
由內而外逐次上升，然後下降的情形。

都會區外緣人口成長率的優勢，使得核心與邊緣地帶的人口密度差
距逐漸縮小。兩個有關臺中市和臺中都會帶人口密度分布模式的研究均
顯示人口密度由內而外的曲線斜度逐漸平緩，但是密度的最高點仍是中
區或都會的最中心地帶（張萬鈞，1982；鄭彩夷，1984）。臺中新的中
區人口在 1970 年代雖呈現負成長的情形，但 1980 年的人口數與 1966
年的約略相等，在 1986 年時的人口數又提升至歷年的最高點，因此中
區在光復後的四十年間還是顯示人口的些微增加，其人口密度的優勢一
直維持著。我們以臺中火車站為中心點畫出由內向外的七個同心環和八
個扇面（見表 3-2.2），第五和第六扇面第一環的人口密度低於第二環；
第一扇面則以第三環的密度最高，但第一環和第二環與第三環的密度
相差不大；其餘五個扇面都是以第一環為密度的最高點。因此，整個都
會區的人口密度最高點是在中心點的 1 公里範圍之內。第一環與第二環
的人口密度差距不大，第三和第四環可能是都會區目前人口成長最快速
的地帶，但其人口密度與第二環有相當大的差距，第三環不及第二環的

二分之一，第四環才只有第二環的六分之一。由於臺中市中區的人口在
1980 年代前半的回升，以上的人口密度分布模式應該沒有太大的變化。

表 3-2.2　臺中都會區平均人口密度依同心環、扇面分

	同心環一	同心環二	同心環三	同心環四	同心環 5-7	合計
扇面一	12942.99	13281.28	15173.21	2243.53	1599.06	2944.50
扇面 2-3	12166.01	6677.11	3603.31	2483.67	130.10	742.55
扇面四	19483.61	13609.60	5877.73	3054.38	532.36	1181.22
扇面五	22531.52	23229.23	3384.15	1231.55	670.47	1335.20
扇面六	19442.12	26665.04	12352.46	2079.42	2023.32	4042.33
扇面七	34405.18	28502.56	9265.40	3174.14	627.03	2333.59
扇面八	36651.09	31751.86	12306.29	5482.56	1667.27	3731.41
總計	20062.09	16298.19	7759.58	2729.66	714.97	1851.67

資料來源：1980 年臺閩地區戶口及住宅普查報告書

　　總之，臺中都會區在人口往外擴散的過程中，都市核心的擁擠程度
未曾稍減，都會是否顯示真正的分散化，有待討論。我們的資料同樣
顯示，外省人口和本省人口在不同時期對人口的增加有著不同的分量。
1956 至 1971 年間，外省人口的年平均增加率一直明顯高於本省人口，
當時的外省人口占都會總人口的 15% 左右，卻占增加人口的約三成；
以後迄 1986 年，則呈現相反的狀況。單以本省人口增加的情形觀察，
從 1956 至 1986 年的年平均成長率並無什麼樣的波動，因此 1971 年以
前較快速的成長，大致是外省人口急驟增加的結果。外省人的增加也有
地區的差異，我們將在省籍分布一節中再一併討論。
　　在日據時期臺中市的人口絕大部分是來自臺中縣境內鄰近的鄉鎮，
但是到 1970 年代呈現不同的人口流動模式（見表 3-2.3）。臺中市移入
人口還是以中部地區占最重的分量，以我們所選的六個 1980 年以後人
口移動的資料，除 1989 年以外，移入人口來自中部的在四成到五成五
之間，而在 1980 年代末期，自中部移來的比例似乎不及 1980 年代初
期。在中部各縣，仍以臺中縣人口移入臺中市的最多，但大致都占全移
入人口的五分之一和三分之一之間，同時彰化和南投縣的相加起來的
分量可以和臺中縣相當。約有四到五成的移入人口來自臺灣的北部和南

表 3-2.3　**臺中市移入人口來源地與移出人口目的地，1980-1989 年**

	移入人口來源地						移出人口目的地					
	1980	1981	1982	1987	1988	1989	1980	1981	1982	1987	1988	1989
總　　計	100.00	100.00	100.00	100.00	100.00	100.00	100.00	100.00	100.00	100.00	100.00	100.00
北　　部	19.68	22.74	24.10	29.57	23.15	20.79	49.47	60.38	54.90	24.80	50.04	29.53
臺北市	12.32	12.72	7.64	16.66	16.27	11.86	19.52	42.77	28.67	13.42	24.22	21.29
基隆市	-	0.41	0.52	3.49	0.79	-	-	1.44	-	0.87	3.33	
臺北縣	2.46	3.76	4.72	5.44	1.73	3.55	24.17	13.64	19.36	9.20	16.06	1.10
宜蘭縣	-	2.14	0.53	1.00	0.40	1.24	3.90	-	-	-	-	
桃園縣	2.90	2.01	6.56	0.74	2.35	2.02	1.87	0.83	4.56	2.18	7.54	3.80
新竹縣	2.00	1.69	4.13	2.24	1.61	1.84	-	3.13	0.87	-	1.36	-
中　　部	51.27	53.92	54.48	42.54	45.86	61.45	44.18	29.09	33.75	46.91	34.45	30.96
苗栗縣	0.79	2.47	1.78	3.38	1.29	2.51	0.68	0.67	0.49	0.96	-	0.35
臺中縣	19.66	27.54	23.49	18.02	18.54	34.15	31.51	21.40	27.27	33.16	25.55	16.42
彰化縣	21.11	10.45	15.14	12.86	10.61	11.22	2.05	5.41	2.66	2.29	4.62	8.11
南投縣	6.48	3.64	11.70	2.57	12.92	9.94	8.08	0.78	2.65	8.28	3.69	4.75
雲林縣	3.24	9.82	2.37	5.71	2.50	3.63	1.86	0.83	0.68	2.22	0.60	1.06
南　　部	27.93	19.75	16.77	22.24	29.01	16.13	6.35	8.97	11.35	26.30	13.97	39.78
臺南市	4.85	3.69	4.64	5.46	2.94	3.07	2.06	3.41	0.66	6.63	3.11	16.06
高雄市	8.70	3.83	4.11	4.30	5.21	3.74	3.93	0.69	7.91	8.78	3.78	11.28
嘉義縣	6.29	3.44	4.28	3.97	5.45	2.31	0.35	1.42	1.38	0.71	2.23	3.18
臺南縣	3.52	3.20	3.01	2.97	6.60	1.70	-	2.40	0.87	4.02	-	1.34
高雄縣	2.45	0.74	0.73	1.91	6.59	3.95	-	-	-	6.59	1.13	6.30
屏東縣	2.13	4.66	-	3.53	2.14	1.27	-	1.05	0.52	-	0.93	1.62
澎湖縣	-	0.20	-	0.10	0.08	0.10	-	-	-	1.55	2.78	
東　　部	1.12	3.60	4.65	5.65	1.98	1.64	-	1.56	-	-	1.54	-
臺東縣	-	1.04	2.82	3.69	1.10	-	-	0.72	-	-	-	
花蓮縣	1.12	2.56	1.83	1.96	0.89	1.64	-	0.84	-	-	1.54	

資料來源：中華民國臺灣地區國內遷徙調查報告
附註：新竹市、嘉義市升格後資料併入新竹縣、嘉義縣計算

部。以上的數據意味著，臺中市的人口來源，不只是擴及臺中縣以外的
中部地區，其實已經擴及全省。至於移出人口的目的地，除了 1987 年
的資料之外，北部所占的比例至少與中部相等，甚至還超過中部，而臺
北市和臺北縣所加起來的比例竟高於臺中市。換言之，臺中市移出人口

都會外的移動要強於都會內的移動。我們可以想像的是，臺中市吸引臺中都會區的人口，而臺中市的人口卻跨區域的向外流動。這與臺北市移入人口來自全省各地，而移出人口都是以臺北縣占最大宗的現象不同。總而言之，1970 年代以後的臺中市，一方面作為區域中心，吸引了相當的區域內的人口，另一方面也是全國中心臺北都會地帶的腹地，其人口與臺灣其他地區一樣，為臺北都會所吸引。

三、產業結構與變遷

在日據和光復之初，臺中都會地帶農業的分量非常之重，各地的特產，大都是以農作物為主。這時的產業，除了農業之外，是以商業和服務業占的比例較高，依據 1954 年的工商普查資料（見表 3-3.1），工商場所的家數，商業占 44.33%，服務業占 19.01%，而製造業占 34.43%，三級行業的家數幾乎達二級行業的兩倍。光復後的四十年間，整個都會區的農業比重急遽下降。依據人口普查的數據，1956 年的就業人口中，農林漁牧業占 42.14%，1966 年為 23.97%，1980 年再降至 12.43%。在二、三級提供就業量的比重，則是製造業逐漸增強的情形。1971 年時，製造業提供員工數占工商業全體員工數的 55.15%，應該超過 1950 年代初期的比重。製造業的比重仍繼續提升，1981 年為 58.99%，1986 年再升至 62.03%。三級行業所提供的就業量一直逐年增加，但在就業人口的相對分量上卻減弱了。因此臺中都會區，在產業的發展上，工業化是最重要的力量。

臺中市的中心，是臺中都會發展的原點。在光復之初（見表 3-3.1），二、三級產業上，它在都會區明顯居獨占的位置。從產業單位分布的區位商數來看，1954 年的中區，是偏向商業和服務業，不過它也擁有全都會區最多的製造業家數。因此，它實際上可以說是二、三級行業共同集中的地帶。日據之時比較以工業發展為重點的東區和南區，都還不及中區。中區以外的舊市區，在工商單位的家數上，與中區有著很大的差距。這些區的人口在 1956 年時大都已超過了中區，但是它們占全都會區工商業家數的比例卻都不到中區的四分之一。舊市區以外的

表 3-3.1　臺中都會區產業結構，1954、1971、1981、1986 年

地區	係數	1954 礦土	1954 製造	1954 營造	1954 商業	1954 服務	1954 合計	1971 礦土	1971 製造	1971 營造	1971 商業	1971 服務	1971 合計	1981 礦土	1981 製造	1981 營造	1981 商業	1981 服務	1981 合計	1986 礦土	1986 製造	1986 營造	1986 商業	1986 服務	1986 合計
中區	%	0	29.88	33.33	40.24	40.22	36.52	0	2.39	7.72	37.35	36.65	15.54	0	1.11	4.58	23.06	33.02	10.11	0	0.57	7.34	17.53	25.96	7.83
	Q	0	82	91	110	110	2239	0	15	50	240	236	19660	0	11	45	228	327	28724	0	7	94	224	331	28919
	CI							0	39	126	609	597	253	0	26	108	543	778	238	0	14	187	446	660	199
東區	%	0	12.78	14.81	5.96	7.12	8.72	0	14.58	11.38	7.77	9.40	12.17	0.69	8.57	2.41	8.21	7.69	7.92	6.90	6.54	8.18	7.48	5.75	6.65
	Q	0	147	170	68	82	535	0	120	93	64	77	15398	9	108	30	104	97	22505	86	98	123	113	86	24561
	CI							0	130	101	69	84	108	8	104	29	99	93	96	114	93	117	107	82	95
西區	%	0	9.85	14.81	4.45	3.95	6.44	0	7.53	16.04	10.04	7.63	8.61	0	4.25	47.54	15.80	17.37	11.5	0	3.04	15.67	17.09	15.53	8.05
	Q	0	153	230	69	61	395	0	87	186	117	89	10897	0	37	413	137	151	32676	0	38	195	212	193	29740
	CI							0	71	151	94	72	81	0	41	455	151	166	110	0	50	260	283	258	134
南區	%	0	7.20	3.70	5.92	4.80	6.13	0	13.30	8.12	10.15	8.69	11.41	0	7.34	3.62	9.84	9.97	7.92	0	6.27	6.95	8.85	8.77	7.30
	Q	0	118	61	97	79	374	0	117	71	89	76	14434	0	93	46	124	126	22507	0	86	95	121	134	26952
	CI							0	171	105	131	112	147	0	108	54	145	147	117	0	64	71	90	100	75
北區	%	100	11.27	16.30	6.44	7.03	8.46	0	3.80	26.06	9.68	13.19	8.51	1.72	2.52	8.40	15.19	10.75	6.60	14.05	2.51	22.9	16.04	16.61	8.05
	Q	1182	133	193	76	83	519	0	45	306	114	155	10773	26	38	127	230	163	18744	174	31	284	199	206	29741
	CI							0	30	203	75	103	66	15	22	73	132	94	58	126	22	205	144	149	72
西屯區	%	0	3.69	0.74	4.78	5.15	4.39	0	9.68	5.24	3.78	2.01	6.76	0	10.39	4.95	4.62	3.81	7.93	0	12.84	7.14	7.90	7.51	10.86
	Q	0	84	17	109	117	269	0	143	77	56	30	8559	0	131	62	58	48	22545	0	118	66	73	69	40110
	CI							0	135	73	53	28	95	0	137	65	61	50	104	0	152	85	94	89	129
南屯區	%	0	2.79	0	3.16	2.40	2.82	0	2.80	1.29	1.62	1.33	2.18	5.52	3.37	0.85	1.96	1.08	2.59	5.83	0.94	0.94	2.36	1.47	4.30
	Q	0	99	0	112	85	173	0	128	59	74	61	2764	213	130	33	76	42	7365	135	135	85	55	34	15893
	CI							0	65	30	38	31	51	122	74	19	43	24	57	122	122	51	49	31	90
北屯區	%	0	3.55	0.74	5.63	5.06	4.72	0	4.94	11.06	4.29	2.30	4.76	2.07	6.04	1.69	4.60	6.13	5.44		6.06	5.91	7.16	4.93	6.06
	Q	0	76	16	120	108	288	0	104	232	90	48	6028	38	111	31	85	113	15469	100	98	51	118	81	22397
	CI							0	53	120	46	25	52	20	58	16	44	59	52	53	51	31	62	43	53

表 3-3.1 臺中都會區產業結構，1954、1971、1981、1986 年（續）

地區	係數	1954						1971						1981						1986					
		礦土	製造	營造	商業	服務	合計	礦土	製造	營造	商業	服務	合計	礦土	製造	營造	商業	服務	合計	礦土	製造	營造	商業	服務	合計
潭子鄉	%	0	3.03	1.48	4.27	2.49	3.443	0	9.92	0.01	2.12	0.65	5.93	0	16.03	2.83	2.66	1.67	10.42	0	13.69	1.46	2.48	1.66	9.26
	Q	0	88	43	124	72	211	0	167	0	36	11	7505	0	154	27	25	16	29615	0	148	16	27	18	34188
	CI							0	236	0	50	15	141	0	323	57	54	34	210	0	287	31	52	35	194
大雅鄉	%	0	2.98	3.70	3.05	2.83	3.00	0	1.82	1.73	2.06	0.91	1.65	0	7.08	0.33	1.78	1.47	4.76	0	7.55	1.45	1.72	1.60	5.30
	Q	0	99	123	102	94	184	0	110	105	125	55	2085	0	149	7	38	31	13519	0	142	27	33	30	19581
	CI							0	39	37	44	19	35	0	164	8	41	34	110	0	173	33	39	37	121
太平鄉	%	0	1.80	0	1.99	3.86	2.23	0	5.04	1.32	1.64	0.74	3.29	7.24	9.29	0.34	3.13	1.03	6.28	0	10.52	1.26	2.78	2.79	7.51
	Q	0	81	0	89	173	137	0	153	40	50	22	4165	21	148	5	50	16	17841	0	140	17	37	37	27733
	CI							0	121	32	39	18	79	91	117	4	39	13	79	0	117	14	31	31	84
烏日鄉	%	0	3.46	2.22	4.60	5.40	4.39	0	7.91	0.05	2.20	1.46	5.02	47.93	5.58	5.55	2.37	1.69	4.45	62.62	5.85	0.29	2.06	1.40	4.29
	Q	0	80	52	107	126	264	0	158	1	44	29	6346	1078	125	125	53	38	12636	1459	136	7	48	33	15854
	CI							0	147	1	41	27	93	949	110	110	47	33	88	1328	124	6	44	30	91
大里鄉	%	0	2.23	0	2.76	2.92	2.55	0	10.77	4.17	3.50	2.50	7.35	25.86	13.72	10.45	4.39	2.31	10.07	8.81	13.07	15.33	4.48	2.36	9.99
	Q	0	88	0	108	115	156	0	147	57	48	34	9299	257	136	104	44	23	28628	88	131	153	45	24	36893
	CI							0	202	78	66	47	138	317	168	128	54	28	123	97	143	168	49	26	110
霧峰鄉	%	0	5.49	8.15	6.77	6.78	6.37	0	5.54	5.82	3.80	12.53	6.82	8.97	4.72	6.47	2.39	2.01	4.02	7.62	5.65	5.18	2.06	2.67	4.53
	Q	0	86	128	106	107	390	0	82	85	56	184	8626	223	118	161	60	50	11418	168	125	114	46	59	16742
	CI							0	81	85	56	183	100	154	81	111	41	34	69	141	105	96	38	50	84
總計	%	0.03	34.43	2.20	44.33	19.01	100.00	0	55.15	8.03	15.11	21.71	100.00	0.10	58.99	7.29	19.9	13.72	100.00	0.11	62.03	4.66	17.59	15.60	100.00
	Q	2	2112	135	2719	1166	6134	0	69784	10161	19117	27477	126539	290	167641	20718	56543	39000	284192	420	229080	17211	64972	57621	369304

資料來源：1954 年臺灣省工商普查初步報告，以場所單位為資料所計算

1971、1981、1986 年臺閩地區工商普查報告，以員工數資料計算

各年度臺中市、臺中縣、南投縣資料統計要覽

附註：各鄉鎮市區「合計」欄第二項係該區總單位數（1954 年）或總員工數

區或鄉，反而是以商業和服務業的區位商數較高，甚至高於中區以外的舊市區。這並不意味邊緣地區三級行業的比例高，而是在製造業尚未在都會區大量擴散之時，都會區內農業為主地帶的非農業行業，大致是以服務鄰近地區的商業和服務業為主。

　　如是觀之，1950 年代初期的工商業分布，應是有個百業集中的中心地帶，再接著的密集地帶，行業的聚集尚不十分明顯，製造業的偏向要強於商業和服務業。至於再往外的農業地帶，其非農的行業，是以服務當地的行業為主。我們依抽樣調查工作地的資料可以看到，從 1980 至 1989 年，臺中市的公教和社會服務人員的比例一直在 12% 上下，政府雇用人員的比例也大致如此，而鄉區都不及 5% 。我們可以說，除了一般的商業和服務業之外，與政府和教育部門相關的行業，同樣顯示臺中市與都會鄉區間的差異，而這種差異或可進一步說是舊市區與屯區和鄉區的不同。所以，舊市區與屯區、鄉區間在三級行業雇用量的差距，應大於工商普查資料所呈現的。

　　中區在製造業上的比重很明顯的下降，1971 年時，它只占有全都會區製造業員工的 2.39%，在 1981 年占 1.11%，在 1986 年占 0.57% 。這不只是比例上的降低，還是絕對數值上的減退，其製造業的員工數由 1971 年的 1,665 略增至 1981 年的 1,860，再降到 1986 年的 1,309。換言之，製造業逐漸遷離中區。中區在商業和服務業上的相對優勢也告減退，以商業的家數而言，1954 年時占全都會的四成，至 1971 年時占不到四分之一。1971 年時的商業員工數占全都會的 37.35%，1981 年占 23.06%，1986 年為 17.53% 。從絕對數字觀察，迄 1981 年，商業員工數仍增加中，但 1986 年的數目卻不及 1981 年。中區服務業在相對優勢上和商業一樣減退中，1971 年時領有全市服務業員工的 36.35%，1981 年退至 33.02%，1986 年再降至 25.96% 。服務業的絕對數字並未減少，使得中區三級行業的員工數依舊是增加中，而整個中區在工商業上的吸納量也未曾減少。以相對於各區人口而計算出的集中係數，顯示工商業在中區的集中逐年降低，但仍舊是全都會區最高者，商業的集中係數遞減而服務業的集中係數卻增加中。因此整體說來，中區三級行業的相對優勢雖然減弱，仍是全都會最優勢的地方，也未見衰退的跡象。

　　商業和服務業主要是往舊市區中區以外的其他部分擴散。以 1971 年的區位商數與 1954 年的比較，東區和南區製造業的區位商數雖仍高於商業和服務業，西區和北區商業與服務業的區位商數已經提高至 100 以上，製造業的則低於 100，顯然，這兩區三級行業分量已不同於 1954 年，超過了二級行業。至 1981 年，連東區和南區商業和服務業的區位商數也在 100 左右或高於 100，1986 年時，依然呈現相同的情形。整個舊市區，三級行業的優勢非二級行業所能比擬。全都會區二、三級行業就業量的增加，非常快速，從 1971 年的 126,539 增加到 1986 年的 369,304，十五年間，增加了兩倍。這段期間人口的增加不到一倍。臺中市舊市區，在這段期間工商業提供的總就業量並未減少，但是占都會區的比例節節下降，從 1971 年的 56.24% 至 1986 年的 37.88%。這種比例的下降主要係製造業在舊市區未能擴張的結果。舊市區占製造業員工數的比例，在 1971 年時只占四成左右，1981 年時還不到二成半，1986 年時，則不到兩成。從 1981 到 1986 年，舊市區占三級行業員工數的比例也略為減弱，但都仍維持在七成上下。再以人口為依據所計算的集中係數觀察，東區、西區和北區都顯示更集中的情形，三級行業仍集中於舊市區，應該是無可置疑的。

　　Pannell（1972: 91-92）在 1970 年對臺中的觀察，雖然認為臺中並無完全類似西方都市的中心商業區，但還是明白指出臺中的核心商業地帶是在臺中的中區，其他地理學研究同樣都明白指出，臺中的中區是臺中市的商業中心。曹治中在 1978 年以三種界定中心商業區指數所劃定的臺中市中心商業區，以及王清賢（1982）利用 1981 年的地價資料所劃定的中心商業區，亦在同樣的範圍之內。這三個地理學的研究都支持中區一直維續三級行業的優勢。再從單位員工數觀察，中區的商業和服務業都顯示從 1970 到 1980 年代略為增高的趨勢，同時其單位員工數一直大於都會區內的其他區和鄉。另外臺中市較具規模的百貨公司，不是位於中區便是位於鄰近中區的地方，臺中的金融保險業，飲食娛樂業仍以中區所占的分量最重。一些新的商業點在 1970 和 1980 年代亦形成中，如中港路西區和北區交界，自然科學博物館的附近，有形成商圈的跡象，而臺中市近年來的十層以上大樓，也在這個方向蓬勃發展，不過都還不到取代中區的核心地位。

　　臺中都會區整體就業量的提供，如我們前面所說的，是以製造業為最大宗。而這些製造業並非核心地區製造場所外移所導致，而是新工廠在都會的外緣地帶興建的結果。製造業員工數在 1971 至 1986 年的十五年間，增加了 159,296 個機會，占期間總員工數增加量的 65.61%。除了大雅和霧峰鄉之外，舊市區以外各區和各鄉在製造業的區位商數和集中係數均在 100 以上，顯著大於商業和服務業的商數和係數。這和 1954 年的數據呈現正恰相反的情形。在製造業較快速的成長下，商業和服務業偏高的情形不復存在。從員工數的資料（見表 3-3.2），我們可以明顯看到舊市區以外的大部分區和鄉的工廠規模（在 20 人左右或以上）都大於舊市區（約在 10 人左右），就是日據時便成為工業分布地的東區和南區，工廠的平均員工數亦只有 10 人上下。員工平均人數最大的是潭子，有著加工出口區。但是值得注意的是，都會

表 3-3.2　**臺中都會區各區各業平均單位員工數**，1971、1976、1981、1986 年

地　區	製　造				買　賣				服　務				總　計			
	1971	1976	1981	1986	1971	1976	1981	1986	1971	1976	1981	1986	1971	1976	1981	1986
中　區	9.9	24.4	14.4	13.5	4.0	4.5	4.5	4.7	-	11.9	12.8	12.0	6.7	6.6	7.4	8.5
東　區	14.6	11.6	10.4	9.4	2.2	2.7	2.7	2.4	-	3.4	3.2	3.2	8.8	7.2	6.1	5.7
西　區	13.5	9.7	12.1	10.9	2.6	3.3	4.1	3.9	-	4.2	5.5	5.4	7.5	6.7	8.9	5.8
南　區	15.4	14.4	11.6	12.3	2.9	3.1	3.2	3.0	-	3.4	5.2	6.4	9.3	7.6	6.6	6.6
北　區	8.4	13.8	8.3	9.1	2.5	3.1	3.7	3.4	-	3.8	5.0	7.2	7.1	6.9	5.2	6.7
西屯區	32.0	29.0	22.7	23.7	1.9	2.1	2.8	3.3	-	2.4	2.9	7.7	11.1	13.3	11.2	10.7
南屯區	21.3	21.3	12.9	19.2	1.6	1.9	1.8	2.1	-	2.4	2.5	3.2	7.3	7.9	6.1	9.2
北屯區	19.6	19.5	19.8	13.2	1.9	2.0	2.0	2.5	-	2.3	5.4	3.6	7.9	7.1	6.1	5.8
潭子鄉	119.3	65.3	39.1	33.1	2.1	1.9	2.4	2.4	-	3.4	3.1	2.6	24.6	28.6	19.6	17.6
大雅鄉	13.5	26.9	21.9	19.9	1.9	1.8	2.1	2.0	-	2.4	2.5	2.6	5.5	10.8	11.6	11.8
太平鄉	25.7	25.5	17.5	14.6	1.4	2.3	1.9	1.8	-	2.7	2.6	5.3	9.2	11.2	8.8	8.8
烏日鄉	50.2	49.8	21.7	19.6	1.4	1.7	2.0	2.0	-	2.7	3.0	2.6	11.7	15.1	9.9	9.7
大里鄉	27.9	25.4	20.0	19.0	1.7	2.3	1.9	2.0	-	4.2	2.9	3.3	10.9	12.1	10.2	10.4
霧峰鄉	46.0	31.9	25.0	27.3	1.7	2.3	1.8	1.8	-	2.5	2.7	3.4	11.7	9.1	8.6	10.5
總　計	20.5	21.6	17.5	17.2	2.6	3.0	3.1	3.0	-	4.8	5.6	6.0	8.8	8.9	8.3	8.3

資料來源：1971、1976、1981、1986 年臺閩地區工商普查報告
附註：1971 年資料服務業未單獨計算，而併入其他項內，故無法列於表中

區各地帶的工廠平均員工數，從 1971 年以來明顯遞減，像潭子由 1971 年的 119 人降為 1986 年的 33 人，烏日由 50 至 20 人，霧峰由 46 至 27 人。由於高科技的工廠業成為臺中工業發展的主流，工廠員工數的減少，似乎意味著工業規模的縮小。這種趨向，在與其他都會區比較之後，才有辦法討論其意義。

四、人口組成特質

（一）年齡、性比例與籍別

在年齡組成方面（見表 3-4.1a），臺中都會從 1956 年以來顯示的是，幼年人口比例持續下降，由 45% 到 1980 年代的 30% 上下，壯年和老年人口的比例均告上升。這與全省的整體變化並無什麼不同。臺中市只是顯示略低的老年人口比例。在性比例方面，1966 和 1980 年都顯示偏高的數值，還與全省的趨向大致相似。性比例的變化有著年齡組的差異。14 歲以下的人口，在不同的年代均顯示相當正常的性比例，1966 年時最高的性比例出現在 15-49 歲年齡組，1980 年時出現在 50 歲以上的年齡組，而 1990 年時，則只 60 歲以上年齡組顯示異常的性比例。如此的性比例隨時代在年齡組上的變化，與臺北都會並無二致，是外省人口生命循環所導致的結果。我們可以看到，非本市籍本省人的性比例只在 1956 年時較異常，為 116，此後則都在 105 以下（見表 3-4.1b）。而外省籍的在 1966 年以後均在 120 左右。若將外省人口性比例的變化與臺中市的人口成長模式配合起來，顯示外省性比例對整體人口性比例的影響一直減弱，在 1960 年代的前半，外省人口的成長占都會人口成長的相當分量，1960 年代後半以來，則是以本省籍人口移入為主，再則外省年輕人口的組成亦不復是單身男性獨多，外省人士性比例偏高的影響逐漸減弱。還值得一提的是，臺中都會外省人口的比例少於臺北都會，因此其外省人口對性比例的影響不如臺北都會。

臺中都會不同區和鄉的 0 至 14 歲人口比例，都一致的逐年遞減，從 1956 年的 45% 到 1980 和 1990 年的 30% 左右，各區和鄉之間的差

表 3-4.1a 臺中都會區年齡組成與性比例（SR），1956、1966、1980、1990 年

地區	年齡 年別	0-14 歲 %	性比例	15-49 歲 %	性比例	50 歲以上 %	性比例	60 歲以上 %	性比例	總　計 總人數	性比例
中 區	1956	44.51	105	47.78	98	7.71	82	3.06	61	32,707	100
	1966	42.36	109	47.95	95	9.69	92	3.79	71	37,702	100
	1980	34.89	110	52.85	89	12.26	103	5.77	87	34,536	98
	1990	32.91	111	52.34	81	14.75	98	7.99	97	30,478	92
東 區	1956	45.33	109	47.05	102	7.62	92	2.97	76	41,726	104
	1966	42.22	105	48.36	116	9.43	123	3.46	71	67,304	112
	1980	32.83	107	52.51	102	14.66	140	6.18	87	79,259	109
	1990	28.55	110	55.02	100	16.43	116	9.15	131	75,245	105
西 區	1956	42.80	110	49.66	119	7.54	94	2.74	61	36,328	113
	1966	41.77	107	48.60	116	9.64	116	3.63	71	55,641	112
	1980	31.80	108	55.73	106	12.47	114	5.32	87	100,145	108
	1990	28.11	111	57.41	97	14.52	105	7.44	110	111,938	102
南 區	1956	43.21	109	48.39	104	8.39	81	3.17	61	24,004	104
	1966	42.08	107	48.38	105	9.54	97	3.87	71	40,884	105
	1980	32.99	106	55.05	105	11.96	107	5.37	87	65,797	106
	1990	26.91	111	58.46	101	14.64	104	7.27	105	71,265	104
北 區	1956	44.83	109	47.59	106	7.68	86	2.96	61	42,400	106
	1966	42.24	105	47.67	102	10.09	115	3.64	71	70,274	105
	1980	30.21	106	55.65	99	14.14	127	6.07	87	111,571	105
	1990	27.43	109	57.48	91	15.09	106	8.40	117	137,948	98
西 屯 區	1956	45.41	106	46.70	104	7.89	81	3.13	61	24,429	103
	1966	44.14	106	47.42	126	8.44	104	3.18	71	39,666	114
	1980	32.58	107	54.02	98	13.40	158	5.10	87	75,260	107
	1990	27.53	109	60.38	104	12.09	126	6.68	149	125,073	108
南 屯 區	1956	45.20	107	45.98	92	8.82	80	3.72	61	16,547	98
	1966	46.65	107	44.39	101	8.96	90	3.77	71	24,001	103
	1980	33.53	102	52.00	103	14.47	153	5.73	87	43,405	109
	1990	28.90	107	56.89	114	14.21	127	7.74	154	65,384	114
北 屯 區	1956	45.49	105	45.43	100	9.07	85	3.80	61	28,947	101
	1966	45.17	108	45.76	110	9.07	96	3.90	71	46,680	108
	1980	33.29	103	52.39	98	14.32	157	5.62	87	96,724	107
	1990	29.39	109	56.18	95	14.39	127	8.04	152	155,497	103

表 3-4.1a 臺中都會區年齡組成與性比例（SR），1956、1966、1980、1990 年（續）

地區	年別	0-14 歲 %	性比例	15-49 歲 %	性比例	50 歲以上 %	性比例	60 歲以上 %	性比例	總計 總人數	性比例
潭子鄉	1956	45.59	104	44.79	97	9.63	92	4.18	61	18,803	100
	1966	40.24	107	49.80	139	9.96	99	4.38	71	25,430	121
	1980	34.11	101	52.57	103	13.32	157	5.35	87	47,250	106
	1990	29.33	107	55.73	101	14.95	121	8.09	139	62,500	106
大雅鄉	1956	46.39	110	44.92	99	8.69	91	3.48	61	18,952	103
	1966	33.31	105	59.33	262	7.36	105	3.03	71	35,114	176
	1980	35.29	105	49.15	101	15.56	191	5.84	87	39,920	113
	1990	27.63	104	58.57	147	13.80	155	8.02	189	61,700	134
太平鄉	1956	44.00	100	46.61	103	9.39	87	3.88	61	16,509	100
	1966	39.00	104	52.06	191	8.94	110	3.76	71	28,039	142
	1980	35.62	103	51.20	100	13.19	183	4.71	87	72,813	110
	1990	30.49	108	56.30	108	13.21	143	7.50	180	124,733	112
烏日鄉	1956	45.98	103	45.71	96	8.31	89	3.21	61	23,357	98
	1966	41.53	105	49.54	148	8.93	106	3.77	71	34,558	124
	1980	34.61	108	52.17	106	13.22	145	5.59	87	47,098	111
	1990	28.67	106	56.37	126	14.95	127	8.02	142	60,554	120
大里鄉	1956	45.80	103	44.97	100	9.24	91	3.82	61	20,331	101
	1966	41.74	106	48.89	149	9.37	98	4.08	71	31,461	124
	1980	35.82	104	53.12	104	11.06	112	4.74	87	78,336	105
	1990	33.19	108	55.27	100	11.54	108	5.89	113	130,540	103
霧峰鄉	1956	44.58	105	45.86	97	9.56	86	3.74	61	29,843	99
	1966	45.53	106	43.92	103	10.55	95	4.79	71	42,192	103
	1980	32.87	104	53.06	109	14.07	108	6.43	87	55,335	107
	1990	29.40	110	53.49	99	17.11	105	9.22	106	61,208	103
總計	1956	44.85	106	46.78	102	8.38	87	3.32	69	374,883	103
	1966	42.12	106	48.52	124	9.36	105	3.76	79	578,946	114
	1980	33.28	105	53.32	108	13.40	136	5.54	107	947,448	111
	1990	29.13	109	56.74	103	14.13	118	7.68	134	1,274,063	106

資料來源：1956 年臺閩地區戶口普查報告書
　　　　　1966、1980、1990 年臺閩地區戶口及住宅普查報告書

異並不明顯。值得一提的是，中區的幼年人口比例雖已降低，在 1980 年時高於舊市區內其他各區與外緣諸區類似，而在 1990 年卻是全都會最高者。換言之，商業核心地區有著偏高的幼年人口比例。其他舊

市區，在 1980 年時有著全都會最低的幼年比例，在 1990 年時則與外緣地區接近。至於壯年人口，各區與鄉都是逐年比例增高，在 1956 年時，舊市區各區的比例都高於外緣地帶，這種差距逐漸消失，至 1980 年時，西、南和北三區仍舊維持著較高的壯年人口比例，中區和東區則與外緣地帶相近，至 1990 年時，中區和東區的比例為全都會偏低者，北區仍維持高比例，西、南二區與外緣地帶的比例不相上下。綜合言之，壯年人口隨著年代向外擴散，都會內部差異逐漸縮減，而都會核心反而為人口年齡偏低的地區。

　　性比例的變化，在 15 至 49 歲年齡層，整體而言是逐年降低，已接近男女人口相等的地步，意味女性人口的增加較快。但這種變化明白顯示著臺中市與都會區其他鄉之間的差異。中區壯年人口的性比例一直是全市最低的，而臺中的舊市區和屯區也幾乎都達到女性人口略多於男性的情形，其他六個鄉，除大雅之外，則為男性人口略多。1966 年，壯年人口性比例高於其前後的三個時期。這一年，邊緣鄉區，除霧峰以外，性比例尤高，在 140 左右或以上，而太平和大雅更高達 262。臺中市內則以東區、西區和西屯區較高，都在 130 或 120 以下。1966 年的壯年性比例呈現臺中市低與其他鄉區高的對比。1980 年的高性比例年齡層轉到 50 歲以上，太平、大雅二鄉仍是最高，分別為 183 和 191；其次則為東區、三個屯區、烏日和潭子二鄉，性比例在 140 至 160 之間。其他地區，除中區之外，也略為偏高，在 110 和 120 之間。雖然地區的差異不如 1966 年壯年人口那麼的明顯，大致說來，臺中舊市區的老年人口性比例相對偏低，只是同樣顯示，1980 年時 50 歲以上年齡組呈現高性比例的鄉或區，1990 年時，在 60 歲以上年齡組出現更高的性比例。

　　從籍別觀察（見表 3-4.1b），本籍人口的比例逐年遞減，非本籍的本省人口比例逐年遞增，至於外省人口則是由增而平穩、再減的情形。本籍人口的遞減，意味移入人口的增加，而外省與非本籍本省人口的不同增加趨勢，反映著臺灣不同時期的移民模式。在 1956 和 1966 兩年，非本籍本省人口占都會人口的比例在一成左右，不及外省人口，但在 1970 年代以後，非本籍的本省人口比例遠超過外省人口的比例。這

表 3-4.1b 臺中都會區籍別與性比例（SR），1956、1966、1980、1989 年

地區	年別	本籍 性比例	本籍 %	本省籍 性比例	本省籍 %	外省籍 性比例	外省籍 %	總計 性比例	總計 總人數
中區	1956	95	67.40	105	21.18	141	11.41	101	32,897
	1966	97	66.10	106	23.30	118	10.61	101	38,372
	1980	96	52.13	96	39.22	121	8.65	98	38,187
	1989	97	42.86	87	48.09	998	9.05	92	37,177
東區	1956	100	57.76	107	15.21	119	27.03	106	42,722
	1966	101	50.82	103	20.94	127	28.24	108	64,998
	1980	106	44.50	101	37.88	136	17.62	109	79,371
	1989	107	40.30	96	46.46	130	13.24	105	77,144
西區	1956	100	54.58	133	20.37	129	25.05	113	36,346
	1966	99	53.32	108	23.73	123	22.95	107	52,296
	1980	102	42.71	107	43.50	122	13.79	107	97,738
	1989	104	32.25	100	53.30	103	11.45	102	113,332
南區	1956	99	71.36	116	16.31	138	12.33	106	24,467
	1966	100	63.38	104	23.12	120	13.5	104	37,997
	1980	105	46.84	104	43.27	109	9.89	105	64,263
	1989	105	38.71	100	51.65	111	9.64	103	69,386
北區	1956	99	51.18	130	18.81	119	30.02	110	43,946
	1966	100	49.18	107	19.53	118	31.28	106	68,517
	1980	105	43.59	99	35.07	115	21.34	105	106,903
	1989	96	34.26	95	45.61	109	20.14	98	135,040
西屯區	1956	99	83.49	149	2.70	111	13.81	101	24,438
	1966	102	72.70	111	2.85	112	24.45	104	35,495
	1980	104	52.36	101	23.17	126	24.46	108	70,449
	1989	105	40.73	98	39.66	117	19.61	104	109,307
南屯區	1956	98	97.04	106	1.91	130	1.05	98	16,640
	1966	100	81.70	92	2.34	110	15.96	101	24,377
	1980	107	61.71	102	17.34	120	20.95	109	41,625
	1989	109	48.62	98	36.79	131	14.59	107	60,385
北屯區	1956	102	90.48	114	1.99	117	7.52	103	29,490
	1966	104	79.20	98	3.57	112	17.23	105	42,210
	1980	105	49.22	104	24.89	112	25.89	106	94,891
	1989	109	36.24	95	43.22	117	20.54	104	145,012
潭子鄉	1956	99	94.68	82	1.64	144	3.68	100	18,915
	1966	104	91.49	100	2.06	131	6.46	105	23,888
	1980	106	65.84	100	19.27	121	14.89	107	45,609
	1989	107	59.80	99	27.49	117	12.71	106	58,297

表 3-4.1b 臺中都會區籍別與性比例（SR），1956、1966、1980、1989 年（續）

地區	籍貫 年別	本籍 性比例	本籍 %	本省籍 性比例	本省籍 %	外省籍 性比例	外省籍 %	總計 性比例	總計 總人數
大雅鄉	1956	101	92.63	95	1.29	122	6.07	103	19,155
	1966	104	83.46	106	2.15	122	14.38	106	27,200
	1980	108	71.81	91	9.97	152	18.22	113	39,633
	1989	124	58.44	74	26.29	141	15.27	110	52,389
太平鄉	1956	100	92.62	97	3.98	172	3.40	101	16,556
	1966	101	84.92	108	5.77	147	9.32	105	23,753
	1980	108	45.00	100	35.42	124	19.58	108	69,658
	1989	105	31.68	102	49.22	119	19.09	106	114,021
烏日鄉	1956	99	92.39	83	3.89	128	3.73	99	23,596
	1966	105	87.17	99	4.17	123	8.66	106	32,356
	1980	106	69.45	110	18.79	150	11.76	111	46,049
	1989	110	59.00	104	31.08	124	9.92	109	55,321
大里鄉	1956	103	96.78	64	0.51	52	2.71	101	20,457
	1966	103	86.80	104	4.48	121	8.72	104	28,680
	1980	103	53.16	99	37.39	115	9.44	103	73,173
	1989	102	40.23	103	51.45	110	8.32	103	118,643
霧峰鄉	1956	99	92.82	106	5.29	143	1.89	100	30,322
	1966	105	88.98	92	5.06	120	5.96	105	43,737
	1980	106	80.51	103	12.88	116	6.61	106	54,646
	1989	107	73.63	100	19.94	111	6.43	106	61,219
總計	1956	99	76.48	116	10.14	123	13.37	104	379,947
	1966	102	69.86	105	12.41	120	17.73	105	543,876
	1980	105	52.88	102	30.41	122	16.71	106	922,195
	1989	106	42.56	98	42.78	116	14.66	104	1,206,673

資料來源：1956、1966、1980、1989 年臺中市、臺中縣、南投縣統計要覽

也呼應了人口的成長模式，即 1966 年以前外省人的成長率高於全人口成長率，1966 年以後正恰相反。非本籍本省人口的比例，在 1966 年以前，幾乎都分布在舊市區之內，各區的比例均在 20% 或以上，而屯區和鄉區，都在 5% 或 2% 以下。1980 和 1989 年的數據顯示，舊市區的非本籍本省人口比例高於屯區，而屯區又大致高於鄉區。不過太平和大里二鄉的比例與舊市區近似。整體而言，各鄉區在 1989 年的非本籍本省人口都在三成以上，顯示人口流入不同於以往的模式。

　　外省人口分布的變化，可以分成三種模式，舊市區在 1956 和 1966

兩年的外省人口比例高於 1980 和 1989 兩年，在 1956 年時，其外省人口比例大致都高於都會內的其他區或鄉。屯區的 1966 年的外省人口比例大於 1956 年，最高點出現在 1980 年，外省人口比例與北區近似，高於都會其他區和鄉，但在 1980 年代顯示比例降低的趨向。鄉區外省比例的最高點亦出現在 1980 年，1989 年的比例比 1980 年的略低，除太平鄉之外，各鄉的外省人口比例都不及三個屯區和北區，略低或略高於其他舊市區。外省人口的分布與非本籍本省人口的分布雖有不同，但同樣都是先往較核心的地帶移動，再移入較外緣地帶。不過外省人的比例在 1966 年以前，在邊緣各區或鄉都大於非本籍本省人口，顯示外省人口較早呈現偏離核心的傾向。屯區和各鄉的外省人口年平均成長率，有的是在 1971 年以前都高於非本籍本省人，有的則是到 1976 年才低於非本籍本省人口。

　　非本籍本省人口的性比例，在 1956 年的西、南和北三區都偏高，顯示光復初期臺中市舊市區有男性移民的偏向，但是 1966 年以後的數據不但未見如此的偏向，反而在中區、東區、北區、三個屯區以及大雅鄉呈現女性偏高的情形，如此的現象在人口組成中，出現在 15 至 49 歲年齡組。這兩個數據或許意味女性移入人口分量的增強。外省人口的性比例在 1956 年時各區和鄉都已偏高，在舊市區內外省人口性比例遞減，但在屯和鄉區，有的明顯遞減，有的卻維持仍高的情形。以一般生命循環的過程而言，臺灣外省人口的性比例在年輕人口漸增中，應該下降，不過老年外省人口的異常現象，往往使得性比例還無法呈現一般的正常比例。舊市區外省人口不但在比例上明顯遞減，性比例亦呈現同樣的趨勢。

（二）教育與職業組成

　　臺中都會區，同樣顯示人口教育程度的逐漸提升（見表 3-4.2a）。最清楚的對比是，自 1956 年以後，識字人口比例由三分之一到十分之一的大幅降低，以及高中（由不到一成至四分之一）和專上人口（由不到二十分之一到超過一成）比例的大幅上升。

表 3-4.2a 臺中都會區教育組成，1956、1966、1980、1990 年

教育程度	不識字		小學		初中		高中		專上		合計
地區 / 年別	%	Q	%	Q	%	Q	%	Q	%	Q	總人數
中區 1956	21.95	61	44.20	101	15.48	168	13.26	174	5.11	146	20,310
中區 1966	11.72	62	40.98	85	21.65	142	17.86	151	7.78	142	24,932
中區 1980	5.90	56	30.68	84	14.92	96	31.36	125	17.15	136	22,486
中區 1990	2.73	55	34.95	101	19.81	103	26.64	101	15.87	106	37,948
東區 1956	29.33	82	42.81	98	12.34	134	10.06	132	5.44	155	25,114
東區 1966	15.83	83	46.12	95	17.23	113	13.87	117	6.94	127	44,253
東區 1980	9.66	92	37.90	104	15.02	97	25.60	102	11.82	94	53,338
東區 1990	5.07	101	36.59	106	19.73	103	25.65	98	12.96	86	68,332
西區 1956	24.06	67	38.40	88	12.48	135	17.47	230	7.58	217	22,823
西區 1966	14.75	78	43.25	89	18.05	118	15.91	134	8.04	147	36,922
西區 1980	7.27	69	30.59	84	14.19	92	29.24	117	18.72	148	68,299
西區 1990	3.21	64	30.49	88	17.92	93	27.64	105	20.74	138	101,940
南區 1956	28.23	79	44.11	101	10.98	119	10.94	144	5.74	164	15,149
南區 1966	14.81	78	45.81	95	16.38	107	13.85	117	9.16	167	26,894
南區 1980	8.03	77	33.99	93	14.26	92	28.08	112	15.63	124	44092
南區 1990	3.98	80	31.46	91	16.81	88	27.53	105	20.23	135	64,831
北區 1956	27.07	75	40.86	93	13.19	143	11.51	151	7.37	211	25,952
北區 1966	14.49	76	40.56	84	18.55	121	16.82	142	9.58	175	46,510
北區 1980	7.62	73	29.96	82	13.94	90	29.00	116	19.48	154	77,863
北區 1990	3.56	71	30.07	87	17.13	89	28.00	107	21.24	141	124,447
西屯區 1956	41.96	117	45.43	104	5.86	63	3.78	50	2.97	85	14,720
西屯區 1966	21.95	115	49.51	102	13.75	90	9.82	83	4.97	91	25,155
西屯區 1980	10.79	103	35.11	97	14.58	94	22.78	91	16.75	133	50,741
西屯區 1990	4.18	84	30.65	89	47.09	89	24.77	94	23.31	155	112,690
南屯區 1956	34.84	97	56.47	129	5.19	56	2.88	38	0.62	18	10,086
南屯區 1966	20.17	106	59.88	124	10.82	71	6.91	58	2.21	40	14,647
南屯區 1980	10.89	104	40.21	111	15.24	98	24.01	96	9.65	76	28,852
南屯區 1990	5.27	105	35.23	102	18.47	96	26.45	101	14.58	97	58,655
北屯區 1956	36.13	101	51.95	119	7.56	82	3.58	47	0.78	22	17,731
北屯區 1966	18.87	99	55.75	115	13.62	89	8.50	72	3.27	60	29175
北屯區 1980	9.46	90	36.87	101	15.49	100	25.85	103	12.33	98	64,521
北屯區 1990	4.58	92	33.80	98	18.87	98	27.49	105	15.25	102	139,106
潭子鄉 1956	40.40	113	49.55	113	6.34	69	2.93	39	0.78	22	11,571
潭子鄉 1966	20.07	106	57.21	118	13.57	89	7.33	62	1.81	33	17,054
潭子鄉 1980	10.99	105	40.84	112	17.55	113	23.46	94	7.16	57	31,135
潭子鄉 1990	5.73	115	38.30	111	20.11	105	26.63	101	9.22	61	55,721

表 3-4.2a 臺中都會區教育組成，1956、1966、1980、1990 年（續）

教育程度	不識字		小學		初中		高中		專上		合計
地區 / 年別	%	Q	%	Q	%	Q	%	Q	%	Q	總人數
大雅鄉 1956	45.37	126	45.55	104	5.80	63	2.70	36	0.58	17	11,458
大雅鄉 1966	17.31	91	54.48	113	16.18	106	8.48	72	3.54	65	25,483
大雅鄉 1980	14.46	138	46.21	127	17.66	114	17.14	69	4.52	36	25,833
大雅鄉 1990	5.26	105	37.99	110	22.58	118	25.62	98	8.56	57	55,653
太平鄉 1956	53.40	149	40.83	93	3.80	41	1.73	23	0.24	7	10,349
太平鄉 1966	26.03	137	52.56	109	9.39	61	10.14	85	1.98	36	18,868
太平鄉 1980	13.13	125	42.08	116	17.56	113	19.90	80	7.33	58	46,880
太平鄉 1990	6.06	121	37.91	110	21.31	111	24.83	95	9.88	66	111,649
烏日鄉 1956	48.58	135	42.40	97	5.31	57	2.90	38	0.81	23	14,114
烏日鄉 1966	25.87	136	51.10	106	12.43	81	7.57	64	3.03	55	22,786
烏日鄉 1980	15.64	149	41.82	115	16.44	106	20.21	81	5.89	47	31,065
烏日鄉 1990	7.79	156	36.67	106	19.57	102	25.70	98	10.27	68	54,578
大里鄉 1956	52.39	146	38.91	89	5.45	59	2.56	34	0.69	20	12,407
大里鄉 1966	26.63	140	51.06	106	10.50	69	9.82	83	1.99	36	20,736
大里鄉 1980	12.66	121	39.68	109	16.66	107	22.93	92	8.07	64	50,279
大里鄉 1990	5.81	116	38.65	112	21.37	111	25.13	96	9.04	60	115,573
霧峰鄉 1956	49.64	138	40.03	91	6.31	68	3.29	43	0.72	21	18,520
霧峰鄉 1966	30.05	158	47.83	99	11.92	78	7.58	64	2.62	48	26,504
霧峰鄉 1980	16.66	159	35.55	98	16.97	109	22.71	91	8.10	64	37,146
霧峰鄉 1990	8.70	174	36.65	106	20.61	107	24.80	94	9.23	61	54,632
總計 1956	35.89		43.76		9.24		7.60		3.50		230,304
總計 1966	19.01		48.36		15.30		11.86		5.48		379,919
總計 1980	10.49		36.37		15.50		25.00		12.64		632,530
總計 1990	5.00		34.51		19.21		26.27		15.02		1,145,755

資料來源：1956 年戶口普查報告書
　　　　　1966、1980、1990 年臺閩地區戶口及住宅普查報告書

　　舊市區各區的不識字比例一直是全都會最低的，各屯區的又大致低於鄉區。就國小程度的比例觀察，在 1956 年時，比例高者在屯區，其次是鄉區，再來才是舊市各區；1966 年時，維持如 1956 年的模式，至 1980 年，舊市各區仍顯示最低的比例，但屯區的比例都已略低於霧峰以外的各鄉。初中或國中教育人口的比例，舊市區在 1956 和 1966 兩年都是都會中最高的，至 1980 年時，不僅不及鄉區，也略低於屯區，轉為全都會比例最低的地區；以屯區和鄉區相較，前者先略高於後者，

至 1980 年時則低於後者。高中與專上教育人口的分布，則舊市區始終顯示明顯的優勢，屯區亦顯示高於鄉區的比例。從這樣的數據，舊市區在高教育人口上所占的優勢，極其明白，隨著教育程度的全面提升，其優勢在 1956 年，是小學以上的比例居高，1966 年轉為初中或國中以上比例，至 1980 年則是高中以上比例的領先。在外緣地帶呈現的是屯區人口教育程度一般高於鄉區的情形。在上述的優劣對比之下，人口教育程度分布的差異顯得越來越小。我們以高中和專上兩級教育人口的區位商數來說明。高中和專上的區位商數，在舊市各區一直高過 100，卻持續下降，屯區和鄉區雖然一直偏低，商數卻逐年升高。只是我們要指出的是相對差距的減低之下，高教育人口比例的差值卻擴大之中，如大學人口最高與最低比例的差距，1956 年時近 7%，1966 年近 8%，1980 年近 14%。

　　在舊市各區之間，東區和南區人口的教育程度始終比較偏低。東區在 1980 年時，高中程度的人口比例已與西屯和北屯區相近，甚或不及；專上的比例不僅是舊市區最低者，還不如西屯和北屯二區，南區則在 1980 年專上的人口比例低於西屯和北屯。東區和南區與舊市區的其他部分正好為鐵路所分隔。舊市區內的其他三區，一直維持著高教育的優勢，而西區的比例最高，其次是北區，再則是中區。若以教育當作社會階層的指標，則高社會地位者有略為偏離商業核心的跡象，但是都會外圍的地位仍屬最低。另外值得注意的是，在各區教育程度一致提升的趨向下，高教育程度的分布顯示，都會內屬臺中市的外緣地帶一直高於屬臺中縣的外緣地帶，特別是北屯和西屯二區，已超越東區和南區，呈現較強的高教育程度人士的流入。1990 年專上人口分布模式與 1980 年相似，但西屯區的區位商數為全都會最高者，顯示高教育人口沿中港路往西擴散的情形。

　　臺中都會在 1956 年以後，職業構造上最大的變化是農業人口的大幅下降和生產體力工作人員比例的上升（見表 3-4.2b）。農業人口從 1956 至 1980 年減低了近三十個百分點，生產體力工作人員則提升近十七個百分點，很明顯是農業萎縮和工業發展的結果。其他的職業，除行政主管人員之外，專業、監督和佐理、商業等人員都顯示比例增加的

表 3-4.2b　臺中都會區職業組成，1956、1966、1980、1990 年

地區	年別	專門 %	專門 Q	行政 %	行政 Q	監佐 %	監佐 Q	買賣 %	買賣 Q	服務 %	服務 Q	農牧 %	農牧 Q	體力 %	體力 Q	其他 %	其他 Q	合計 N
中區	1956	8.97	173	15.18	467	10.62	144	27.20	276	10.32	162	0.87	2	25.18	123	1.65	31	8,436
	1966	9.47	125	8.98	367	12.68	102	33.48	362	11.15	59	1.08	5	22.95	91	0.21	210	9,668
	1980	9.16	120	4.35	175	16.98	118	30.07	257	14.12	216	1.51	12	18.53	50	5.28	67	11,704
	1990	12.42	120	3.87	238	21.26	106	31.78	202	13.93	163	2.22	22	14.53	43			9,148
東區	1956	6.51	125	4.26	131	12.19	165	13.45	136	7.74	122	7.89	19	38.30	187	9.67	182	10,340
	1966	7.64	101	3.88	158	15.58	125	13.36	144	19.12	100	4.20	18	36.15	144	0.07	70	19,936
	1980	6.96	91	2.65	107	17.34	121	14.26	122	7.91	121	4.36	35	37.92	102	8.60	109	27,624
	1990	8.74	85	1.96	120	21.12	105	19.18	122	9.86	116	3.69	37	35.45	106			25,558
西區	1956	10.02	193	3.93	121	16.90	228	11.30	114	10.02	157	10.33	25	30.69	150	6.81	128	8,852
	1966	11.53	153	4.00	163	17.36	139	13.53	146	15.80	83	6.40	27	31.27	124	0.10	100	13,880
	1980	12.01	157	5.50	221	20.53	143	17.17	147	7.53	115	3.43	28	27.39	74	6.43	82	33,334
	1990	15.73	152	3.14	193	27.91	139	20.13	128	9.88	116	2.97	30	20.23	60			37,214
南區	1956	8.50	163	4.69	144	13.56	183	12.29	125	6.95	109	21.36	51	30.23	148	2.42	45	6,071
	1966	10.37	137	4.56	186	16.18	130	11.62	125	11.17	59	10.17	42	35.72	142	0.21	210	11,423
	1980	9.83	129	4.34	174	17.15	120	14.11	121	6.64	101	4.46	36	36.99	100	6.48	82	23,409
	1990	13.87	134	2.40	148	23.79	118	18.37	117	8.25	97	4.14	41	29.18	87			24,686
北區	1956	8.19	158	3.86	119	8.09	123	15.10	153	7.94	125	9.96	24	27.83	136	18.01	339	10,778
	1966	11.67	155	3.49	142	15.22	122	14.56	157	20.24	106	5.12	21	29.50	117	0.19	190	18,628
	1980	12.01	157	2.20	88	20.44	143	16.18	139	8.49	130	2.61	21	29.13	79	8.94	114	39,570
	1990	15.42	149	2.41	149	28.35	141	19.55	124	10.91	128	2.38	24	20.98	62			48,081

表 3-4.2b　臺中都會區職業組成，1956、1966、1980、1990 年（續）

地區	年別	專門 %	專門 Q	行政 %	行政 Q	監佐 %	監佐 Q	買賣 %	買賣 Q	服務 %	服務 Q	農牧 %	農牧 Q	體力 %	體力 Q	其他 %	其他 Q	合計 N
西屯區	1956	2.90	56	0.65	20	2.62	35	4.58	46	2.62	41	69.62	165	7.44	36	9.77	184	6,173
	1966	7.06	94	0.80	33	10.14	81	4.55	49	21.43	113	36.51	152	19.50	77	0.02	20	11,565
	1980	7.56	99	1.88	76	12.61	88	9.03	77	6.65	102	14.84	119	37.62	102	9.80	125	26,248
	1990	13.03	126	1.83	113	18.79	94	16.39	104	9.23	108	10.31	103	30.42	91			40,371
南屯區	1956	2.86	55	0.49	15	3.64	49	4.57	46	2.88	45	67.83	161	17.49	86	0.25	5	4,482
	1966	2.91	39	0.86	35	4.16	33	5.05	55	15.90	84	45.92	192	25.13	100	0.06	60	6,391
	1980	6.61	86	1.07	43	13.50	94	6.37	55	5.49	84	18.50	149	40.74	110	7.71	98	15,522
	1990	10.22	99	0.31	19	20.06	100	13.66	87	8.17	96	11.34	113	36.24	108			22,217
北屯區	1956	2.43	47	0.86	26	3.06	41	5.16	52	2.67	42	70.05	166	11.23	55	4.53	85	7,766
	1966	4.16	55	1.03	42	7.63	61	5.86	63	17.79	93	42.66	178	20.80	83	0.07	70	13,121
	1980	8.01	105	1.83	73	13.31	93	9.76	84	5.91	90	15.73	127	36.38	98	9.07	115	35,527
	1990	11.28	109	1.26	77	21.45	107	15.86	101	8.78	103	11.31	113	30.06	90			55,307
潭子鄉	1956	2.65	51	0.72	22	4.43	60	5.75	58	3.30	52	67.93	161	14.78	72	0.45	8	4,873
	1966	6.71	89	1.42	58	9.54	76	4.86	52	14.22	75	38.50	161	24.75	98	0.00	0	8,166
	1980	4.62	60	1.68	68	10.20	71	5.91	51	4.36	67	18.77	151	47.05	127	7.42	94	17,870
	1990	5.71	55	1.13	69	14.87	74	9.98	63	5.29	62	15.51	150	47.51	141			23,909
大雅鄉	1956	2.31	44	0.54	17	2.25	30	4.41	45	3.49	55	72.94	173	9.57	47	4.49	84	4,986
	1966	11.04	146	0.53	22	10.19	82	2.13	23	37.03	195	24.78	103	14.24	57	0.06	60	16,173
	1980	2.96	39	1.71	69	7.01	49	6.43	55	4.54	69	26.38	212	41.96	113	9.01	115	14,289
	1990	4.88	47	1.22	75	13.87	69	11.16	71	6.24	73	19.57	195	43.05	128			19,599

表 3-4.2b　臺中都會區職業組成，1956、1966、1980、1990 年（續）

地區	年別	專門		行政		監佐		買賣		服務		農牧		體力		其他		合計
		%	Q	%	Q	%	Q	%	Q	%	Q	%	Q	%	Q	%	Q	N
大平鄉	1956	1.15	22	0.44	14	1.71	23	4.12	42	13.00	204	74.42	177	5.14	25	0.02	0	4,976
	1966	2.46	33	0.58	24	3.59	29	3.00	32	27.30	143	44.14	184	18.80	75	0.12	120	9,461
	1980	4.63	61	1.72	69	9.36	65	8.45	72	5.60	86	16.34	131	46.70	126	7.19	91	24,944
	1990	6.30	61	0.37	23	15.30	76	13.49	86	8.31	97	11.11	111	45.12	134			42,999
烏日鄉	1956	2.40	46	0.94	29	4.43	60	4.70	48	4.53	71	63.23	150	19.17	94	0.60	11	6,045
	1966	5.70	75	0.88	36	10.27	82	3.61	39	22.42	118	33.56	140	23.46	93	0.09	90	12,001
	1980	4.18	55	1.05	42	9.37	65	6.80	58	4.42	68	22.43	180	43.27	117	8.47	108	16,999
	1990	6.75	65	1.01	62	13.51	67	11.33	72	6.61	78	19.76	197	41.02	122			20,940
大里鄉	1956	2.28	44	0.57	18	3.16	43	4.30	44	4.60	72	71.38	169	13.40	66	0.31	6	5,091
	1966	3.69	49	1.13	46	6.13	49	4.68	51	18.84	99	38.46	160	27.03	107	0.03	30	8,970
	1980	4.94	65	2.42	97	12.50	87	9.87	85	4.96	76	14.34	115	44.30	120	6.68	85	26,980
	1990	7.42	72	1.56	96	18.03	90	13.82	88	7.08	83	10.27	102	41.82	125			44,984
霧峰鄉	1956	3.08	59	0.72	22	3.58	48	4.62	47	4.12	65	75.03	178	8.56	42	0.29	5	7,314
	1966	3.83	51	0.86	35	23.32	187	5.11	55	6.22	33	43.92	183	16.67	66	0.07	70	13,546
	1980	5.91	77	1.21	49	9.77	68	7.15	61	5.05	77	27.88	224	35.86	97	7.17	91	20,761
	1990	7.49	72	1.14	70	13.63	68	10.59	67	6.98	82	24.04	239	36.14	108			23,538
總計	1956	5.20		3.25		7.40		9.87		6.37		42.14		20.45		5.32		96,183
	1966	7.55		2.45		12.48		9.26		19.03		23.97		25.17		0.10		172,929
	1980	7.64		2.49		14.34		11.68		6.55		12.43		37.01		7.86		334,781
	1990	10.35		1.63		20.10		15.76		8.53		10.05		33.58				438,551

資料來源：1956 年戶口普查報告書
　　　　　1966、1980、1990 年戶口及住宅普查報告書

情形。服務業在 1966 年占全就業人口的比例，比前後的幾個年代都高出甚多。這與臺北都會一般，是警察與保安工作人員比例偏高的情形。1966 年時臺中都會的服務業人口為 32,914 人，其中警察與保安人員就有 22,722 人，占了將近七成。扣除 1966 年的特殊情形，則服務業人口的比例，亦呈上升的趨勢。這些職業人口在 1956 年占總就業人口的 32.09%，至 1980 年增加十個百分點，為 42.70%。換言之，三級行業的人口亦增加不少，但與生產體力人口的增加情形類似。1980 至 1990 年的變化顯示，農業人口急遽下降，生產體力人員比例略增，但三級行業人口持續快速成長，占就業人口達 55.92%。

　　在 1956 年時，臺中市的舊市區和都會地帶其他的區和鄉，極其明白劃分非農業和農業地帶。中區幾乎無農業就業人口的存在，而東、西和北三區農業人口在 10% 左右或以下，南區最偏高，但亦只約兩成的就業人口從事農業。屯區和鄉區，農業人口占就業人口七成左右或至七成五。到 1980 年，屯區和鄉區農業人口的比例沒有超過三成的，或甚至低於二成。舊市區的非農業性質，同時反映在其他的各類職業人口，專業、行政主管、監督佐理、商業和服務五業所得的區位商數，沒有低於 100 的，而屯區和鄉區都在 100 以下。舊市區相對而言是二、三級行業人口的居住地帶。簡言之，我們所劃定的臺中都會，在 1956 年，從產業和居住人口的性質觀察，仍可以明白分為內圍的都市和外圍的鄉村兩個地帶。1966 年時，屯區和鄉區的農業居住人口的比例，都已降到 40-50% 之間，顯示外圍地區都市性質的增加，至 1980 年時，再降至 30% 以下。1990 年時，除霧峰外，各行政區的就業人口中從事農業者已低於 20%，這時臺中都會的舊市區和屯區、鄉區間，再無法以都市和鄉村的對比來描述。

　　屯區和鄉區在產業構造上，至 1970 和 1980 年代，均以製造業占最大的比例。不過商業居住人口反映的趨勢，屯區與鄉區略有不同。屯區從 1956 至 1980 年，顯示生產體力工作人員比例的增加，但是在 1980 年代呈現減低的傾向，其區位商數亦是先增後減。三個屯區生產體力工作人員的區位商數，不及產業分布上製造業的區位商數，亦即居住就業人口偏向製造業工作人員的傾向，比不上產業上的製造業偏向。

各個鄉區，除霧峰之外，不但在 1956 至 1980 年間，居住人口中生產體力工作人員的比例增加，1980 年代依舊保持如此的趨向，各鄉大致都有四成以上的就業人口屬生產體力工一類。與以 1980 年居住就業人口的區位商數與 1990 年產業的區位商數相較，鄉區製造業所得的值均高於生產體力工作人員的。換言之，鄉區居住人口的生產體力工作人員的偏向尤強於產業雇用的製造業偏向。1980 和 1990 年時，舊市區（除東區外）的生產體力工比例在 12-30% 之間，屯區在 30-40% 間；鄉區的霧峰約 35%，其餘都占 40-50% 之間，這種差距在 1990 年時更是明白。我們大致可以依生產體力工的分布，將臺中都會分成三類地帶：中區與西區比例最低，其他的舊市區、西屯和北屯比例較高，而南屯和六個鄉區的比例最高。換言之，臺中都會生產體力工居地的分化，多少亦呈現臺中市與臺中縣鄉區間的對比。

　　其他職業的比較，則可以更進一步區分舊市各區間的差異。不過，屯區在其他各業的人口比例大致都高於鄉區，尤其在監督佐理人員的比例上，這又顯示屯區和鄉區在居住人口職業組成的另一項差異。以下我們將集中討論舊市區各區的差異。中區在產業上的三級行業的優勢，反映到居住就業人口的組成上，其買賣與服務業居住人口的比例一直是全市最高的。在 1956 年，中區專業人口的商數屬全市次高，行政主管人員的商數則是最高，若合專業和行政主管二類就業人口，其比例較次高的西區還要多約十個百分點。因此在 1956 年的中區其就業人口不僅反映其產業的特色，亦顯示了高階層集中傾向。中區專業人口的比例變化不大，但是區位商數卻一直遞減，其行政主管人員的比例在 1966 年已下降甚多，不過區位商數至 1980 年代仍是全都會區最高者。若合專業與行政主管二類，其比例已與其他舊市區相近或稍低。因此在 1980 年代，中區居住就業人口最能反映的是產業的性質，即商業與服務業人口的集中，在高階層人口集中上的優勢，已經不那麼明顯。

　　東西南北各區商業和服務業就業人口的比例有升有降，除了南區以外，在 1970 和 1980 年代都呈現近似的狀況，不及中區卻明顯高於屯區和鄉區。東區和南區很早便是工業分布的地帶，在 1980 年代，其生產體力工作人員在舊市區中算是偏高的，在商業和服務業以及行政主管人員的居住偏向上，東區略高；而在專業和監督佐理人員的比例，南區卻明顯高於東區。這意味著，鐵路以東和以南地區，在居住人口職業組成上仍有不同的偏向。至於鐵路另外一側，中區之外的西區和北區，二者監督佐理人員的比例相當，但是以專業和行政主管的比例觀察，西區的優勢大過北區，同時西區生產體力工作人員的比例亦低於北區。換言之，從職業人口所反映的社會階層性質來看，西區高於北區。再者，西區的專業與行政主管人員合計的比例一直高於南區，而北區至 1990 年卻略低於南區。以職業作為社會階層的指標而言，鐵路的兩側都有區別間的差異。一邊是西區偏高，另一邊則是南區，南區的優勢在 1980 年代更為增強。由於中區的社會階層優勢的衰退，舊市各區在專業和行政主管人員的區位商數一致降低，而屯區的明顯提高，特別是專業人員。似乎高社會階層人口，尤其是新興的專業人口，有著分散的趨向，其方向與教育人口所呈現者相似，都是往西屯去。舊市區的社會階層性質仍高，但整個都會區的內部差異似乎縮小之中。

五、臺中都會的生態因子分析

　　為著顯示各社會指標的空間分布模式，並呈現同心圓與扇形分布的關係，我們以下述的方式切割臺中都會區。依一般的習慣，臺中都會是以臺中火車站為中心。臺中火車站，是人們進入臺中市的主要門戶，而臺中都會的人口最密集點，商業最繁盛的地段，以及地價的最高點，亦都離火車站不遠。我們以臺中火車站為中心，定出兩個 1 公里的環圈，再向外繪兩個 2 公里的環圈，然後以 3 公里為準繪出三個環圈（見圖 3-1）。定出七個環圈之後，我們發覺邊緣各環圈包含的村里範圍甚大，可以跨幾個環圈。於是在描述結果時，我們將五、六和七三個環圈合併一談。至於扇面，是以臺中火車站散出去的最主要道路，中正路為軸，這條軸是介於第七和第八扇面之間，由這個軸為始，形成每 45 度的八個扇面。第一扇面穿過中區、北區往潭子方向；第二扇面經過東區往北屯和太平；第三扇面係往東區和太平的方向；第四扇面則往南跨東區，再朝大里和霧峰；第五扇面經南區後，跨霧峰和烏日的部分地區；第六扇面主要經南區，至烏日和南屯；第七扇面係由中區經西區，再往西屯（包括部分南屯）；第八扇面是由中區往大雅的方向，中間先過北區，再跨北屯和西屯的部分地段。這些扇面大致都包含了臺中市與外圍地區連絡的主要交通幹道。由於第二和第三扇面的里數較少，在後面的討論中，我們將向東的兩個扇面合一論列。（扇面與環圖的劃分，參見第86頁，圖3臺中都會行政分區圖）

（一）因素一：省籍的分布

　　因素一的解釋量為 21.48%[1]，負荷值大於 0.40 的八個變項（見表3-5.1），依負荷量高低序列如下：外省人口比例（正）、公務及軍事機構服務人員（正）、單身戶比例（正）、幼年人口比例（負）、總生育率（負）、大專以上教育人口比例（正）、小學以下教育人口比例（負）以及連棟式住宅比例（正）。從因素負荷量的分布模式來考慮，我們認為這個因素是以省籍分布的性質為主，但是還蘊含家庭狀態和社會階層的性質。因素分數為正值的村里反映的是，外省人口和軍公人員較為聚集的地區。不過這些地區在教育程度上偏高，在幼年人口比例低，同時一個家戶所擁有的子女數較少（因為總生育率較低）。而連棟式住宅的比例偏高，並非一般舊商業地區二樓以上住屋，而應是眷區內家家彼此銜接的老舊平房。

　　我們取因素分數大於 1.5 的村里來觀察，共有十八個這樣的單位。這些村里的外省人口比例，最高為 90.99%，最低為 28.34%，而全都會的平均值是 14.65%，一般值為 16.71%，這些村里的外省比例偏高，甚是明白。再則，這些村里的國防和公共行政人員的比例，除兩個村里分別為 8.19% 和 12.33%，近似或略低於都會的平均值（11.43%）外，其餘十六村里在 16-44% 之間，其職業的偏向亦頗清楚。從這十六個村里，我們可以區分兩類與外省人口聚集的職業傾向。有十一個村里，是以軍人為業的比例居高。另外五個村里，霧峰的坑口村，正臨近省議會

1　轉軸之後的各因素之間的解釋力，由於未排除因素之間的相關，較轉軸之前的高。轉軸之前解釋力總和為 76.77%，之後為 93.06%。

表 3-5.1　旋轉因素結構（因素負荷量）：臺中都會區

	因素一	因素二	因素三	因素四	H2
外省人口比例	0.908**	0.186	-0.152	0.073	0.848
公務及軍事機構服務人員	0.781**	0.239	0.009	-0.049	0.661
單身戶比例	0.662**	0.248	-0.068	0.415*	0.541
幼年人口比例	-0.624**	-0.417*	-0.419*	-0.073	0.719
公寓及大廈比例	-0.010	0.675**	-0.286	0.114	0.627
專技及行政主管人員	0.310	0.879**	-0.261	0.534**	0.803
大專以上教育程度	0.529**	0.889**	-0.199	0.492*	0.859
小學以下教育程度	-0.512**	-0.913**	0.240	-0.605**	0.920
生產能力工作人員	-0.183	-0.825**	-0.222	-0.375	0.802
1960 年以前住宅	-0.167	-0.075	0.891**	0.025	0.830
居住本區滿五年以上人口	-0.181	-0.211	0.881**	-0.149	0.790
老年人口比例	0.237	0.097	0.762**	-0.005	0.692
總生育率	-0.574**	-0.562**	0.646**	-0.550**	0.853
平均居住面積	0.108	0.354	-0.678**	0.297	0.538
非住宅及混用住宅	-0.171	0.390	0.084	0.839**	0.856
連棟式住宅比例	0.480*	0.206	-0.324	0.768**	0.843
買賣工作人員	0.001	0.625**	-0.010	0.864**	0.869
平方和	3.651	4.945	3.641	3.685	
各因素解釋之變異量（%）	21.48	29.09	21.42	21.68	

＊：因素負荷量絕對值大於 0.40 者
＊＊：因素負荷量絕對值大於 0.50 者

的所在村；南屯的黎明和黎光里，恰是省府臺中辦事中心黎明新村旁的宿舍區；再則是臺中西區的利民里，在臺中市政府設施地帶。這幾個村里的一般行政人員的比例都遠大於軍人的比例，正反映著公務人員的居住特色。不過公務人員集中地，外省籍的比例在 28-36% 間，而軍人聚居村里，在 40-90% 間，顯然最集中的外省居住村里，還是軍眷村。這幾個外省人的聚居地，八個在舊市區，八個在屯區和鄉區。並未顯示明顯的都會內部和都會外部的對比。

　　從共變分析中顯示（見表 3-5.2），環圈和扇面對省籍因素分布的影響都達到統計的顯著水準，同時二者間的互動效果亦顯著。當我們進一步控制扇面後，距離對省籍因素的分布仍具達統計顯著水準的影響。再觀察扇面對這因素分布的解釋力，以及控制扇面後環圈的解釋力，二者大致相當，各解釋了 9% 左右的變異量，並不很強。由於平均值高的三個扇面是第一、第六和第七，似乎往三個屯區方向的扇面，外省比例高的傾向較強。由圖上（見圖 3-1 及圖 3-1a），我們可以看到以東南西北軸線所分成的兩半，西北半的綠色範圍大於西南半的。至於與環圈的關係，只有兩個扇面呈現達到統計水準的高相關，分別在第一和第五扇。前者是外省傾向最高的扇面，後者是最低的扇面，同樣都呈現與距離的負相關，也就是離都會的中心越近，外省人口的比例越高。平均值介於中間的幾個扇面，則未顯示明白省籍分布與距離的關係。就此，我們參照省籍因素的里別分布圖，以綠色地帶，尤其是因素分數大於 1 的里別的分布位置來觀察，外省籍集中地帶顯示不規則的分散狀態。

表 3-5.2 臺中都會區因素分數與扇面、同心環距離之共變與相關分析表

因素分數與同心環距離之相關								
因素		I 省籍		II 社經		III 新舊		IV 商業	
扇面	里數	平均數	相關	平均數	相關	平均數	相關	平均數	相關
I	41	.56	-.604***	-.03	-.708***	-.04	-.332*	-.06	-.567***
II	33	-.13	-.325	-.66	-.250	-.27	-.223	-.24	-.837***
IV	29	-.30	.125	-.38	-.153	-.31	.509**	-.32	-.660***
V	31	-.66	-.760***	-.32	-.740***	.48	-.619***	-.75	-.865***
VI	36	-.06	-.018	.18	-.811***	-.21	-.049	.13	-.631***
VII	50	-.03	-.164	.40	-.621***	.18	-.002	.25	-.758***
VIII	72	-.14	.098	.24	-.654***	.04	-.122	.36	-.669***

共變數分析								
里別數＝ 292	I 省籍		II 社經		III 新舊		IV 商業	
變異來源	F 值（自由度）	解釋力	F 值（自由度）	解釋力	F 值（自由度）	解釋力	F 值（自由度）	解釋力
環圈	11.71*** (1)	3.39%	185.69*** (1)	30.29%	3.51 (1)	1.07%	261.74*** (1)	48.36%
扇面	5.38*** (6)	9.35%	14.31*** (6)	14.12%	3.65** (6)	6.70%	5.04*** (6)	5.07%
互動	3.97*** (6)	6.88%	10.38*** (6)	10.16%	3.90*** (6)	7.16%	4.45*** (6)	4.48%
扇內距離	4.67*** (7)	9.53%	34.53*** (7)	36.61%	3.75*** (7)	8.04%	44.34*** (7)	50.17%

***p＜.001；**p＜.01；*p＜.05；扇面 II 包含扇面 III

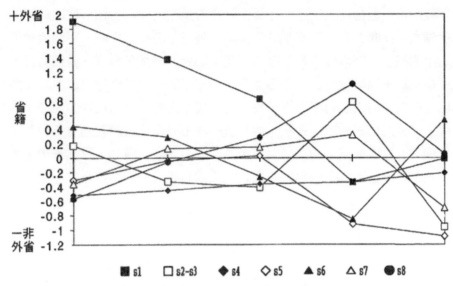

圖 3-1a　臺中都會區因素一（省籍）同心環與扇面分布關係圖

（二）因素二：社會經濟地位

　　因素二解釋了 29.09% 的變異量（見表 3-5.1），負荷量大於 0.40 的變項依序是，小學以下教育人口比例（負值）、大專以上教育人口比例（正值）、專技與行政主管人員的比例（正值）、生產體力工作人員比例（負值）、公寓及大廈比例（正值）、買賣工作人員比例（正值）、總生育率（負值）以及幼年人口比例（負值）。這是個相當明顯的社會經濟地位因素，最高負荷量的幾個變項正反映社會經濟地位的高低。這一因素所相關的建築構造是較新式的公寓式樓房，相關的家庭狀態是幼年人口比例偏低，總生育率偏低。另外，買賣工作人員的比例亦可能偏高。

　　這一因素的共變分析（見表 3-5.2），顯示扇面和環圈以及二者互動的解釋力，都具統計的顯著水準。環圈的解釋力大於扇面甚多。從因素分布間（見圖 3-2），我們可以觀察到，因素分數平均值較高的扇面，依次是第七、第八、第六和第一。換言之，沿著西屯往外的（即往西北方向）兩個扇面的社會經濟地位最偏高，其次是由南區往南屯（往西南方向）的扇面，再則是往北區和潭子方向的扇面。這四個扇面正好都是

往臺中市屯區延伸，正好與往鄉區延伸的幾個扇面呈對比。環圈較強的
解釋力，反映在五個扇面距離和因素分數相當高的負相關。平均值最低
的兩個扇面，因素分數和距離的相關不顯著，但都是負值。整體而言，
社經地位與距離呈反比，距離都會中心越近的社會經濟地位越偏高。由
因素分布圖的肉眼判斷，臺中舊市區除東區之外，是綠色的主要分布地
帶。外圍的鄉區和屯區則是一些零散的綠帶分布。由於互動效果顯著，
扇面彼此之間所呈現的距離關係，並不完全一致。我們可以進一步，從
由內而外五個距離帶的平均數變化，來觀察較細緻的與都會核心距離所
顯示的差異。

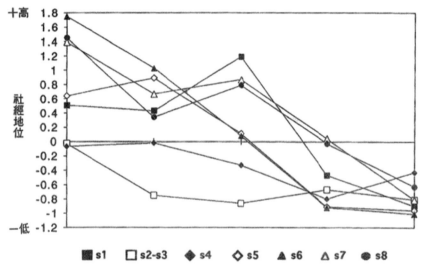

圖 3-2a　臺中都會區因素二（社經地位）同心環與扇面分布關係圖

　　首先，偏低的第二、第三和第四扇面各環圈的平均值均為負值（見
表 3-5.2 及圖 3-2a），它們與其他扇面的差距極其明白，其內環二圈也
略高於外環各圈。其次，其他各扇面則有所交錯，但非常一致的是，各
扇的第四和第五環圈的平均值都低於比較靠核心的三個環圈。這五扇的
內三環的平均值都為正，而外二環皆為負，呈現都會區 4 公里以內和
以外，在社會經濟地位上的明顯差距。平均值為正的六、七、八扇面，
都是以距臺中火車站 1 公里以內的地段，社會經濟地位最高。我們可以

說，臺中都會在 1980 年時，社會經濟地位最高的地段，出現在都會的最內環。第六扇呈現明顯的由內往外社經地位遞減的情形，第七和第八扇，則在第二環之後，第三環的因素分數平均值升高。值得一提的是，第一扇的最高值出現在 2 至 4 公里的第三環圈，而這個值是以環與扇分成的三十五個區段之中，第四高的，似乎臺中公園以北的北區地段，稍微扭轉了社經地位發展的態勢。不過過了第三環之後，社經地位陡然下降。

　　大致而言，臺中地位高社經地位人口未顯示明顯的向外疏散的傾向，中區的大部分地區，和西、南、北三區靠近中區的地方，至 1980 年時，在都會區內仍具明顯的社會經濟地位優勢。不過在中區和北區、西區交界地方，還是有著因素分數為負數的里，只是它們的因素分數仍高於大部分距核心 4 公里以外的村里。在外圍的屯區和鄉區也有一些社經地位高的村里。因素分數在 1-2 間的有，西屯區的福安里，南屯區的黎明和黎光里。前者是東海大學所在地，有著東海教職員的宿舍，後者是省府臺中辦公區的宿舍所在里。這都不是一種郊區化過程的產物，而是特定機構的設置帶來的工作人員居住地，呈現的仍是工作與居住地的密切關係。再則是都會的南緣，出現正值的綠色地段。這是霧峰的五個村，其中因素分數較高的本堂和坑口村，正是省議會所在地的附近，這些村也有著一些省府辦公機構的分布。因此霧峰某些村的社經地位高於其他的外圍村里，同樣是特定機構所呈現的工作與居住地之間的關係。

（三）因素三：地區生命循環

　　因素三解釋了變異量的 21.42%（見表 3-5.1），高負荷量的變項依序落在，1960 年以前住宅比例、居住滿五年以上人口比例、老年人口比例、婦女總生育率以及幼年人口比例。只有平均居住面積和幼年人口比例的負荷量是負值，其餘各變項的都是正值。因此在因素得到正的高因素分數的話，反映的是住宅老舊，人口流動率低，老年人口比例較高的地區。由於老年人口比例高，婦女總生育率高和幼年人口比例低，似乎意味著循環末期家庭的比例偏高。這很明白反映都市較早發展地區的性質，而另一極則清清楚楚的是新發展地區。以地區生命循環來代表這個因素，應該是很合理的。在共變數分析裡（見表 3-5.2），不論是環圈、扇面或二者的互動效果，都具顯著水準，但是解釋力均低。由於互動效果顯著，在控制扇面後，扇面內環圈與距離的關係增大，但還只是 8% 而已。三個扇面內因素分數與距離的相關達到統計顯著水準，而在二個距離與因素分數相關高的扇面，一個相關係數為正，另一卻是負。這多少意味著，地區的生命循環與距都會核心的距離沒有關聯。

　　從因素分數的村里分布（見圖 3-3），我們可以看到 2 公里範圍內綠色的部分較多，2 至 4 公里的環圈則紅色的分布較廣，再往外，則紅色的部分又增加，這不是一種直線的關係。再由各扇內五個環帶平均值的曲線變化來觀察（見表 3-5.2 及圖 3-3a）。分數高指的是，老舊的性質較強，所以各扇面自內而外形成的是倒 V 字的曲線。各扇的最內環的平均值都大於零，最低點都出現在第三或第四環；各扇的第五環，除了在扇面六略低於第四環外，平均因素分數都大於第四和第三環。平均因素分數最低的四個點，出現在第二、第三和第四扇的第三和第四環，三者的第四環的平均分數又低於第三環。這些環帶位於離臺中火車站 2 至 4 公里的大里和太平鄉境內。這兩個鄉的人口成長率，在 1970 年代

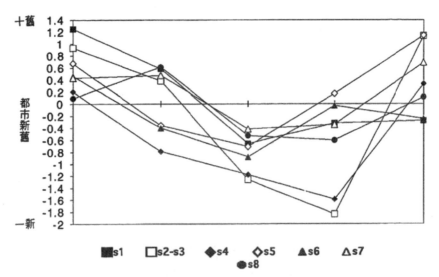

圖 3-3a　臺中都會區因素三（都市新舊）同心環與扇面分布關係圖

是全都會各鄉與區之中最高的。臺中都會 1970 年代的發展線是往太平和大里的方向。再看因素分數分布圖，東南半面 4 公里以內的紅色地帶，強於西北半面。若配合社經地位的分布狀況，我們可以說，1970 年代臺中都會往東南的方向，特別是往太平和大里方向，反映的是生產體力工作人員或二級行業人口擴張所形成的發展。在西北半面，則是第七和第八扇面接壤各里，和潭子方向的村里新興的性質較強。

這因素的分布模式所呈現的是，臺中都會迄 1970 年代底，其向外擴張，大致仍限於離臺中火車站 4 公里以內的範圍，同時往東南鄉區的發展強於往西北屯區的。至於 4 公里以外地區，由於新興的住宅、移入的人口都少，可以說是都會擴張尚未被波及的地區，因此與都市內二環地區呈現同樣的老舊性質。不過二者的老舊性質，截然不同，呈現人口密集與稀疏的對比。隨著都市的逐步擴大，新興地帶會往外再次擴張。

（四）因素四：商業取向

因素四解釋的變異量為 21.68%（見表 3-5.1），住宅混用比例、連棟式住宅比例、以及買賣工作人員的比例是三個負荷量最高的變項，均為正值。這是明顯的商業性質的反映，住商混用和連棟式住宅居多，也是與商業關聯的居住型態。另外負荷量 0.40 以上的依序為，小學以下教育程度（負值）、總生育率（負值）、專技與行政主管人員比例（正值）、大專以上教育人口比例（正值）以及單身戶比例（正值）。從這些負荷量偏高的變項來觀察，首先可以看到，商業取向高的地區，社會經濟地位亦顯示偏高的情形。其次在家庭狀態的變項上，只有單身戶比例顯示較高的負荷量，而老年人口比例則無，還可能意味正值就業狀態單身工作人口的情形。

以共變數分析（見表 3-5.2），環圈、扇面和二者的互動效果都具統計的顯著水準。但是環圈的解釋力特別高，在控制扇面之後，扇內環圈的解釋量高達 50%。再則每個扇面內距離與因素分數的相關係數都在 0.567 以上，皆為負值。換言之，離都市核心越近商業性質越強，反之越弱。因素分數的村里分布圖（見圖 3-4 及圖 3-4a），明顯呈現綠色集中於內環，而紅色擴散於外環的情形，而分數大於 2 以上的里，正是中區內由火車站沿中正路往西北的兩側地段。在 6 公里以外散見的綠色地段，應該是邊緣社區商業中心所在。

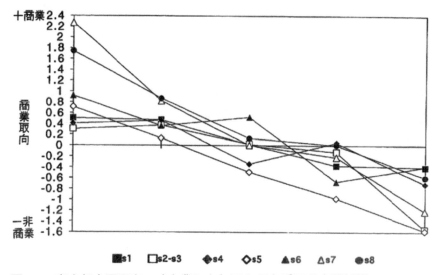

圖 3-4a　臺中都會區因素四（商業取向）同心環與扇面分布關係圖

第四章
臺南都會區的都市發展與內部結構

一、臺南都市發展簡史

　　臺南地區是臺灣最早為漢人開發的地區之一。自荷據、明鄭、清領、日據及至光復迄今，政權數度更迭，其重要性則由全臺的政經中心轉變為南部區域的中心（蕭百興，1990）。

　　1624（天啟4）年，荷蘭人據臺，1634（崇禎7）年以安平為門戶，於一鯤鯓築熱蘭遮城（民稱臺灣城，或紅毛城、安平城），臺灣街為當時最早的市街。1650（永曆4）年又於臺南內部沿海增築普羅民遮城（即赤崁樓），其市街是本島最早市街，當時的海岸線正在此城以西沿線。當時安平等七個沙洲，大小不一，與本島相連，是天然港口，中間即是臺江（村上直次郎，1974；石萬壽，1979；邱奕松，1981）。高拱乾《臺灣府志・卷一》（1697）稱安平一帶「港內寬衍，可泊千艘」。而據陳紹馨推估，當時赤崁及大員（即安平）之漢人約為34,000人（范勝雄，1979）。

　　1661（永曆15）年鄭成功渡鹿耳門港，登陸赤崁，驅逐荷人，建立第一個在臺漢人政權，改赤崁為東都明京，置承天府，轄天興、萬年兩縣，當時臺南不但是政治的中心，也是商業的中心，安平則是最繁盛的港口；鄭經以承天府為中心，劃東安、西定、寧南、鎮北四坊，鄉鄙劃分24里，首建新街（今民生路）、橫街（今永福路）（范勝雄，1983；楊裕富，1982）。明鄭末期，承天府人口據范勝雄估計約3萬至

6 萬之間（范勝雄，1979）。

　　1683（康熙 22）年清領臺灣後，置臺灣府，隸福建省，府署設於今臺南市，故臺南市有府城之稱。此後臺南府城漢人移民日眾，漸趨繁盛。雍正年間，臺南府城始建木柵，城市的輪廓粗定，1788（乾隆 53）年林爽文之亂後，始築土城。其後市街擴張，1835（道光 15）年更擴建西門外城，將西門外市集、民居悉行圍繞在內（石萬壽，1979）。赤崁以西的海岸線，自明鄭以來即一直向西推展，1823（道光 3）年 7月，臺灣發生一場大風雨，鹿耳門內海沙驟長，臺江陸浮，形成府城西外一大片海埔新生地，「瀰漫浩瀚之區，忽已水涸沙高，變成陸埔，漸有民人搭蓋草寮，居然魚市」，昔日大港，註定衰落的命運（范勝雄，1978；石萬壽，1979）。1875 年（光緒元年），臺南的市街已在百條以上，人口約 45,000 人，當時的最繁華地區仍屬安平及西區水仙宮附近（李碧娥，1971）。英人畢麒麟對同治年間府城的描述有：「……朝著城牆面海的方向望去，你可以看見一片廣大的城郊，公共市場就在那裡，那片地方雖然很污穢而可厭，但是依照中國一般的慣例，全城的商業都是在這個地方從事的。……」。范勝雄也歸納法人華特對光緒元年臺灣府城的描述，指出西郊（西外城）為工商業區，而主要街道兩旁則是帶形商業區；至於府城市街的發展，最初以大街[1]為中心，向東、西兩坊成長，尤以西定坊增加最快，占府城市街過半，至清代末期府城已有230 街之多（范勝雄，1979: 233-234）。其後臺灣經濟重心北移，臺灣建省（1885 年），置臺北、臺灣、臺南三府，行政中心在臺北，臺南也從全島中心的位置轉變為南部地區的區域中心。而打狗（今高雄）的重要性也逐漸提高（石萬壽，1980）。

　　日據時代置總督府於臺北，而安平港的日漸淤淺，雖嗣後以運河取代且不時疏濬，但臺南的對外貿易已漸趨冷落（石萬壽，1979）。日人占領後，毀城夷郭。1901 年臺南城改稱臺南市街，1909 年臺南市街改稱臺南市，為全臺第一個市。行政區域擴大及於永仁區部分及安平支廳

1　參照范勝雄（1979）註 28 及黃典權（1974）。大街即十字街，是大井頭街（荷據時期的普羅民遮街）、禾寮港街（赤崁街）、橫街（今民生路所截之南段忠義路）、嶺後街（今建國路西段、青年街以東全段）等相交形成的十字街。

四區（范勝雄，1979）；1908 年縱貫鐵路開通，為臺南的發展帶來新的生機，臺南的對外通渠遂由安平港轉移到火車站，市容也有所轉變，商業地帶向東移動，現在的民權路、民生路及與這兩條路成直角相交的忠義路、永福路一帶成為主要道路，而沿著聯外鐵、公路的區域也逐漸發展起來（《臺南市志・卷首》，1978: 28）。1910 年發布的臺南市區改正計畫和隨後幾次的都市計畫，將迂曲狹窄的市街拉直拓寬而成格子狀，也設計了幾個使市街呈向心集中的綠園，同時將都市計畫的範圍擴大到安平、文元寮、鄭子寮、虎尾寮、竹篙厝、四鯤鯓等周圍地帶（范勝雄，1979）。在鬧區附近，日本政府又為日本商人修了一條從民生綠園到連河的中正路，吸引日人做生意，延連臺南舊鬧區，後來中正路、西門路交叉口到運河一帶成為臺南最熱鬧的商業區（《臺南市志・卷首》，1978: 28）。日據時代中期以後，臺南人口也成長迅速，從 1920 年的 77,026 人，1931 年的 101,356 人，到 1943 年的 162,916 人，成長率在 2-4% 之間，二十四年間，成長一倍有餘，較同期全省平均成長率為高（《臺南市志・卷二》，1978: 31）。

　　除了人口的自然成長外，社會增加也同時並進，不過較不穩定，最高為 1940 年的 11.4%。其次，臺南由於早經開發，日據時代本籍人口比例頗高，均在 80% 以上，日本人約占全人口 15% 左右，不過已較全臺日人 6-7% 為高；同時市內人口的流動有限，人口的同質性也高。本市籍人口主要聚集在今西門圓環為中心的附近地區，如永樂町、西門町、本町、港町、高砂町等，即今的西區[2] 及中區的民族、民權、民生路一帶，包括安平在內，是當時人口最密集的地區。至於日本人較多的聚居地，如旭町（100%）、竹園町、綠町、大正町、三分子、壽町、錦町等，日人比例均在 30% 以上，集中於中區民生路以南的行政地帶和鐵路兩側，大約在今北區、東區之一部分，以及中區偏南部分。就區域人口分布而言，日據時代市郊和人口較少地區成長較速，各町村人口差距逐漸縮小，內外趨於均勻。而介於現今民生綠園、南門路和西門路之間的地區，則先後出現人口減少的現象，連結成一片人口

2　本文有關日據時代和光復以後街道名稱的對照主要參考黃天橫先生（1990）的文章，此處並對黃先生慷慨借原圖給我們參考，一併致謝。

衰退地帶，這裡是行政機構分布區、部隊駐紮區或日本人比例較多地區（《臺南市志‧卷二》，1978: 67-82；黃天橫，1990：附圖）。在人口產業結構上，日據時期臺南是以工業、商業及公務自由業為三大支柱，1920 年三者合占就業人口的 75.15%，而本省就業人口和本市就業人口的差異在於公務自由業，本省人口中公務自由業占 8.49%，本市就業人口中則占 16.87%，顯示該業以日本人為主。相反地，農業人口則以本籍人口為主，而人口的產業分布，1920 到 1930 年間，一級行業人口從 10.06% 到 7.01%，二級從 29.95% 到 30.25%，三級從 51.81% 到 57.91%，顯示一級行業重要性降低，二、三級行業提升的趨勢（《臺南市志‧卷二》，1978: 152-170）。

除了日據時期臺南市範圍的幾次擴大外，光復之後，1948 年又將臺南縣的安順鄉劃入臺南市，而合併後安南區面積占全市的五分之三，使臺南市面積擴大一倍有餘。至於都市計畫則仍沿用舊有者，將永康、仁德鄉劃入，而不包含安南區，為一跨縣市的都市計畫（范勝雄，1979）。至於人口成長則持續日據末期的漲勢，自然增加率 1952 年以前略高於臺灣全省，1952 年以後略低於臺灣全省，而社會增加在四十年間達 4% 左右，達最高峰，成長頗巨。除此之外，外省人口的大量移入，也改變本市人口的省籍結構，1948 年，本市外省人口僅占 2.85%，1949 年大陸失守，大批軍政人員及居民撤退，本市外省人口驟增到占全市人口 11.47%。1946 年時產業人口分布為一級產業占 42.79%，二級占 19.97%，三級占 31.79%，與日據時期頗為不同；就行業別計算，農牧業占 42.79%，製造業占 18.86%，商業占 17.77%，服務業占 11.58%（《臺南市志‧卷二》，1978），農牧業分量頗重，但主要是納入邊緣鄉村所致。若以 1920 年代的市行政區範圍而言，農牧業的比重應該仍低。

二、人口成長、人口移動與人口分布

自光復以來，臺南的人口也有相當成長，雖然 1948 年安南納入市區，市地擴充甚多，但主要建地及發展仍東向朝鐵公路所在地帶發展，

圖 4　臺南都會行政分區圖

高速公路完成後，都市向外擴張趨勢更明顯，另外購物圈及通勤圈的範
圍，也早已超出臺南市區，因此不能單以臺南市本身討論。配合人口密
度成長的資料，我們乃以臺南市西門路、中正路交叉口為中心點向外
約15公里的範圍所涵蓋的區域為臺南都會的範圍，最北僅及安南、永
康，往東往南則有臺南縣、高雄縣部分鄉鎮，除臺南市以外，還包含臺
南縣的永康、仁德、歸仁等鄉，及高雄縣的路竹、湖內、茄萣等鄉。這
個範圍內大致包含都市的密集核心地帶，以及人口稀疏的邊緣地區。我

們就以這個都會帶來看看人口增加及分布的狀況。

　　以我們所界定的臺南都會區而言，自 1950 年代以後，其人口一直持續成長（見表 4-2.1），1956 至 1961 年為 3.7%，1961 至 1971 年為 3.0%，1971 至 1976 年為 2.3%，1976 至 1980 年為 2.1%，1980 至 1986 年為 2.3%，其成長狀況先強勢後和緩，但都超過全省的 2.0% 的成長率。另外對都會區以外地區仍維持相當的吸力，1980 年臺南都會的社會增加為 0.88%，1986 年為 0.40%；至於中心都市也維持一定的水準，但逐漸下降中，1951 至 1956 年的社會增加為 0.76%，1957 至 1961 年為 0.67%，1962 至 1966 年為 0.68%，1967 至 1971 年為 0.84%，1980 年為 0.29%，1986 年則降為 0.02%，可見中心都市雖有吸力，但漸飽和的現況；而郊區的永康、仁德、歸仁到 1986 年對人口的吸力都遠超過中心都市的總和，1986 年臺南市淨遷移人口為 146 人，永康為 2,914 人，仁德 332 人，歸仁 1,250 人，可見遷入人口逐漸被吸引到都會的外圍地帶（《臺閩地區人口統計》；《臺南市志・卷二》，1978）。

　　以各分區而言，約呈現以下幾種人口成長模式。在日據時代人口總數在前五名的地區，如永樂町、安平、西門町、本町、港町等，即今西區、中區、安平區。這原是臺南開發最早的地帶，也是本省籍人口為主的居住區域（《臺南市志・卷二》，1978: 71）。它們在光復初期就呈現人口飽和的現象，儘管在 1950、1960 年代仍有正的成長，但均較全都會的平均成長率為低，例如 1952 至 1956 年全都會的成長率為 6.6%，中區卻僅 0.4%，西區 1.5%，安平 2.4%；1961 至 1966 年全都會成長率為 3.1%，中區為 0.5%，西區 2.7%，安平 1.7%。中、西區在 1970 年代以後，儘管全都會區仍維持 2.0% 以上人口成長，但核心區已開始負的成長，且成長率在 -2.0% 到 -4.0% 之間，中區在 1971 至 1976 年間 -2.4%，1976 至 1980 年為 -2.9%；西區 1971 至 1976 年為 -2.4%，1976 至 1980 年更達 -3.6%，與一般值差距均在 5.0% 上下，相當可觀。不過 1980 至 1986 年中區的人口又有正的成長，為 8.2%，且成長率為全都會最高者，值得考量是資料的問題或核心的復甦。1980 年代開始安平人口開始負的成長，而中、西區的人口減少較趨和緩。總的

表 4-2.1　臺南都會區人口成長率（年平均），1952-1986 年

地區	成長率（％）	1952	1956	1961	1966	1971	1976	1980	1986
東區	全區人口	-	6.6	6.9	6.6	5.3	4.6	2.9	-0.6
	外省人口	-	8.1	6.3	8.3	4.0	1.3	-1.8	-3.7
	本省人口	-	5.9	7.2	5.7	6.1	6.0	4.6	0.2
南區	全區人口	-	5.0	2.9	3.7	3.7	3.5	4.2	3.5
	外省人口	-	9.3	3.5	6.1	2.1	-0.7	-0.5	1.4
	本省人口	-	4.0	2.8	3.0	4.1	4.6	5.1	3.8
西區	全區人口	-	1.5	3.0	2.7	1.3	-2.4	-3.6	-1.8
	外省人口	-	-2.1	2.1	2.6	0.4	-4.4	-7.0	-0.8
	本省人口	-	1.7	3.0	2.7	1.4	-2.3	-3.4	-1.8
北區	全區人口	-	8.5	7.2	4.6	4.7	3.4	1.6	-0.2
	外省人口	-	24.7	12.6	3.6	2.8	-1.3	-0.9	-2.5
	本省人口	-	5.4	5.2	5.0	5.5	4.8	2.2	0.3
中區	全區人口	-	0.4	1.0	0.5	0.1	-2.4	-2.9	8.2
	外省人口	-	-2.2	1.1	-0.8	-0.7	-5.6	-4.7	15.4
	本省人口	-	0.7	1.0	0.6	0.1	-2.1	-2.8	7.5
安南區	全區人口	-	2.3	2.7	2.1	1.4	2.0	6.2	4.4
	外省人口	-	5.9	7.7	6.6	6.2	6.4	8.4	9.5
	本省人口	-	2.2	2.6	2.0	1.3	1.9	6.1	4.2
安平區	全區人口	-	2.4	2.6	1.7	2.1	1.2	1.5	-1.1
	外省人口	-	4.9	2.3	0.3	1.5	-0.6	-1.1	-3.3
	本省人口	-	1.6	2.7	2.1	2.2	1.7	2.1	-0.7
仁德鄉	全區人口	-	1.9	3.6	2.9	3.0	2.5	-1.7	4.7
	外省人口	-	1.3	13.3	4.1	6.2	1.3	1.2	-2.5
	本省人口	-	1.9	2.2	2.6	2.2	7.1	-7.7	6.3
歸仁鄉	全區人口	-	2.2	2.1	1.3	1.5	1.5	5.0	4.8
	外省人口	-	5.7	11.1	8.3	10.2	5.2	18.1	6.2
	本省人口	-	2.2	2.0	1.2	1.3	1.4	4.5	4.7
永康鄉	全區人口	-	2.1	4.6	4.2	4.8	5.4	3.9	5.6
	外省人口	-	4.1	27.3	13.0	8.7	4.0	-0.6	4.1
	本省人口	-	2.0	2.4	2.1	3.5	5.9	5.3	6.0
路竹鄉	全區人口	-	-	3.2	2.0	2.5	2.0	1.3	1.0
	外省人口	-	-	12.5	6.4	7.5	2.5	1.3	-0.1
	本省人口	-	-	3.1	2.0	2.4	2.0	1.3	1.0
湖內鄉	全區人口	-	-	2.0	0.8	1.8	1.9	2.8	0.4
	外省人口	-	-	13.4	9.0	9.8	4.9	12.0	-3.0
	本省人口	-	-	1.9	0.7	1.7	1.8	2.5	0.5
茄萣鄉	全區人口	-	-	2.9	1.7	2.1	1.4	0.5	0.2
	外省人口	-	-	6.1	-1.1	6.0	0.2	-1.5	-4.2
	本省人口	-	-	2.8	1.8	2.0	1.4	0.6	0.4
總計	全區人口	-	6.6	3.7	3.1	3.0	2.3	2.1	2.3
	外省人口	-	8.4	8.0	5.6	3.8	-1.0	1.2	0.1
	本省人口	-	6.4	3.1	2.7	2.8	2.9	2.2	2.6

資料來源：依各年度臺南縣市統計要覽整理

來說，舊核心區從 1970 年代以降，人口就已移出大於移入了。1971年，三區人口計 144,383 人，1976 年降至 131,072 人，1980 年更降至118,179 人，1986 年為 136,574 人；若以其占都會區的人口比重來看，更是每下愈況，由 1952 年的 34.8%，到 1961 年的 24.5%，到 1971 年的 20.7%，到 1986 年的 14.0%，顯示整體的成長逐漸拉低了舊核心區的重要性。

　　東區、北區呈現另一種成長模式。這兩個地區自光復以來就一直表現強勢的人口成長，其在 1950、1960、1970 年代的成長都高出一般值甚多，例如 1952 至 1956 年，全都會平均成長 6.6%，東區為6.6%，北區為 8.5%；1956 至 1961 年全都會為 3.7%，東區為 6.9%，北區為 7.2%；1961 至 1966 年全都會為 3.1%，東區為 6.6%，北區為4.6%。1970 年代末其成長已成強弩之末，到 1980 年代這兩個的區域也出現負的成長，1980 至 1986 年東區為 -0.6%，北區為 -0.2%。在人口比重上，這兩區的重要性也愈見增強，由 1952 年占都會區總人口的18.9%，到 1980 年的 32.4%，因此是先強後弱的成長模式，晚近出現負成長。都會區再往外，是南區、安南區、永康、仁德、歸仁鄉，這些地區一直保持成長的趨勢，但有先後之別。當東、北區在 1950 年代開始快速成長時，相對而言，這些地區還是溫和成長，而後永康自 1950年代後半開始成長超過一般值，持續在 4.0% 以上，南區則在 1960 年以後快速成長，不過仍屬和緩，遲至 1970 年代後半，安南區、仁德、歸仁才加快成長的速度，而成長率大多在 4.0% 以上，包含前述南區、永康，這些區域到 1980 年代前半仍維持高成長，是都會區持續擴張的部分。都會區的再外圍，路竹、湖內、茄萣三鄉，則一直是成長緩慢，其成長速度也一直都低於一般值，但均為正的成長，1980 至 1986 年全都會的成長為 2.3%，但路竹僅 1.0%，湖內 0.4%，茄萣 0.2%，每況愈下，是都會的最邊陲區域。

　　綜合來看，臺南最早發展的中、西、安平等區，自光復初期以來人口已達飽和，1970 年代以降更有相當的負成長，是人口減少的地區；而東區、北區則光復以後一直都以頗快的速度成長，到 1980 年代以後才顯出疲態，轉為負成長；都會的再外圍的幾個區域的人口成長則有先後之別，南區、永康自 1950 年代後半也趨成長，但相對於東、北區則較溫和，而其重要性在 1970 年代後半以後，才與安南、仁德、歸仁等地區一同浮現，不過在此之前，後三區的成長率都只接近一般值而已；至於路竹、湖內、茄萣雖也有成長，但均低於一般值，是都會的極邊陲地帶。據此，臺南都會區的人口成長是以舊市區為核心，向聯外幹道的縱貫鐵公路、高速公路等而向東、向北、向南逐漸擴散，先是東區、北區，繼則永康、南區，再來是安南、仁德、歸仁等地，而舊核心則呈停滯甚至衰退之勢。

表 4-2.2　臺南都會區平均人口密度依同心環、扇面分

	同心環一	同心環二	同心環三	同心環四	同心環五	同心環 6,7,8	合計
扇面一	44257.63	28896.40	2162.79	512.80	779.48	484.44	1186.06
扇面二	30650.23	18414.41	13772.61	3490.77	1352.62	437.95	3373.79
扇面三	26299.68	14380.83	12962.34	4180.38	1883.15	1027.74	4022.11
扇面四	19794.58	25429.49	7016.29	2710.93	1282.82	703.18	1901.50
扇面五	45035.50	13014.32	2919.91	3219.48	1241.91	1138.59	1563.23
扇面六	68276.85	37777.93	2317.01	1197.96	3420.24	-	4849.19
扇面七	18280.46	-	1521.95	2475.96	-	-	2544.64
總　計	32467.05	20047.60	4816.39	2297.68	1315.54	850.80	2111.50

資料來源：1980 年臺閩地區戶口及住宅普查報告書

　　臺南都會區外緣人口成長的優勢，加上核心地區的緩滯和衰退，使得內外人口密度的差距縮小。核心區與邊緣區的疏密持續下降，臺南都會人口最密的地區為中區，而最疏者為安南區，其人口密度之比值由 1952 年的 1：95，到 1961 年的 1：79，到 1971 年的 1：78，1980 年的 1：39，到 1986 年的 1：22，差距逐漸縮小。不過資料中我們仍發現人口密集的現象。如我們以西門路、中正路路口為中心，畫成由內而外的八個同心環和扇面（見表 4-2.2），可以發現除了扇面四的第二環較第一環密度更高外，其他各扇均以第一環的密度最高，而逐漸向外遞減。所以一般而言都會核心周圍 1 公里的區域是人口最密集的地區，而第二環與第一環的差距則每平方公里在萬人以上，第三環人口密度更是陡降，與第二環的密度差距在四倍以上，以都會平均密度言，第一環為

每平方公里 32,467 人，第二環為 20,487 人，第三環則降為 4,816 人，第四環 2,297 人，之後各環密度差距才比較和緩，但三、四環平均也差一倍以上。可見臺南都會區域間的人口差距雖有縮小，但人口密集的狀況仍然存在，市中心 1 公里內是人口最密集處，到 2 公里處又有極大落差，之後才趨和緩。另外就擴散的方向來看，第三、四、五環在扇面二、三、四的密度分布均較一般值為高，而這些區域正是北區、東區、永康、仁德等成長較快速的地區；至於扇面五、六、七在環圈三、四、五之間會產生密度先低後高的起伏，可能是都會擴張地帶與傳統聚落所在之間的緩衝地帶造成，都會擴張尚未及於此區。

然而外省、與本省人口的成長，在不同時期有不同的重要性（見表 4-2.1）。1952 年時外省人口占都會區人口約十分之一強，到 1971 年時已達七分之一強，在 1950 到 1970 年代間，外省人口成長的速度都較一般值為高，之後出現停滯或負成長現象；至於本省人口，也一直維持相當的成長，但較外省人口略遜，不過其人口絕對數值都較外省人口高出數倍，到 1970 年代以後，主要成長乃本省人口造成者，由於比例的差距，臺南都會人口的成長，外省人口的效果仍屬有限。至於各區各籍的人口分布，在省籍一節再細作分析。

光復以後臺南仍吸引人口移入，成為社會增加。臺南都會區人口流動的情形我們以 1980 年代的人口移動的資料來觀察（見表 4-2.3）。基本上，臺南都會的移入人口仍以南部區域為主，各年度均占三分之二上下，而其中又以臺南縣、高雄縣市為主，以 1987 年為例，高雄縣市合占 26%，臺南縣則占 34%，三者是移入人口的主要來源。其次則來自北部、中部，1988 年以前大致是北部多於中部，前者占 20% 上下；1989 年則是中部為多，占 22.44%，這些地區，1980 年初期以臺北市，1989 年以臺中市為最多。至於都會區移出的人口，則多往南部和北部遷移，北部往往較南部更多，達到遷出人口的一半以上，其中以臺北市為多，北縣次之；移往南部他縣市者，則以高雄市、高雄縣、臺南縣為多；中部地區則以臺中市為多。因此本都會 1980 年代移入人口來源以南部區域最重要，其中又以鄰近的臺南縣、高雄縣市為主，占三分之二以上。而移出人口的目的地則為北中南的大都會為主，鄰近的臺南縣亦占一部分，但不以南都為主。

表 4-2.3　臺南市移入人口來源地與移出人口目的地，1980-1989 年

	移入人口來源地						移出人口目的地					
	1980	1981	1982	1987	1988	1989	1980	1981	1982	1987	1988	1989
總　計	100.00	100.00	100.00	100.00	100.00	100.00	100.00	100.00	100.00	100.00	100.00	100.00
北　部	15.46	28.29	20.76	16.13	20.72	5.96	27.56	53.84	55.83	39.68	54.56	55.10
臺北市	13.35	21.05	12.55	8.60	8.77	3.10	16.79	37.09	41.55	18.73	29.51	39.09
基隆市	1.31	0.73	-	1.04	-	-	-	-	-	-	-	2.37
臺北縣	0.36	3.76	6.65	3.46	8.11	0.44	6.84	13.72	14.28	8.04	13.62	3.32
宜蘭縣	-	0.66	-	-	-	0.75	-	-	-	-	4.18	2.93
桃園縣	0.44	2.17	1.56	1.38	1.69	1.66	3.92	3.03	-	10.38	2.89	4.89
新竹縣	-	-	-	1.66	2.15	-	-	-	-	2.53	4.36	2.52
中　部	14.43	7.71	10.75	14.89	8.60	22.44	13.38	11.68	21.70	12.48	6.88	12.89
臺中市	2.15	3.39	0.43	8.33	4.44	11.16	9.17	11.68	12.35	12.48	5.31	9.28
苗栗縣	-	-	-	-	1.58	-	-	-	-	-	-	-
臺中縣	-	2.26	6.58	-	-	-	-	-	7.72	-	-	2.60
彰化縣	9.72	0.42	1.46	5.81	1.15	9.33	4.20	-	0.97	-	-	-
南投縣	0.79	-	1.28	-	-	-	-	-	-	-	-	1.00
雲林縣	1.78	1.64	1.00	0.74	1.44	1.94	-	-	0.66	-	1.57	-
南　部	70.10	62.97	67.67	68.85	70.68	71.20	55.56	34.48	21.95	44.62	36.58	32.01
高雄市	20.17	14.06	12.25	9.42	20.77	11.60	31.45	4.74	2.81	6.95	18.26	3.87
嘉義縣	5.64	6.04	3.53	2.90	3.92	3.40	-	7.96	1.77	3.08	0.33	1.83
臺南縣	23.72	27.37	28.65	33.90	30.54	26.95	17.93	9.27	8.12	23.23	8.45	16.92
高雄縣	16.74	12.50	19.74	16.54	10.22	25.28	5.57	10.81	9.26	9.53	8.68	9.30
屏東縣	3.55	2.40	2.85	5.42	4.99	3.82	0.61	1.70	-	0.92	0.86	-
澎湖縣	0.28	0.59	0.65	0.67	0.23	0.16	-	-	-	0.90	-	0.10
東　部	-	1.03	0.82	0.13	-	0.40	3.51	-	0.53	3.23	1.99	-
臺東縣	-	1.03	0.82	-	-	-	-	-	-	-	1.81	-
花蓮縣	-	-	-	0.13	-	0.40	3.51	-	0.53	3.23	0.18	-

資料來源：中華民國臺灣地區國內遷徙調查報告

附註：新竹市、嘉義市升格後資料併入新竹縣、嘉義縣計算

三、產業結構與變遷

　　臺南都會區在光復之初，工商產業結構是以商業、製造業及服務業為主的地區。依據 1954 年的工商普查的資料（見表 4-3.1），其中商業、服務業的場所單位占 60% 以上，而製造業僅占三分之一強，可見是以三級產業單位為主的地區。但是由於製造業的規模大於商業和服務業，所以各業員工數的多寡尚待勘定，1960 年代以後的資料是以員工數計算，已無此問題。另外工商普查本身並未包含農牧等一級產業和政府或公共服務部門的數據，所以我們暫以都會人口的行業組成來推論臺南都會在 1950 年代的產業結構。1956 年的人口普查資料經過整理得出，臺南都會區一級行業人口 49,241 人，占 41.5%，二級行業 27,041 人，占 22.79%，三級行業 42,078 人，占 35.46%，顯示當時都會區內農牧人口的比重甚高，超過二級或三級行業人口。而二、三級行業人口的差距亦不似產業單位資料上所呈現的懸殊。如果細查是否臺南市擁有較強的二、三級行業比例時，臺南市志的資料顯示日據時代中期（1930 年）臺南市是以工、商、公務自由業為主，占 75.15%，農業人口僅 5.47%，但由於逐漸併入周圍的農業地帶，尤其是光復後併入安南，一級行業人口比重遽升，依光復後（1946 年）的資料顯示當時一級行業人口占 42.79%，製造業占 18.86%，商業、服務業合占 29.35%，其中安南區的農業人口就占全市該人口的 59%。臺南市農業性質如此的提高，很大部分是加入安南區的結果。不過 1950 年代整個都會人口的行業組成，與日據時期相較，大體未變，農牧業人口仍占相當的比重。

　　1960 年代，由於都會人口的快速擴張，就業人口也有所成長（見表 4-3.1），從 1956 年的 118,653 人增加到 1966 年 183,097 人，僅臺南市各區的就業人數就已超過 1956 年都會就業人口總數。而 1966 年人口普查資料顯示，一級行業人口不增反減，有 43,958 人，占 24%，較 1956 年減少 5,000 餘人，而此時三級行業人口隨就業人口擴張而迅速取得優勢，有 87,852 人，所占比例提高為 47.98%，而於政府或公務部門服務者應包含在前述三級行業中，估計應穩定維持在 10% 上下，估計約 18,000 人。1980 年的人口普查資料顯示就業人口更形成長，達

表 4.3.1　臺南都會區產業結構，1954、1971、1981、1986 年

地區	係數	1954 礦土	製造	營造	商業	服務	合計	1971 礦土	製造	營造	商業	服務	合計	1981 礦土	製造	營造	商業	服務	合計	1986 礦土	製造	營造	商業	服務	合計
東區	%	0	6.82	5.31	7.21	5.45	6.72	0	19.08	8.45	10.10	8.37	15.30	0	12.25	22.96	16.68	15.53	14.00	2.51	7.96	25.38	14.54	10.53	10.17
	Q	0	101	79	107	81	486	0	125	121	66	55	18995	0	88	164	119	111	31052	25	78	250	143	104	27653
	CI	0	80	62	84	64	78	0	130	125	69	57	104	0	73	136	99	92	83	18	56	177	101	74	71
南區	%	0	3.76	6.19	2.65	4.34	3.42	15.2	8.95	6.00	3.04	8.84	7.92	14.12	13.17	7.40	10.82	14.50	12.58	0	16.73	9.15	10.79	11.05	14.60
	Q	0	110	181	78	127	247	192	113	76	38	112	9836	112	105	59	86	115	27905	0	115	63	74	76	39705
	CI	0	39	65	28	45	36	149	88	59	30	87	78	117	111	62	91	122	106	0	132	72	85	87	115
西區	%	0	28.56	15.93	30.19	26.68	28.73	0	9.87	7.84	23.05	17.47	13.14	0	3.85	1.49	16.89	11.55	7.07	4.84	3.06	3.14	14.63	11.6	6.22
	Q	0	99	55	105	93	2077	0	75	60	175	133	16304	0	54	21	239	163	15681	78	49	50	235	187	16910
	CI	0	223	124	236	108	224	0	90	72	211	160	120	0	61	24	267	183	112	89	56	58	269	213	114
北區	%	0	12.38	15.04	7.21	7.34	9.30	0	12.85	17.25	10.54	10.06	12.03	0.97	7.47	26.17	16.58	19.40	11.61	0.97	6.64	8.42	17.44	16.1	9.84
	Q	0	133	162	78	79	672	0	107	143	88	84	14937	10	64	225	143	163	25751	10	67	86	177	164	26760
	CI	0	131	159	76	77	98	0	87	116	71	68	81	7	50	176	112	131	78	7	50	64	132	122	75
中區	%	0	29.00	43.36	34.12	23.91	30.54	0	4.06	19.32	32.21	25.24	13.39	0.89	2.39	18.76	17.01	19.08	8.12	1.16	1.80	27.21	18.32	29.87	9.39
	Q	0	95	142	112	78	2208	0	30	144	240	188	16624	0	29	231	209	244	18023	12	19	290	195	318	25555
	CI	0	252	377	297	208	266	0	55	263	439	344	183	19	51	403	365	425	174	17	27	402	271	441	139
安南區	%	0	3.32	4.42	4.15	6.95	4.33	28.13	3.72	14.94	3.47	3.22	4.58	50.61	9.74	4.11	4.90	3.50	7.99	60.74	10.34	4.50	4.48	2.65	8.16
	Q	0	77	102	96	160	313	614	81	326	76	70	5690	633	122	51	61	44	17736	744	127	55	55	33	22203
	CI	0	30	40	37	62	39	306	40	162	38	35	50	453	87	37	44	31	71	499	85	37	37	22	67
安平區	%	50.00	1.88	0	1.76	1.89	1.81	23.80	0.72	0.75	0.89	0.60	1.05	0	1.64	0.51	0.94	0.99	1.36	0	1.08	0.29	1.67	1.13	1.15
	Q	2759	104	0	97	105	131	2276	69	72	85	58	1298	0	121	37	69	73	3016	0	93	26	145	98	3138
	CI	1698	64	0	60	64	61	976	30	31	37	25	43	0	75	23	43	46	63	0	59	16	91	61	62
仁德鄉	%	0	1.92	1.77	1.44	3.71	2.02	0	16.52	2.61	4.73	1.81	10.78	0	15.68	2.13	3.41	2.62	10.97	0	16.76	3.86	3.79	3.23	12.15
	Q	0	95	88	71	184	146	0	153	24	44	17	13378	0	143	17	31	24	24331	0	138	32	31	27	33049
	CI	0	32	30	24	62	34	0	290	46	83	32	189	0	261	35	57	44	183	0	292	67	66	56	212

表 4-3.1　臺南都會區產業結構，1954、1971、1981、1986 年（續）

地區	係數	1954						1971						1981						1986					
		礦土	製造	營造	商業	服務	合計	礦土	製造	營造	商業	服務	合計	礦土	製造	營造	商業	服務	合計	礦土	製造	營造	商業	服務	合計
關廟鄉	%	0	2.73	0.88	2.90	4.18	3.03	0	2.48	2.72	1.73	14.83	4.74	0	4.81	4.23	2.03	0.99	3.76	0	5.04	3.42	1.85	1.48	3.94
	Q	0	90	29	96	138	219	0	52	57	36	313	5886	0	128	112	54	26	8349	0	128	87	47	38	10711
	CI	0	47	15	50	71	52	0	56	62	39	336	107	0	100	88	42	21	79	0	91	62	33	27	71
永康鄉	%	0	2.84	3.54	1.85	4.58	2.73	0	14.20	3.25	4.58	3.94	9.87	0	20.52	3.83	5.80	5.52	14.92	0	23.73	10.26	7.54	6.03	17.97
	Q	0	104	130	68	168	197	0	144	33	46	40	12251	0	138	26	39	27	33089	0	132	57	42	34	48887
	CI	0	47	58	30	75	45	0	196	45	63	54	136	0	220	41	62	59	160	0	214	92	68	54	162
歸仁鄉	%	50.00	3.21	0.88	2.87	4.10	3.20	31.56	5.64	1.46	2.38	3.78	4.45		5.08	1.27	2.20	3.54	4.29	27.79	4.16	2.08	2.31	4.31	3.82
	Q	1565	100	28	90	128	231	735	127	33	54	85	5524		118	29	51	83	9523	781	109	54	60	113	10378
	CI	760	49	13	44	62	49	582	98	25	41	65	77		94	23	41	65	79	583	81	41	45	84	75
湖內鄉	%	0	1.95	1.77	1.63	3.55	2.09	0	1.54	5.36	1.35	1.07	1.62	2.82	2.82	1.62	1.68	1.14	2.34	0	2.36	2.04	1.38	0.88	1.98
	Q	0	93	85	78	170	151	0	95	330	83	66	2017	121	121	69	72	49	5180	0	119	103	70	44	5384
	CI	0	85	45	41	90	53	0	53	184	46	37	56	121	69		98	39	81	0	90	78	53	34	75
茄萣鄉	%	50.00	1.66	0.88	2.01	3.31	2.09	32.87	0.36	0.04	1.94	0.77	1.12		0.60	5.53	1.08	0.90	0.99	0	0.36	0.23	1.27	1.14	0.62
	Q		79	42	96	159	151	2945	33	4	174	69	1385		60	557	109	91	2204	0	59	38	206	185	1681
	CI		30	16	36	60	38	764	8	1	45	18	26			150		24	27	0	11		37	33	18
總計	N	2	2,714	113	3,133	1,267	7,229	1,710	71,670	7,345	19,296	24,104	124,125	1,239	140,020	12,172	41,404	27,005	221,840	517	176,961	11,213	48,268	35,055	272,014
	%	0.03	37.54	1.56	43.34	17.53	100.00	1.38	57.74	5.92	15.55	19.42	100.00	0.56	63.12	5.49	18.66	12.17	100.00	0.19	65.06	4.12	17.74	12.89	100.00

資料來源：1954 年臺灣省工商普查初步報告，資料以場所單位計算
　　　　　1971、1981、1986 年臺閩地區工商普查，以員工數資料計算
　　　　　各年度臺南市統計要覽
　　　　　各年度臺南縣統計要覽
　　　　　各年度高雄縣統計要覽

附註：各鄉鎮市區「合計」欄第二項係該區總單位數（1954 年）或總員工數

301,419 人，而一級產業人口更降低至 12.60%，僅 37,994 人，二級產業則超過了三級產業，前者 133,902 人，占 44.42%，三級有 129,523 人，占 42.97%，政府或公務機構人口應約 3 萬人左右。觀察 1971、1981、1986 年的工商普查資料，製造、營造等二級產業的員工數占全部工商產業的員工比重都一直增加，從 1971 年的 63.66%，到 1981 年的 68.61%，1986 年的 69.18%。以 1981 年的資料，加上 1980 年農牧人口（以 38,000 人計）和政府部門工作人口 30,000 人，估計 1980 年約有 289,840 人就業，而當時二級行業的員工數有 152,192 人，占全體52.51%，其產業優勢是顯而易見的。

　　就分區來看，都會舊核心的中、西區是開發最早的鬧區，從 1954 年的工商普查資料觀察，這兩個地區的產業結構也近似，除營造業在中區所占比例特別高外，製造業、商業、服務業的比重都相近，而兩區合計的比重都占全都會區的一半以上，製造業 57.56%，營造業 59.29%，商業 64.31%，服務業 50.59%，是全都會的工商重心。1971 年的資料以產業員工數計，西、中區在製造業、營造業的比重大幅跌落，製造業已不如東區、北區、永康、仁德等地，營造業也漸為東、北、安南等區趕上，至於商業、服務業在這兩區的優勢地位仍然保持。1980 年代，西區在製造、營造、服務等業的集中度下降，除商業外，各業員工數也減少；中區則除服務業人數減少外，其他各業比重雖降，但員工數仍略增加，呈現衰退的現象。1986 年西區仍維持穩定，服務業反有略升的跡象；而中區除製造業外，其他產業的比重都提高，營造業從18.76% 提高到 27.21%，商業從 17.01% 到 18.32%，服務業更從 19.8%到 29.87%，呈現復甦的現象，而原本中、西區平行發展的情勢轉變成中區蓬勃的現象，尤其是在三級行業上，中區是市政府所在，金融服務業重心，文化古蹟亦盛，其復甦的強度有待持續觀察。這個發展佐證了核心東向發展的趨勢，由西區延伸向東的商業、服務業，仍占都會區相當比重，二級產業比重則持續下降。

　　儘管中、西區仍維持在三級產業上的重要性，但隨著都會人口的擴張，各產業也都向外擴散。先是製造業的向外擴散，東區、北區、南區、仁德、永康等核心的鄰近且靠近交通要道的地區，重要性漸漸提高。先是東、北、南三區在 1970 年代時，製造業共占都會區的 40.88%，仁德、永康合占 30.72%，共占都會製造業的三分之二以上；1981 年時，永康、仁德在製造業的重要性已超出前三區，占 36.2%，而前三區為 32.89%，其中永康更占都會製造業員工的五分之一強；1986 年時，這種趨勢更強。仁德、永康占 40.49%，前三區僅 31.55%，此時安南區也已超過一成，可見製造業是一波波擴散出來。其次則是商業、服務業的擴散，在中區、西區持平的狀況下，1971 年時，東區、北區商業、服務業先成長起來，合計約占 20.0% 上下；到 1981 年時更見成長，而此時南區也已擴及，三區總和比重已超過核心兩區，商業占 44.08%，超過核心的 33.9%；服務業占 49.43%，超過核心的 31.35%；不過到 1986 年時，核心區在服務業有所復甦，占 41.47%，鄰邊三區的重要性乃降至 37.68%，其員工人數除北區仍有增加外，東、南區都衰退。而雖然核心二區及鄰近三區的重要性仍高，商業、服務業合計都占都會區的七成以上，但重要性卻有略降的趨勢，不過此二行業仍未有明顯向外擴散的現象。

從區位商數來看，製造業中，早期製造業的中心——中區、西區，其製造業指數都不斷下降，顯示集中現象的降低，而東區、北區也先高後低，可見其集中度也下降，南區持平，其周圍的地帶，除了安平、茄萣之外，製造業的商數都上升到 100 以上；相對地，舊核心區的商業、服務業集中度仍高，顯示其重要性，而東區、南區等製造業先升後降的地區，服務業、商業的集中度也逐步提升。若以 C1 指數觀察，則前述現象較局部：南區、仁德、永康在製造業的指數均上升，中、西、北區則持續下降，相反地，此三區在商業、服務業上的集中度加強或持續集中優勢卻很明顯。

由以上的整理和分析可知，整體而言，臺南都會區就業量有相當擴充，但一級產業人口卻降低極速，主要的成長在二、三級產業人口。1960 年代，三級產業比重成長迅速，二級產業大致持平，但 1970 年代以後，二級產業比重已超過三級產業，也超過全就業人口的一半以上。製造業則由都會核心向外擴散，不過製造業在核心區並非撤出，而是由於東向的市區或鄉區製造業的發展更快，超過了原來核心的優勢地位，南區、永康、仁德的比重也超過了東區、北區；商業、服務業也有明顯的擴散現象，不過尚未及於鄉區，且 1980 年代中期，舊核心的服務業有復甦成長的跡象。至於各分區或鄉的產業集中度，以舊核心及周圍的東、北區是以商業、服務業為重，而南區、永康、仁德則以製造業為要，相對更見集中。最後，就製造業的規模言（見表 4-3.2），仁德、永康、歸仁、路竹等鄉區較核心區及核心市區的平均規模更大，不過東區、仁德近年也有類似臺中規模漸小的現象。東區由 1971 年的 27.3 人，到 1986 年的 14 人；仁德由 58.9 人，到 1986 年的 28.5 人，縮小近半，其意義猶待推敲。

表 4-3.2 臺南都會區各區各業平均單位員工數，1971、1976、1981、1986 年

地　　區	製造				買賣				服務				總計			
	1971	1976	1981	1986	1971	1976	1981	1986	1971	1976	1981	1986	1971	1976	1981	1986
東　區	27.3	18.3	15.3	14.0	2.4	2.6	2.0	2.5	-	3.2	4.1	2.8	10.6	7.0	6.9	5.7
南　區	29.2	15.0	22.3	25.4	1.8	2.8	3.4	2.6	-	3.8	4.0	3.4	13.7	7.0	10.5	10.2
西　區	9.5	7.5	6.9	7.4	2.6	2.8	2.7	2.3	-	4.0	4.2	2.8	5.2	4.3	3.9	3.7
北　區	11.9	6.8	6.3	7.8	2.3	3.3	2.9	2.6	-	4.4	3.8	3.5	7.2	4.9	5.3	4.5
中　區	8.1	10.0	13.5	9.9	3.8	4.0	3.4	3.4	-	6.0	6.1	6.3	6.2	5.2	5.9	6.4
安南區	15.1	16.5	11.3	10.7	1.9	1.8	1.9	1.8	-	3.3	3.0	2.3	8.4	8.5	7.0	6.6
安平區	6.7	14.8	12.8	12.9	2.2	3.9	2.2	1.8	-	11.7	6.0	6.4	6.9	10.2	7.4	4.8
仁德鄉	58.9	51.2	31.0	28.5	3.3	1.6	1.8	2.0	-	2.3	2.3	3.3	19.6	17.0	13.7	14.4
歸仁鄉	18.2	39.7	26.0	24.9	1.4	1.9	1.7	1.8	-	3.1	2.2	2.2	13.3	10.8	9.4	10.2
永康鄉	29.5	26.4	24.6	23.5	1.8	2.0	2.3	2.3	-	3.0	3.9	3.9	11.0	13.0	12.9	12.7
路竹鄉	37.8	39.8	35.7	30.9	1.5	1.5	1.5	1.8	-	2.7	2.7	3.1	9.2	10.9	9.6	9.4
湖內鄉	11.0	29.1	4.5	21.7	1.5	2.1	1.8	2.0	-	2.1	1.9	1.6	5.2	7.5	7.3	7.7
茄萣鄉	6.3	6.7	8.7	7.1	1.9	2.4	1.8	2.0	-	2.5	4.7	3.9	4.5	3.0	5.5	3.4
總　計	18.8	16.6	16.2	17.2	2.6	2.8	2.7	2.4	-	3.9	4.1	3.7	8.4	5.6	7.6	7.4

資料來源：1971、1976、1981、1986 年臺閩地區工商普查報告
附註：1971 年資料服務業未單獨計算，而併入其他項內，故無法列於表中

四、人口組成特質

（一）年齡、性比例與籍別

在年齡組成方面，臺南都會區與其他都會區的趨勢一致（見表

4-4.1a），0-14 歲的幼年人口比例持續下降，從 1956 年 44.46% 降為 1990 年的 28.04%，而相對提高的則是壯年及 50 歲以上人口，15-49 歲人口由 1956 年的 46.66% 增加為 1990 年的 56.10%，而同期 50 歲以上人口則由 8.88% 提升為 15.86%，成長比重最大。不過就絕對數字而言，幼年人口仍見增加，從 1956 年的 188,690 人增至 1990 年的 291,139 人，增加一半以上，至於壯年人口則由 1956 年的 198,059 人增至 1990 年的 582,393 人，成長近三倍，50 歲以上人口由 37,695 人增加到 164,647 人，成長四成強，60 歲以上人口成長更達五倍以上。顯示醫藥衛生進步，而致老年人口持續增加，與全省發展方向一致。至於各分區和各鄉的發展幾乎都與全都會的發展一致，沒有區域的差別。

表 4-4.1a 臺南都會區年齡組成與性比例（SR），1956、1966、1980、1990 年

地區	年別	0-14 歲		15-49 歲		50 歲以上		60 歲以上		總計	
		%	性比例	%	性比例	%	性比例	%	性比例	總人數	性比例
東區	1956	43.76	107	48.79	119	7.45	100	2.92	69	39,610	112
	1966	39.76	107	50.32	125	9.92	152	4.29	144	80,899	120
	1980	30.73	107	54.16	106	15.12	162	6.81	164	143,679	110
	1990	26.36	111	58.33	100	15.30	130	8.48	166	156,522	107
南區	1956	43.64	111	47.84	115	8.52	96	3.96	77	41,587	112
	1966	40.97	109	49.01	120	10.03	107	4.20	87	61,284	114
	1980	31.67	106	54.73	109	13.60	126	6.05	112	100,809	110
	1990	27.56	108	57.18	104	15.26	112	7.99	124	139,728	107
西區	1956	43.41	108	47.93	94	8.65	80	3.72	65	53,715	98
	1966	42.47	107	47.63	95	9.90	84	4.14	70	71,665	99
	1980	31.26	108	54.94	105	13.80	90	6.70	81	59,631	104
	1990	25.92	111	55.10	96	18.98	95	9.53	86	49,437	99
北區	1956	44.32	109	48.04	100	7.63	87	3.22	70	43,262	103
	1966	42.41	110	48.78	121	8.81	123	3.16	83	83,905	117
	1980	32.23	105	54.34	101	13.42	130	5.57	117	128,879	106
	1990	27.16	106	56.12	95	16.72	112	8.92	130	123,178	101
中區	1956	42.97	109	48.67	103	8.36	77	3.65	64	47,013	103
	1966	39.37	107	50.24	105	10.39	86	4.37	69	52,368	103
	1980	31.87	110	52.81	98	15.33	94	7.72	86	39,470	101
	1990	27.70	108	52.76	88	19.54	97	10.84	99	55,050	95

表 4-4.1a **臺南都會區年齡組成與性比例（SR），1956、1966、1980、1990 年（續）**

年齡 地區 年別	0-14 歲 %	性比例	15-49 歲 %	性比例	50 歲以上 %	性比例	60 歲以上 %	性比例	總計 總人數	性比例
安南區 1956	45.16	104	44.93	92	9.91	84	4.95	72	46,733	96
安南區 1966	47.12	105	41.71	97	11.17	87	5.34	77	59,138	100
安南區 1980	35.08	106	52.27	111	12.65	95	6.41	84	90,834	107
安南區 1990	32.37	108	53.81	105	13.82	96	7.08	92	128,498	105
安平區 1956	43.44	107	48.02	119	8.53	107	3.89	84	12,280	113
安平區 1966	42.40	105	46.39	112	11.21	120	4.55	104	15,506	110
安平區 1980	30.30	106	53.89	102	15.82	148	7.25	129	19,183	110
安平區 1990	24.75	104	56.51	104	18.74	117	9.90	136	20,494	106
仁德鄉 1956	46.31	108	45.04	102	8.65	97	3.78	81	24,785	104
仁德鄉 1966	41.69	110	48.54	105	9.78	105	3.96	93	35,294	107
仁德鄉 1980	33.16	105	52.06	108	14.78	133	6.35	144	53,631	110
仁德鄉 1990	28.44	108	54.86	102	16.70	121	9.56	130	58,479	107
歸仁鄉 1956	45.11	104	44.59	97	10.31	86	4.33	71	23,936	99
歸仁鄉 1966	43.64	107	44.04	107	12.32	88	5.86	84	28,580	105
歸仁鄉 1980	32.30	104	53.00	110	14.70	107	7.21	92	40,785	108
歸仁鄉 1990	27.41	108	57.65	133	14.94	112	8.02	106	57,381	122
永康鄉 1956	43.97	104	45.33	103	10.70	92	5.12	79	25,795	102
永康鄉 1966	38.94	106	51.04	159	10.02	108	4.37	83	44,406	130
永康鄉 1980	34.32	106	50.50	99	15.17	179	6.20	128	78,622	110
永康鄉 1990	29.08	109	57.25	103	13.67	143	7.75	191	142,281	110
路竹鄉 1956	46.60	106	44.63	95	8.77	82	4.06	76	27,561	99
路竹鄉 1966	45.63	106	43.95	102	10.42	86	4.84	75	35,533	102
路竹鄉 1980	34.17	105	52.59	112	13.24	95	6.51	83	46,866	107
路竹鄉 1990	28.79	107	53.56	104	17.66	102	8.90	93	49,302	104
湖內鄉 1956	45.28	105	44.38	100	10.34	85	5.04	74	16,158	101
湖內鄉 1966	42.79	106	44.96	107	12.25	90	5.92	81	18,525	104
湖內鄉 1980	34.43	104	51.46	110	14.12	107	7.11	94	24,872	107
湖內鄉 1990	25.62	104	55.87	91	18.51	107	9.63	101	25,923	97
茄萣鄉 1956	46.78	106	43.29	106	9.93	102	5.25	98	22,009	106
茄萣鄉 1966	44.29	102	44.51	104	11.20	101	5.43	95	26,854	103
茄萣鄉 1980	35.24	108	51.25	106	13.51	109	6.64	101	32,552	107
茄萣鄉 1990	27.02	106	54.96	102	18.02	114	8.92	107	31,906	105
總計 1956	44.46	107	46.66	102	8.88	88	4.02	73	424,444	103
總計 1966	42.16	107	47.60	113	10.24	103	4.41	87	613,859	109
總計 1980	32.62	106	53.25	105	14.13	125	6.46	110	859,813	108
總計 1990	28.04	108	56.10	102	15.86	114	8.49	125	1,038,179	105

資料來源：1956 年臺閩地區戶口普查報告書
　　　　　1966、1980、1990 年臺閩地區戶口及住宅普查報告書

其次，整體的性比例，與全省的現象也雷同，即 14 歲以下人口性比例維持穩定，男性略多；而 15 歲以上人口則在不同年代高性比例組呈現遞移的現象。例如 1966 年，壯年人口組性比例達 113，但到 1980 年，性比例最高者則為 50 歲以上人口組，為 125，1990 年時更移至 60 歲以上人口組，性比例為 125。不過就全都會而言，性比例則是先微升再降低的狀況，起伏並不大。就分區而言，東區、南區、北區、安平、永康、仁德等區呈現如上的走勢。對照不同籍別移入臺南都會的情形，可以發現早期外省人口主要乃移入上述地區，且均以男性為多，不僅使上述地區的外省人比例較其他區域為高，均曾達到 20% 以上，且也使之呈現高性比例年齡組隨年代而向高齡人口組遞移的現象。至於本省其他縣市移入臺南都會的人口，則除 1950 年代性比例略高，達 111 外，其後的移入者性比例最高亦僅 103，因此我們可以確定性比例之遞移現象是外省人口的生命循環使然。

就籍別而言（見表 4-4.1b），1956 年臺南都會的本籍人口占全人口的八成以上，其中安南區及其他鄉區一帶，都高出一般值，其次則是外省人口，占 11.3%，其中以舊核心外圍的東、南、北、安平等區較多，本省外縣市人口最少，僅占全都會的 7.82%；1960 年代以後，本籍人口比例相對滑落，從 1966 年的 72.78%，到 1980 年的 63.74%，1989 年的 58.52%，而外省人口、本省他縣市人口比例則相繼提高。外省人口到 1966 年占 15.92%，達到頂峰，1980 年滑落到 13.54%，1989 年則為 11.7%，重要性已減低，此與外省人口在 1970 年代以後成長趨勢緩降頗一致。這段期間除了前述幾區外，仁德、永康的外省人口比重也漸次提高，最高時約占該區總人口的 20% 以上。

1970 年代，都會人口的成長則是以本省他縣市人口成長最快，從 1966 年的 11.3% 到 1980 年的 22.72%，到 1989 年的 29.78%，這些成長應是以外縣市的移入者為主。他們的集中區域不僅在原先外省人進入的核心周圍的市區或鄉區，也包括核心區域和安南區，使得除歸仁、路竹、茄萣等地區外，其他新舊市區和鄉區的本省他縣市人口都達 20% 以上。東區最高，為 44.3%，北區次之 39.21%，其重要性可知。而就性比例來說，本省他縣市移入人口除 1956 年的男性人口偏高致使性比

表 4-4.1b 臺南都會區籍別與性比例（SR），1956、1966、1980、1989 年

地區	年別	本籍 性比例	本籍 %	本省籍 性比例	本省籍 %	外省籍 性比例	外省籍 %	總計 性比例	總計 總人數
東區	1956	99	51.28	105	14.97	138	33.75	111	40,088
	1966	103	44.19	101	20.11	130	35.70	111	78,422
	1980	104	39.91	100	36.55	136	23.54	109	144,754
	1989	103	36.02	102	44.30	126	19.68	107	150,338
南區	1956	103	71.78	177	7.97	125	20.24	112	42,532
	1966	102	67.01	102	9.54	117	23.45	106	59,133
	1980	105	62.51	115	22.88	122	14.61	110	100,175
	1989	104	55.68	99	31.70	118	12.62	104	136,911
西區	1956	98	82.61	93	12.59	139	4.79	99	53,769
	1966	98	76.12	99	19.32	125	4.56	99	71,482
	1980	104	70.64	104	25.90	122	3.46	104	58,805
	1989	106	65.66	99	30.32	100	4.02	103	54,306
北區	1956	101	62.34	109	14.29	106	23.37	103	45,088
	1966	103	52.20	103	18.60	124	29.20	109	81,308
	1980	104	47.35	101	33.64	118	19.00	106	129,868
	1989	100	44.64	102	39.21	114	16.15	103	126,245
中區	1956	98	75.98	112	14.20	139	9.82	103	47,190
	1966	96	71.87	103	18.88	115	9.24	99	50,865
	1980	100	69.07	96	23.90	118	7.04	101	40,225
	1989	97	57.45	88	31.70	99	10.85	95	60,784
安南區	1956	95	96.25	124	2.73	179	1.01	96	46,817
	1966	100	95.08	107	3.29	123	1.63	100	59,520
	1980	107	79.87	105	17.31	112	2.83	107	90,823
	1989	108	66.53	106	29.78	113	3.69	107	127,535
安平區	1956	102	72.11	131	2.94	150	24.95	113	12,313
	1966	101	70.59	114	6.46	124	22.95	107	15,279
	1980	105	68.92	108	12.43	127	18.65	109	19,149
	1989	108	65.21	101	20.23	125	14.56	109	19,566
仁德鄉	1956	101	87.65	107	2.26	122	10.09	103	24,688
	1966	99	79.40	77	3.17	115	17.43	101	34,188
	1980	254	62.47	108	15.87	122	21.66	185	41,984
	1989	106	60.61	106	26.96	127	12.43	109	57,558
歸仁鄉	1956	99	98.04	122	1.28	132	0.69	99	24,060
	1966	105	96.93	101	1.54	113	1.53	105	28,483
	1980	108	87.60	105	7.56	116	4.83	108	40,463
	1989	115	81.16	119	14.46	120	4.38	116	54,622

表 4-4.1b **臺南都會區籍別與性比例（SR），1956、1966、1980、1989 年（續）**

地區	年別	本籍 性比例	本籍 %	本省籍 性比例	本省籍 %	外省籍 性比例	外省籍 %	總計 性比例	總計 總人數
永康鄉	1956	97	92.25	102	2.98	134	4.78	99	25,482
	1966	102	73.14	94	3.80	124	23.06	106	39,572
	1980	108	61.59	104	16.56	124	21.85	110	77,041
	1989	105	54.33	101	27.01	121	18.66	107	129,218
路竹鄉	1956	98	97.32	93	1.75	149	0.93	99	27,561
	1966	101	95.22	107	2.92	111	1.86	102	35,424
	1980	107	89.80	104	8.09	119	2.11	107	46,828
	1989	108	87.51	105	10.27	107	2.22	107	50,550
湖內鄉	1956	100	98.01	106	1.40	179	0.59	101	16,158
	1966	102	95.99	111	2.43	121	1.58	102	18,492
	1980	107	86.44	101	8.98	133	4.57	108	24,913
	1989	107	83.55	114	12.83	125	3.62	109	25,440
茄萣鄉	1956	105	96.20	93	0.71	136	3.09	106	22,009
	1966	102	95.66	101	1.09	107	3.25	102	26,907
	1980	107	93.90	109	5.04	148	1.06	108	32,688
	1989	109	92.83	103	4.92	142	2.25	109	32,871
總計	1956	99	80.88	111	7.82	128	11.30	103	427,755
	1966	101	72.78	101	11.30	123	15.92	104	599,075
	1980	110	63.74	103	22.72	125	13.54	110	847,716
	1989	106	58.52	102	29.78	119	11.70	106	1,025,994

資料來源：1956 年戶口普查報告書
1966、1980、1989 年臺南市、臺南縣、高雄縣統計要覽

例偏高外，其後均很平衡，大約為男性略多於女性的情形，其至 1989
年出現西區、中區、南區女性本省他縣市人口偏多的現象，指數低於
100，甚至低於本籍人口性比例，值得深入探討。總之，外省人口的性
比例則明顯的男性高出甚多，但已逐漸降低；本籍人口性比例除中區女
性稍多外，其他地區均男性略多而頗平穩。

（二）教育與職業組成

臺南都會區也同其他地區一樣，教育程度逐漸提高（見表 4-4.2a）。
不識字人口比例由 1956 年占 42.68%，減少為 1980 年的 13.62%，其

表 4-4.2a **臺南都會區教育組成，1956、1966、1980、1990 年**

教育程度	不識字		小學		初中		高中		專上		合計
地區	年別	%	Q	%	Q	%	Q	%	Q	%	Q	總人數
東區	1956	31.58	74	35.92	93	14.08	151	10.67	164	7.74	264	24,391
	1966	16.52	66	40.59	89	18.77	128	15.84	151	8.28	186	54,458
	1980	9.31	68	33.09	83	13.59	95	27.57	126	16.43	162	99,533
	1990	4.68	64	30.83	82	16.78	85	26.71	112	21.00	178	142,718
南區	1956	42.08	99	35.19	91	7.51	80	9.93	153	5.29	181	26,013
	1966	24.29	97	44.22	97	13.66	93	11.64	111	6.19	139	40,925
	1980	12.74	94	40.60	101	14.24	99	21.56	99	10.87	107	68,880
	1990	6.45	88	37.48	100	20.16	102	24.90	105	11.00	93	126,628
西區	1956	32.36	76	48.52	126	11.02	118	6.14	95	1.95	67	34,044
	1966	19.76	79	51.31	113	16.40	111	9.53	91	2.99	67	47,055
	1980	11.37	83	41.01	102	14.56	101	23.37	107	9.70	96	40,992
	1990	5.62	77	38.91	104	17.89	91	25.20	106	12.38	105	45,048
北區	1956	32.77	77	42.56	110	11.64	124	8.64	133	4.39	150	26,493
	1966	17.55	70	45.97	101	17.99	122	13.08	125	5.40	121	54,795
	1980	9.79	72	37.78	94	14.16	99	25.63	117	12.64	125	87,341
	1990	5.53	76	35.53	95	19.00	96	25.50	107	14.44	122	112,191
中區	1956	18.73	44	44.26	115	18.68	200	13.44	207	4.90	167	30,125
	1966	10.84	43	38.88	86	21.72	148	18.64	178	9.92	222	35,877
	1980	6.15	45	30.12	75	13.82	96	30.53	140	19.38	192	26,892
	1990	3.14	43	31.31	84	16.33	83	26.35	111	22.86	193	50,851
安南區	1956	67.66	159	27.99	73	2.59	28	1.40	22	0.35	12	28,735
	1966	46.77	187	44.39	98	5.32	36	2.81	27	0.72	16	35,828
	1980	23.01	169	45.98	115	15.15	106	12.46	57	3.40	34	58,966
	1990	11.07	151	43.18	116	23.06	117	18.08	76	4.62	39	114,047
安平區	1956	32.30	76	50.23	130	9.57	102	5.53	85	2.37	81	7,709
	1966	21.92	88	56.44	124	11.87	81	7.26	69	2.51	56	10,146
	1980	12.55	92	48.52	121	11.99	83	19.59	90	7.35	73	13,371
	1990	7.00	96	42.23	113	18.63	95	22.79	96	9.35	79	18,579
仁德鄉	1956	52.22	122	35.90	93	7.46	80	3.44	53	0.98	33	14,870
	1966	30.35	122	44.34	98	14.79	100	8.60	82	1.91	43	23,658
	1980	13.96	102	42.72	107	15.49	108	20.38	93	7.45	74	35,847
	1990	8.80	120	40.07	107	20.70	105	22.94	97	7.49	63	52,941
歸仁鄉	1956	47.77	112	41.06	107	7.48	80	2.99	46	0.69	24	14,699
	1966	27.16	109	53.21	117	11.89	81	6.41	61	1.32	30	18,604
	1980	13.94	102	47.02	117	15.62	109	18.30	84	5.12	51	27,613
	1990	7.83	107	40.87	109	22.81	116	21.80	92	6.69	57	52,206
永康鄉	1956	49.35	116	40.79	106	5.38	58	3.23	50	1.25	43	16,060
	1966	24.16	97	50.83	112	13.31	90	8.89	85	2.81	63	30,061
	1980	12.69	93	46.03	115	14.37	100	19.67	90	7.24	72	51,636
	1990	6.11	83	38.28	102	19.61	99	25.02	105	10.98	93	127,533

表 4-4.2a 臺南都會區教育組成，1956、1966、1980、1990 年（續）

教育程度		不識字		小學		初中		高中		專上		合計
地區	年別	%	Q	%	Q	%	Q	%	Q	%	Q	總人數
路竹鄉	1956	62.29	146	28.67	74	6.16	66	2.38	37	0.50	17	16,599
	1966	41.58	167	39.38	87	12.02	82	5.59	53	1.42	32	22,355
	1980	24.42	179	34.06	85	16.00	111	20.24	93	5.28	52	30,852
	1990	13.05	178	37.14	99	20.35	103	22.59	95	6.87	58	44,537
湖內鄉	1956	58.80	138	32.79	72	5.73	61	2.32	36	0.37	13	10,041
	1966	37.39	150	45.22	100	11.21	76	5.20	50	0.98	22	12,208
	1980	22.12	162	40.37	101	16.60	116	16.39	75	4.52	45	16,309
	1990	12.74	174	36.41	97	20.36	103	24.93	105	5.56	47	23,686
茄萣鄉	1956	67.75	159	29.35	76	1.73	19	0.97	15	0.21	7	13,347
	1966	47.02	188	45.57	100	4.89	33	2.07	20	0.44	10	17,208
	1980	26.46	194	49.99	125	12.89	90	8.31	38	2.35	23	21,081
	1990	15.10	206	44.48	119	22.79	116	13.98	59	3.64	31	29,004
總計	1956	42.68		38.55		9.35		6.49		2.93		253,085
	1966	24.97		45.38		14.72		10.48		4.46		390,970
	1980	13.62		40.06		14.36		21.84		10.12		563,004
	1990	7.33		37.37		19.71		23.76		11.83		939,969

資料來源：1956 年戶口普查報告書
　　　　　1966、1980、1990 年臺閩地區戶口及住宅普查報告書

絕對數字也減少；高中、專上程度人口持續提高，二者合計 1956 年占 9.42%，1966 年占 14.94%，1980 年更大幅增加到 31.96%，其人數的成長更為可觀。高中程度人數從 1956 年的 16,437 人到 1980 年的 122,950 人，25 年間提高了 7.48 倍，1990 年再增至 223,326 人。專上人數更高，從 1956 年的 7,411 人，到 1980 年的 57,004 人，提高 7.69 倍，1990 年又倍增至 111,193 人。而小學、初中程度者，則在 1956 至 1966 年間比重提高，之後又降回 40% 左右。

　　就分區觀察，不識字人口的數值和比例都全面降低，惟有東區不識字比例雖下降，但人口數卻有所增加，頗為特殊。而迄 1980 年除舊核心及周圍產業較發達的區域外，安南區和路竹、湖內、茄萣等鄉的不識字人口仍占四分之一到五分之一之間，至 1990 年時又降低大約在 15% 左右，但從區位商數觀察，這幾個行政區依舊是低教育程度者比例偏高。不識字者的區位商數不僅都超過 100，且仍持續提高中。下面我們將會看到這些區域均為農牧人口為重的區域。至於小學程度人口，多呈

與都會區相同走勢，比例先略增而後略減。其次初中程度人口的比例則在舊核心及周邊的東區、北區是先增後減走勢，其他市區及鄉區則持續上升。但是總的來看，小學及初中人口的商數在西、中、東、北、安平等區是下降的趨勢，而在南區、安南區及鄉區則是商數上升的趨勢。其次，高中及專上程度者，各區都是成長的局面，不過高中程度者除安南、茄萣外，1980 年各區均在 15% 以上，至 1990 年復又提高到 20% 以上。

　　大專以上人口的比例，東、南、西、北、中等市區比其他行政區都較高，其中百分比最高者屬中區，1966 年為 9.92%，1980 年 19.38%，1990 年 22.86%；人數最多者則為東區，東區在 1990 年高中人口占的比例比中區略高。以專上程度者的比例而言，中區與東區明顯高於西、北、南三區，西區的比例是上述五區最低者，1980 年時僅 9.7%，但是比例在上升中。其他地區商數雖高，但均漸降低，周圍市區和鄉區則都是上升的趨勢。顯示高教育程度人口也是逐漸擴散分布，但區與區之間的差異，仍可以辨識。整體而言，臺南都會區教育人口的組成可以分成三類地區。中區與東區，教育程度最偏高，其次是南區、西區和北區，再其次是都會的邊緣行政區。

　　就職業組成而言（見表 4-4.2b），臺南都會區總就業人口，由 1956 年的 118,653 到 1990 年的 367,878，提高三倍以上。其中農牧人口比重下降明顯，1956 年占 41.21%，79 年的占 11.58%。而體力工則遞升，從 23.3% 到 39.84%。其次，監佐人員比例也一直提升，但不似體力工的顯著。從全面觀察，臺南都會區人口的職業組成是農牧人口比重遞減，而體力工作者比重漸增為主，其他變化則屬局部。服務業人口由 1956 年的 5.66% 提高到 1966 年的 15.16% 比較顯著，但到 1980 年時又回跌到 5.78%，再提升到 1990 年的 7.69%。1966 年的數字，與臺北和臺中都會一般，亦是警察與保安人員數字偏高所造成的。1966 年時，臺南都會的服務業人員（ 28,289 ），其中近六成是警察與保安人員（ 16,640 ）。從其他三個年度的數據來看，只是比例緩慢增加的情形。另外值得注意的是，專業與監佐人員逐年比例提高，而行政主管人員則比例逐漸減少。

表 4-4.2b　臺南都會區職業組成，1956、1966、1980、1990 年

地區	年別	專門 %	專門 Q	行政 %	行政 Q	監佐 %	監佐 Q	買賣 %	買賣 Q	服務 %	服務 Q	農牧 %	農牧 Q	體力 %	體力 Q	其他 %	其他 Q	合計 N
東區	1956	8.68	197	2.73	86	11.19	167	12.26	100	8.13	144	12.24	30	29.59	127	15.18	461	10,215
	1966	13.41	203	2.50	97	16.38	170	9.76	82	23.81	157	3.65	15	30.15	99	0.32	457	23,751
	1980	12.08	180	2.48	113	18.13	147	12.72	108	7.10	123	2.50	20	35.85	88	9.17	112	48,432
	1990	16.20	183	1.34	99	22.05	133	16.88	119	9.35	122	3.02	26	31.17	78	0.99		53,853
南區	1956	5.69	129	2.04	64	9.27	138	15.33	125	6.56	116	28.09	68	25.24	108	7.77	236	10,480
	1966	7.90	120	2.08	81	12.21	126	11.22	95	17.04	112	16.84	71	32.63	107	0.09	129	16,905
	1980	7.10	106	2.85	132	14.39	117	13.10	112	5.89	102	7.68	62	40.97	101	8.01	98	33,769
	1990	8.12	92	1.95	145	18.66	113	15.81	112	8.19	107	7.50	65	39.76	100	0.01		48,478
西區	1956	4.26	97	8.65	272	7.74	115	24.94	204	9.45	167	3.28	8	40.38	173	1.31	40	14,187
	1966	5.57	84	6.68	260	8.88	92	25.86	218	8.06	53	2.94	12	41.99	138	0.01	14	13,929
	1980	5.99	89	3.56	164	13.99	114	22.33	190	8.29	143	2.18	18	36.83	90	6.84	83	20,945
	1990	8.59	97	2.41	179	18.72	113	24.59	174	10.27	134	2.96	26	32.46	81	0.00		18,519
北區	1956	6.77	154	4.30	135	9.72	145	17.86	146	7.45	132	6.30	15	42.67	183	4.93	150	11,226
	1966	7.40	112	3.62	141	11.06	114	14.22	120	23.78	157	2.82	12	36.99	122	0.12	171	23,802
	1980	8.56	127	3.55	164	16.18	131	13.69	117	6.52	113	2.34	19	40.26	99	8.91	109	44,108
	1990	12.04	136	1.51	112	21.38	129	16.11	114	8.85	115	3.21	28	36.89	93	0.01		41,885
中區	1956	9.52	216	9.58	301	14.29	213	22.40	183	8.97	158	1.07	3	32.18	138	1.98	60	11,918
	1966	12.73	193	7.32	285	17.48	181	25.45	215	10.02	66	1.08	5	25.91	85	0.01	14	13,859
	1980	11.87	177	6.04	279	19.92	162	25.40	216	7.35	127	1.73	14	20.92	51	6.76	82	13,222
	1990	18.41	208	1.55	115	28.57	173	22.93	162	9.16	119	1.64	14	17.74	45	0.00		17,977
安南區	1956	1.06	24	0.33	10	1.60	24	2.80	23	1.73	31	81.59	198	10.88	47	0.01	0	16,923
	1966	1.43	22	0.50	19	2.43	25	4.50	38	7.18	47	57.61	243	26.34	87	0.01	14	17,107
	1980	2.33	35	0.59	27	6.69	54	7.03	60	3.72	64	27.79	225	45.28	111	6.57	80	34,746
	1990	3.71	42	0.92	68	10.49	63	9.38	66	5.67	74	22.64	195	47.19	118	0.00		47,693
安平區	1956	2.55	58	2.17	68	11.61	173	6.34	52	5.71	101	17.40	42	51.41	221	2.80	85	3,643
	1966	3.64	55	1.72	67	9.14	95	6.06	51	11.09	73	18.38	78	49.97	164	0.00	0	4,473
	1980	4.47	67	1.04	48	11.55	94	7.39	63	4.31	74	10.53	85	52.09	128	8.61	105	7,291
	1990	6.84	77	0.61	45	14.52	88	12.54	89	7.50	98	9.24	80	48.76	122	0.00		7,839

表 4-4.2b　臺南都會區職業組成，1956、1966、1980、1990 年（續）

地區	年別	專門 %	Q	行政 %	Q	監佐 %	Q	買賣 %	Q	服務 %	Q	農牧 %	Q	體力 %	Q	其他 %	Q	合計 N
仁德鄉	1956	2.01	46	0.49	15	3.55	53	4.55	37	3.07	54	73.95	179	6.99	30	5.40	164	7,128
	1966	2.85	43	0.61	24	7.95	82	4.62	39	14.33	95	41.50	175	28.13	93	0.02	29	13,179
	1980	4.64	69	0.72	33	8.75	71	6.86	58	5.34	92	17.79	144	45.35	111	10.55	129	19,366
	1990	5.20	59	0.64	48	12.65	76	9.41	66	6.53	85	18.80	162	46.77	117			22,062
歸仁鄉	1956	2.92	66	0.61	19	2.89	43	4.47	37	2.75	49	79.58	193	6.70	29	0.08	2	7,430
	1966	3.15	48	0.65	25	4.46	46	8.14	69	5.24	35	58.72	248	19.61	65	0.02	29	9,707
	1980	4.69	70	0.39	18	6.00	49	6.60	56	4.44	77	27.08	219	43.10	106	7.70	94	15,459
	1990	5.62	64	0.36	27	9.85	60	8.99	63	5.73	75	25.18	217	44.27	111			19,496
永康鄉	1956	3.23	73	0.91	29	3.96	59	8.08	66	3.85	68	61.71	150	17.57	75	0.70	21	7,378
	1966	7.09	107	0.69	27	10.04	104	5.67	48	24.91	164	25.09	106	26.52	87	0.01	14	17,259
	1980	4.70	70	1.74	80	9.95	81	8.82	75	6.28	109	12.36	100	47.15	116	8.99	110	27,065
	1990	7.06	80	2.08	155	15.79	95	12.80	90	8.24	107	8.39	72	45.63	115			49,953
路竹鄉	1956	2.11	48	1.03	32	3.28	49	4.72	39	2.07	37	78.32	190	8.40	36	0.08	2	8,264
	1966	3.02	46	0.85	33	4.97	51	6.36	54	6.39	42	59.15	250	19.25	63	0.01	14	10,516
	1980	4.67	70	0.75	34	7.92	64	6.71	57	3.72	64	31.97	259	36.72	90	7.55	92	17,140
	1990	5.48	62	0.50	37	10.97	66	8.68	61	4.51	59	33.09	286	36.77	92			18,497
湖內鄉	1956	1.86	42	0.67	21	2.59	39	9.97	81	4.73	84	69.34	168	10.60	45	0.24	7	4,632
	1966	3.06	46	0.71	28	3.77	39	11.03	93	11.31	75	39.69	167	30.42	100	0.02	29	5,493
	1980	3.27	49	1.46	68	6.33	51	9.83	84	4.09	71	21.88	177	45.60	112	7.54	92	8,542
	1990	4.12	47	0.73	55	9.53	58	12.77	90	5.76	75	18.77	162	48.32	121			9,526
茄萣鄉	1956	2.01	46	0.48	15	2.37	35	12.20	100	6.87	121	67.64	164	8.40	36	0.04	1	5,229
	1966	2.36	36	0.49	19	2.41	25	11.59	98	11.59	76	48.11	203	23.45	77	0.00	0	7,715
	1980	2.59	39	0.56	26	3.41	28	8.98	77	3.57	62	26.10	211	47.67	117	7.12	87	11,334
	1990	3.44	39	0.22	17	5.79	35	11.85	84	5.65	74	20.53	177	52.52	132			12,100
總計	1956	4.40		3.18		6.72		12.24		5.66		41.21		23.30		3.29		118,653
	1966	6.61		2.57		9.66		11.86		15.16		23.70		30.38		0.07		183,095
	1980	6.72		2.17		12.31		11.74		5.78		12.35		40.73		8.20		301,419
	1990	8.84		1.35		16.54		14.17		7.69		11.58		39.84				367,878

資料來源：1956 年戶口普查報告書
1966、1980、1990 年臺閩地區戶口及住宅普查報告書

　　若就分區而言，舊核心的中、西區及其鄰區的東、北、南區，在專技、行政主管、監佐、買賣、服務等工作上，區位商數都在 100 以上，反映著中心都市居住人口從事三級行業者要高於都會的外圍地帶。專技和行政主管人員，是社會階層較高的兩種職業，但是二者占就業人口的比例，呈現不同的變化，前者遞增而後者遞減。行政主管人員占全市的就業人口比例，在 1990 年時只是 1.35%，在中心都市的五個區，都在 2.5% 以下，因此這五個區在行政主管人員區位商數上的差異，不見得能反映行政區之間高社會階層上的性質。合專技與行政主管人員，我們可以看到，中區與東區的比例最高，分別為 19.96% 和 17.54%。再其次的北區和西區為 13% 左右，南區則只 10%。在專技人員的區位商數上，中區和東區自 1956 至 1990 年，一直是全市最高者，領先其他各區差距極其明顯。中區在監佐和商業人員的分布上，亦顯示全市最高的偏向。多少反映著商業集中地帶與高社會階層居住地帶共同存在的現象。東區，在商業的優勢不是那麼明顯，在監佐人員的偏向上僅次於中區，但是在體力工作人員的比例上卻明顯高於中區。中心都市其他各區的體力工作人員的比例都在三成至四成之間，不過大致都低於都會的其他地帶。以社會階層性質而言，三者均不及中區和東區。西區較偏高的是買賣與行政主管人員的比例，北區較偏高的是監佐人員，南區較偏高的是行政主管人員。

　　相對於前述地區，安平、安南及其他鄉區則農牧和體力工作者商數顯著偏高，儘管全都會各區的體力工作多已占各區三成以上的就業人口，甚至一半以上，但邊緣鄉區顯然住著偏多的農工人口，這些地區或者農牧人口偏多，或者工業人口偏多，或者兩者兼之，合計共占就業人口的三分之二以上。而一個有趣的現象是除了路竹、湖內等農牧人口比重仍居高不下的地區外，前述鄉區農業人口比例多半隨時間遞減，而體力工作者則遞增，這與臺灣農業人口轉移到工業部門的現象應有關聯。安平則一直是體力工集中指數最高的地區。其次，早期 1950、1960 年代核心區域及鄰區（如東區、北區）也曾有較為集中的體力工作人員，1970 年代以後其指數均降到 100 以下，這應與都會核心地帶土地利用和都會機能強化有關。至於體力工作者有多少是採通勤方式，往返於都會中心與邊緣之間，對於產業區位分布的關係，是值得探討的。

五、臺南都會的生態因子分析

　　為了呈現臺南都會各社會指標的空間分布模式，並顯示同心圓及扇形分布的關係，我們以下列方式切割臺南都會區：我們以臺南市的西門路及中正路的交叉口為中心點，因為這不僅是臺南早期開發的繁華地段，也是日據時代及今日的商業重心，也是地價最高的地段（李碧娥，1971；楊裕富，1982），以此為中心，向外定出兩個 1 公里的環圈，再向外繪兩個 2 公里的環圈，其次繪兩個 3 公里的環圈，最後則是兩個 4 公里的環圈，內外共有八圈（見圖 4-1）。其後，我們發現邊緣各圈包含的鄉區往往跨幾個環圈，但實際差異不大，因此我們將六、七、八三圈合為一圈處理。至於扇面共分七個，我們以中心點所在沿西門路南北形成縱軸，西面從安平、安南交界處斜出一條直線，此中的區域為第一扇面，主要涵蓋臺南市西區、北區的部分和安南區的大部分；隨後往東每 45 度再分一個扇面，第二扇包含中區、北區，往北到安南和永康交界；第三扇亦往永康方向，包含東區、中區一部分；第四扇往仁德、歸仁，並內含東區、中區；第五扇最遠至路竹、湖內、茄萣等鄉，也包括南區、東區的一部分；第六扇則是南區和安平的交界為準，主要是南區近海的半面；第七扇則以西區的部分和安平區為主。由於第七扇的第二環的村里計入第三環內，因此該區域的村里數為零，其次並非每一扇面都有八環，或因近海，或因面積有限而部分僅有四或五環，這是在做其他討論前須先說明的。以下區分諸因素在不同環圈和扇面上的結果（扇面與環圖的劃分，參見第 127 頁，圖 4 臺南都會行政分區圖）。

（一）因素一：地區生命循環

　　因素一的解釋量為 16.16%[3]，因素負荷量的絕對值大於 0.40 的變

3　轉軸之後，四個因素的解釋力，因未排除因素之間的相關，均提高。轉軸之前的解釋力總和為 76.26%，之後為 97.15%。

項有五個（見表 4-5.1），分別是 1960 年以前住宅（正值）、居住本區滿 5 年以上人口（正值）、老年人口比例（正值）、平均居住面積（負值）；另外，負荷值絕對值超過 0.30 的變項有二，分別是連棟式住宅比例（負值）、總生育率（正值）。這些變項反映的是住宅老舊、居住區域狹窄及老年人口比例偏高等特質，同時顯現居住地區較老舊者，其家庭生命循環也屆末期的情形。而另一極，則是較新興的市區和較多的幼年人口，以及較高的婦女生育子女數。在共變數分析中（見表 4-5.2），環圈和扇面的影響均未達顯著水準，而兩者的互動則達到 0.05 的顯著水準，但解釋力都很低，不過當控制各扇面來看其與距離的關係時，亦未達顯著，僅第一、二扇中距離與因素分數間有弱相關，而此兩扇面的相關又是一正一負，這或許意味著地區生命循環與距都會核心的距離沒有關聯。

表 4-5.1 旋轉因素結構（因素負荷量）：臺南都會區

	因素一	因素二	因素三	因素四	H2
1960 年以前住宅	0.797**	0.365	0.194	0.177	0.811
居住本區滿 5 年以上人口	0.771**	-0.249	-0.335	-0.202	0.695
老年人口比例	0.708**	-0.122	0.119	0.149	0.563
幼年人口比例	-0.495*	-0.056	-0.510**	-0.638**	0.751
平均居住面積	-0.603**	0.130	0.486*	0.072	0.599
非住宅及混用住宅	0.065	0.897**	0.363	-0.054	0.872
買賣工作人員	0.068	0.912**	0.503**	0.046	0.886
連棟式住宅比例	-0.372	0.740**	0.314	0.473*	0.837
公寓及大廈比例	-0.156	0.035	0.612**	0.068	0.532
專技與行政主管人員	-0.114	0.567**	0.919**	0.399	0.869
大專以上教育程度	-0.011	0.520**	0.916**	0.587**	0.890
小學以下教育程度	0.100	-0.607**	-0.903**	-0.638**	0.930
生產體力工作人員	-0.192	-0.491*	-0.815**	-0.264	0.754
外省人口比例	0.038	-0.002	0.284	0.928**	0.898
公務及軍事機構服務人員	0.135	-0.047	0.352	0.865**	0.807
單身戶比例	0.058	0.268	0.295	0.762**	0.614
總生育率	0.394	-0.527**	-0.696**	-0.654**	0.824
平方和	2.748	3.968	5.459	4.340	
各因素解釋之變異量（%）	16.16	23.34	32.11	25.52	

＊：因素負荷量絕對值大於 0.40 者
＊＊：因素負荷量絕對值大於 0.50 者

表 4-5.2　臺南都會區因素分數與扇面、同心環距離之共變與相關分析表

		因素分數與同心環距離之相關							
因素		I 新舊		II 商業		III 社經		IV 省籍	
扇面	里數	平均數	相關	平均數	相關	平均數	相關	平均數	相關
I	54	.25	.295*	.14	-.884***	-.53	-.717***	-.53	-.828***
II	52	-.09	-.307*	.44	-.761***	.05	-.606***	.23	-.174
III	61	-.23	-.118	.20	-.752***	.59	-.739***	.49	-.235
IV	54	-.26	-.009	-.02	-.719***	.46	-.784***	.14	-.490***
V	74	.07	-.023	-.55	-.572***	-.16	-.575***	-.17	-.537***
VI	23	.00	.155	-.08	-.839***	-.64	-.726***	-.47	-.618**
VII	15	.93	.261	.06	-.856***	-.57	-.606*	.15	.226

	共變數分析							
里別數＝292	I 新舊		II 商業		III 社經		IV 省籍	
變異來源	F 值 （自由度）	解釋力	F 值 （自由度）	解釋力	F 值 （自由度）	解釋力	F 值 （自由度）	解釋力
環圈	.21 (1)	.06%	100.94*** (1)	34.12%	43.78*** (1)	18.06%	4.37* (1)	1.63%
扇面	5.92 (6)	1.87%	30.83*** (6)	10.42%	42.83*** (6)	17.67%	19.47*** (6)	7.28%
互動	12.13* (6)	3.85%	54.35*** (6)	18.37%	14.29*** (6)	5.89%	4.00 (6)	1.49%
扇內距離	12.16 (7)	3.86%	187.12*** (7)	57.10%	127.06*** (7)	40.81%	52.09*** (7)	16.74%

註：***P＜.001；**P＜.01；*P＜.05

　　儘管如此，從因素分數的村里分布圖來看（見圖 4-1），卻不盡然。自中心點向外 1 公里內，綠色部分較多，向外則紅綠錯雜，再向外的三至五環，除安平所在的第七扇外（第七扇是最老舊的地區所在），一般都以新興住宅為主，再向六至八環移動，才又出現大片的綠色老舊地帶，這是以西北向的安南區和南向的歸仁、路竹、湖內、茄萣為普遍。所以都會生命循環的新舊變化應遠較一般的直線關係複雜，而非沒有關係。我們再細察因素一的同心環與扇面分布關係圖（見圖 4-1a），即可發現在一至四扇面上，呈現的是第一環最舊，之後漸趨新興發展，至三、四環為極，之後又趨老舊的 V 字形關係。而五至七三扇面則是舊－新－舊－新或舊與次舊之間往復的較緩和變化關係。從行政區域比較，中區、西區、安平屬老舊者，而以中心點向外，鄰邊的東、南、北區則由新舊交錯轉為新興為主，而及於仁德、永康、歸仁、安南等區；

由此再向外則又呈老舊。然而，除了都會的擴散效果外，受聯外交通要道（縱貫鐵公路、高速公路）所在沿線的影響，永康、仁德、歸仁、湖內、路竹的新興紅色區域，由是呈現。最後，1981 年以後安平的五期重劃區，預期吸引更多工商業，甚至市政府將行遷入，其對安平是否造成大舉更新的影響，有待新資料的分析。

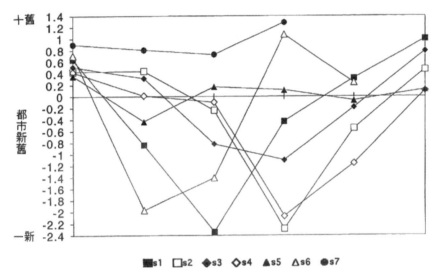

圖 4-1a 臺南都會區因素一（都市新舊）同心環與扇面分布關係圖

（二）因素二：商業取向

　　因素二解釋了 23.34% 的變異量（見表 4-5.1）。負荷量絕對值最高的幾個變項為非住宅及混用住宅、買賣工作人員、連棟式住宅比例，均為 0.70 以上的正值，方向一致。這三個變項都與商業性質有關，因此稱之為商業取向。這些特性也彰顯了傳統中國商業區域的居住特質，與西方的工商都市不盡相同。臺南早期的開發原是基於經濟因素，加上天然港口，很早商業就繁盛起來，以此根基，加上日據時期在中區的發展，臺南府城的西門內外的舊核心區——西區及中區仍是今日臺南的商業、服務業的重心所在。另外負荷量大於 0.40 的變項依序為小學以下人口比例（負值）、專技與行政主管人員比例（正值）、總生育率（負

值）、大專以上教育人口比例（正值）以及生產眾工作人員（負值）。很
明顯的商業性質較濃厚的地區，與高社會經濟地位人口並不相互排斥。
另外這因素只顯示與總生育率的關聯，而老年和幼年人口的比例較高，
可能意味壯年人口所組成的家戶較占優勢。

　　從共變數分析（見表 4-5.2）可以發現不論環圈或扇面或兩者
的互動，都達顯著效果，不過環圈的解釋量顯然高出扇面。前者達
32.12%，後者只解釋 10.42%，如果控制扇面，解釋量更高達 57.10%，
亦即在某些扇面上，距離的影響更明顯。同時每個扇面的距離及因素分
數都是顯著的負相關，可見距離同心環核心的遠近實足以表示當地商業
性質的強弱，越近者商業性質越強，反之越弱。環圈及扇面關係分布圖
上（見圖 4-2a）也明顯地呈現此趨勢。另外，村里分布圖的顯示（見
圖 4-2）也是如此，中區、西區仍是商業性質最高地區，越往外圍越
低。

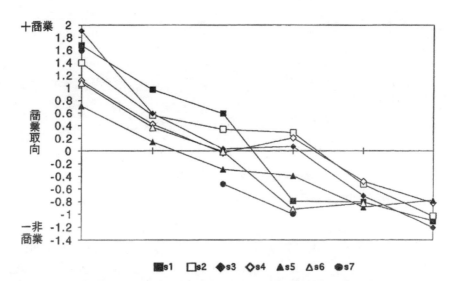

圖 4-2a 臺南都會區因素二（商業取向）同心環與扇面分布關係圖

（三）因素三：社會經濟地位

　　因素三解釋了 32.11% 的變異量，是解釋力最強的向度（見表

4-5.1）。因素負荷量絕對值大於 0.40 的變項有九個，分別是專技與行政主管人員（正值）、大專以上教育程度（正值）、小學以下教育程度（負值）、生產體力工作人員（負值）、公寓及大廈比例（正值）、總生育率（負值）、幼年人口比例（負值）、買賣工作人員比例（正值）、平均居住面積（正值）。由於負荷量絕對值高的幾個變項，正顯示社會經濟地位高低的對比，因此可以將此因素命名為社會經濟地位。因素分數正值高的一端是社經地位高的村里，除了具專技行政人員較多、大專以上程度者較多等特徵之外，住宅居住形式較偏向公寓和大廈，且平均居住面積較寬闊。在家庭性質方面，總生育率和幼年人口的比例都較偏低。

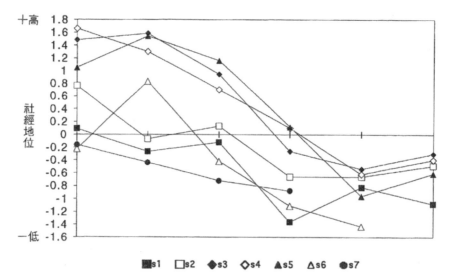

圖 4-3a　臺南都會區因素三（社經地位）同心環與扇面分布關係圖

　　就共變數分析結果來說（見表 4-5.2），環圈、扇面及兩者互動的效果都顯著，而且環圈與扇面的解釋力相當，環圈解釋 18.06%，扇面為 17.67%；但如果控制扇面，則解釋力更強，達 40.81%。一般說來，不同扇面上，距離也和因素分數呈負相關，即距核心愈遠，社經地位愈偏低。但核心區附近的第一環並不必然是社經地位最高者（見圖 4-3 及圖 4-3a），其中僅向安南區、北區、歸仁、安平的第一、二、四、七扇上，第一環是最高點，向外逐圈降低；其他各扇中（第三、五、六扇），社經地位最高點都移至第二環出現。而全都會社經地位最高點出現在第四扇的第一環，大約是在臺南市中區中正路以南到與南區、東區接壤處，日據時代這裡是政府機關、學校、神社、法院等日人聚居所在（參照黃天橫，1990：附圖）。

（四）因素四：省籍的分布

因素四解釋了 25.52% 的變異量（見表 4-5.1）。在這個向度上，因素負荷量絕對值超過 0.40 的變項有八個，分別是幼年人口比例（負值）、連棟式住宅比例（正值）、外省人口比例（正值）、公務及軍事機構服務人員（正值）、單身戶比例（正值）、總生育率（負值）、大專以上教育人口比例（正值）、小學以下教育人口比例（負值）。由於負荷量高的幾個變項，反映的是外省籍的人口、行業、住宅等特質，所以名之為省籍向度，正的一極是外省人偏多地區，負的為非外省人（即本省人口）比例較高地帶。在住宅性質上，外省人較多地區也以連棟式住宅為多，與商業區域的特性一致，但如在臺中都會所推論的一樣，應該是以連棟平房為主。

以共變數分析結果論（見表 4-5.2），扇面的效果比環圈重要，解釋量也較高，但僅解釋 7.28%。兩者互動效果不顯著，但控制扇面後，距離對因素分數有影響，且解釋力也較高，達 16.74%。細察各扇面的狀況，僅一、四、五、六諸扇顯示距離與因素分數的負相關，即距核心愈遠，外省人比例愈低。但當我們對照同心環與扇面關係分布圖時發現（見圖 4-4a），儘管有如前所述的現象，但比例上外省人口較多的扇面在第二、三、四、七扇上，因此前述現象並非關鍵。另外，依關係分布圖，第一、二、四、七扇在第一環上外省籍人口都偏低，之後在三至四環才上升至最高點，之後的環圈上外省人口又迅速減少，亦即外省人口分布最密集的地區在核心向外四環圈範圍（6 公里）內，但第一環偏低（亦見圖 4-4）。

至於臺南都會區外省人口超過 50% 的村里共二十一個，如因素負荷量所示，這些地區在公務及軍事機構工作者也偏多，不過就二十一

個村里來說，仍是以在軍事機構工作者為多，公務員比例除安平西門里
（26.79%）外，其他村里多低於平均值（估計約 10%）。這二十一個村
里分布於仁德（2）、永康（6）、東（4）、南（3）、北（5）、安平（1）
等區，其中外省人比例最高者為仁德仁和村，為 94.94%，也是軍人比
例最高者，占 35.22%，東區中興村次之。總之，外省人口分布上，扇
面的影響較大，且在都市核心的鄰近市區或郊區，但不致太遠。

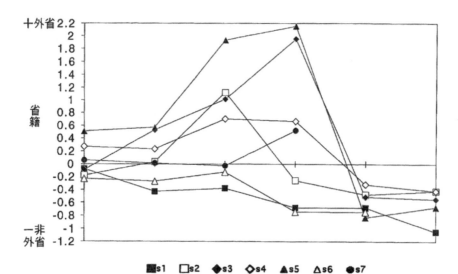

圖 4-4a　臺南都會區因素四（省籍）同心環與扇面分布關係圖

第五章
高雄都會區的都市發展與內部結構

一、高雄都市發展簡史

在 19 世紀的末期,臺灣南部的首要都市是臺南,目前高雄都會區的範圍之內,有著兩個較大的都市聚落,一是打狗,一是鳳山。前者,依據 1897 年的資料,人口只有 3,394,鳳山則多些,在 6,400 人左右。二者合起來,也只不過是臺南當時人口的五分之一而已(章英華,1986c: 240)。由於鳳山的人口多過打狗,而鳳山又是鳳山縣的縣治所在,在日據初設鳳山縣或廳之時,縣治或廳治都在今日的鳳山市,而打狗僅設支署或支廳(《鳳山市志》,1987)。同時,根據有關清朝市集的資料,主要的街市是在縣城及其外郊,而打狗地區,分布著幾個服務四周鄉村的市街,如過溝子、田雅寮、三塊厝和旗後等街。日據初的商店資料也顯示,1911 年的打狗有三類 7 家商店,鳳山則有二十二類的 179 家商店(高雄市文獻會,1988: 573-574;607-608)。因此,至少在 1910 年以前,高雄都會最大的都市聚落應該在如今的鳳山,而非高雄市。不過,從 19 世紀中葉,由高雄港往東延伸的都市地帶已經顯現了發展的跡象,這都與高雄的海港功能有關(以下有關高雄港功能與建設的沿革,係依據《高雄市志・概述篇》,1956: 10-11;《高雄市志・港灣篇》,1958: 13-40)。

1855(咸豐 5)年時,美國威爾阿母安遜公司獲得通商特權,派人來修建港口,建燈火信號所,並建築了三棟倉庫在岸壁和碼頭。1863

（同治2）年，打狗港被列為臺灣開放的四個口岸之一。哨船頭附近的小丘經開闢，設置了稅關、領事館和外國人的居住地。翌年，設打狗支關於旗後碼頭，稍後英國將駐臺副領事館遷至打狗，並於1865（同治4）年升格為領事館。自英國設領事館於此，領事館、海關及英德公司職員來人漸多，商務日盛。1875年（光緒元年），曾在旗後山、打鼓山設大炮數尊。1880（光緒6）年設電報局於哨船頭，1883（光緒9）年築燈塔於旗後山上。因中法戰起，又趕築炮臺。這一段期間，打狗近海可以形成港口的地方，因西洋人貿易的需求和軍事上的需要，而逐漸開闢，只是在貿易額上與安平還有相當的差距。日據初期，將打狗與基隆同列為臺灣的兩個深水港，作為海島南北兩端容納新式輪船的海港，使得打狗在臺灣的地位形成穩固的起點。

1899年，先在打狗進行港灣調查。當時基隆建港的工作已進行中，打狗的調查工作尚嫌粗略，暫告擱置。1900年，臺南至打狗的鐵路完成，1908年，自基隆至打狗的鐵路全線通車。作為鐵路線南端的打狗車站，在南北鐵路陸續運行之下，由於貨物量的急遽增加，必須擴建車站，在1904年著手進行。當時採取的方式是填平附近各方面以為擴建車站之用。填築的沙泥，取自港口，既得新地，又可疏濬沿海港灣。但是，打狗還未成為南部的主要深水港。後經第二次的港灣調查，完全肯定了打狗作為商港的可行性，才在1908年4月進行第一期築港計畫，將高雄建設為可以因應二、三千噸級船隻進入的港口。第二期築港計畫從1912年開始，以五千噸級船隻的進入為目標。工期數度延遲，至1937年才竣工，港內可以停泊二千至一萬噸級的船隻二十六艘。在1937年之後，更推展第三期的築港計畫。隨著港灣功能的增強，打狗和日後的高雄，在南部和全省貿易的地位，亦顯著增強。

安平在1896年的輸出輸入總額是4,773,301日圓，高雄只有638,068日圓，是安平的七分之一而已。至1915年時，高雄的對外貿易地位取代了安平。當年安平的貿易總額為1,049,703，高雄是3,207,859。在1925和1935年，安平的貿易總額只在100至200萬之間，高雄是在3,000萬和4,000萬之間。從輸出輸入的變化而言，在1910年代高雄已經在臺灣的南部取得了獨霸的位置。高雄在日據時代對外貿易的位置，與基隆的對比，更可以顯示出來。在 1896 年，基隆的貿易總額尚不如高雄，才 225,035 日圓。但在 1905 年，基隆的總額已超過 360 萬，超過了安平和高雄。迄 1935 年，高雄一直不及基隆，但 1938 和 1940 兩年，高雄的數值都高過基隆。不過，1943 年時因盟軍轟炸之故，高雄的數值陡然下降，基隆的卻急遽上升，又形成基隆領先的局面。

依正常的情況，高雄的海港功能在日據末期已經超過基隆。這可以由兩者不同的對外貿易功能而佐證。基隆在 1915 年以後，一直是進口貿易最主要的港口，很穩定的占進口總額的六成左右。高雄則以出口貿易取勝，在 1920 至 1940 年之間，大致占全島出口總值的五至六成之間。臺灣以後在日據時期的貿易，主要行之於與日本之間。自 1909 年以後，臺灣一直是維持出超的情形。對日本的輸出，是以食米、砂糖和香蕉為大宗。在 1940 年，砂糖和食米便占輸出總額的 70%。這些農產品，還是以臺灣的中南部為主要的產地。高雄成為臺灣農產品的首要港口，基隆由於作為臺北外港的性質，成為消費品輸入的首要港口（高雄市文獻會，1988: 620-624；《臺灣省通誌・卷四》，1970: 182-195）。臺灣的貿易量在 20 世紀是逐年增加，輸出的分量亦是逐年增強，高雄的分量逐漸超越基隆。

除了港口的發展之外，日據末期高雄的重工業發展，也是高雄地區發展的重要特色。單從工廠總數觀察，高雄的工業發展並不驚人。雇用 5 人以上的工廠家數，高雄州僅 803 家，不及臺北、新竹、臺中和臺南四州，而占第四的臺中州，工廠家數為 1,916，是高雄州的兩倍強。才光復的 1946 年的資料顯示，高雄市的登記工廠數，不及臺北、臺中和臺南三市。可是從重工業和較具規模的輕工業的發展，高雄應該是臺灣在日據末期唯一的工業都市。除了製糖和造鹽的工廠設立較早（在 1910 年以前），這些工廠大部分在 1920 和 1930 年代設立。

在重工業方面有，臺灣鐵工所株式會社（1919），衛生罐製造廠（1922），三菱重工業高雄廠（1935），臺灣合同鳳梨株式會社製罐廠（1935），臺灣鳳梨株式會社製罐廠（1935），臺灣鐵線株式會社（194?）。輕工業方面有，高雄酒精株式會社（1913），臺灣水泥公司高雄廠（1915），高雄製冰株式會社（1925），日本食料株式會社高雄製冰廠（1925），南日本化學株式會社（1939），臺灣肥料株式會社高雄廠（1939），旭電化株式會社（1939），小港造紙廠（1944）。另外在1937年因第二期港灣工程竣工，隨而建設了濱海的工業群，包括高雄造船所、高雄煉油廠、碱業公司高雄廠、高雄硫酸錏廠和高雄肥料廠。日據末期，半屏山以北（今之楠梓）、壽山下（今壽山以西的鼓山區）和戲獅甲（今前鎮區濱海一帶）已成為極為明顯的大型工廠聚集地段（高雄市文獻會，1988: 531-546；《高雄市綱要計劃》，1971: 11）。

在海港與工業發展之外，高雄的政治地位也往上提升。1898年，在鳳山縣辦務署之下設打狗支署。1903年，打狗一帶改歸臺南縣，屬臺南縣鳳山廳辦務署所轄，旋又廢縣置廳，設鳳山廳，為二十廳之中的一個，1905年在鳳山廳下設打狗支廳。後又廢鳳山廳，打狗與鳳山同為臺南廳下十三支廳之一，此時支廳所轄的範圍，大致等於小港以外的高雄市區。1920年廢廳置州，置高雄州，為西部五州之一。高雄州下設有高雄郡，州治和郡治都設在高雄街。1924年廢高雄郡和高雄街，設高雄市。此時的高雄市僅轄有原高雄街之地，原高雄郡下的左營和楠梓撥歸岡山郡。此時的高雄市不僅不含小港，也不含左營和楠梓。1932年併入左營的部分地段，1940年廢左營庄歸高雄市，再納入鳳山街、小港庄和鳥松庄的部分地區。在1943年，又廢楠梓庄，將楠梓、土庫及後勁劃歸高雄市管轄。這時高雄市的轄區，大致就是高雄光復後省轄市時代所領有的行政範圍。從地方政治地位來觀察，高雄原處於從屬鳳山的位置，迄1910年代與鳳山同為廳治，但至1920年以後，當高雄街為州治之時，鳳山已處於從屬高雄的位置，同時高雄已成為臺灣的五大都市之一（《高雄市志・概述篇》，1956: 10-12；高雄市文獻會，1988: 1-4；《臺灣省通誌・卷一》，1970: 45-74）。

高雄的都市建設與臺中一般，雖然在清領末期已初露頭角，真正的建設還是在日據時期。1908年，建港第一期工程開始，同年公布市區計畫，以運河以西土地約170萬平方公尺列為打狗市區計畫區域，預定容納4萬2千人。1921年，市制成立之後，將運河以東的部分地區納入都市計畫，以容納11萬6千人為目標。1937年進行第三期築港工

程，亦再次修正並公布高雄市都市計畫，計畫面積約 4,623 公頃，預計
容納 40 萬人口。主要特色是將左營規劃為軍港區，將半屏山北側、萬
壽山南麓和戲獅甲等地規劃為工業區（高雄市文獻會，1988: 847；謝
家林，1985）。並且以高雄港和左營軍港為中心向東面建立一個大工業
中心。如前所述，除了大工業中心外，其餘三個工業地段，在日據末期
都已略具雛形。這應是日據末期除臺北以外，最大的都市計畫。

　　相應於港灣、工業的發展，政治地位的提升，以及都市建設的進
展，高雄都會內的高雄市，在日據時期，應該是成長最為快速的都市
地帶。相當於目前高雄範圍的地方，在 1897 年時雖然人口已達 3 萬左
右，可以說是都市人口的，只應含居住在鳳山街和打狗地區者。高雄
市的人口增加，部分係因行政範圍擴大，帶入相當的人口。1920 年，
高雄街的人口達 3 萬 5 千，在全省的都市中，只落於臺北和臺南之後。
1935 年，高雄市有 8 萬 5 千人，其町部（即非農業地帶）的人口亦在
5 萬 5 千人左右，後者是比較嚴格定義的都市範圍（章英華，1986c:
244-245）。不論是較嚴或較鬆的標準，高雄的規模居全島第四，位於臺
北、臺南、基隆之後。翌年，高雄全市的人口近 9 萬 5 千，超越基隆居
全省第三。在高雄市尚未併入左營等地之前的 1939 年，全市人口超過
10 萬，達 118,308。1940 年擴大市區，人口提高到 16 萬，這樣的人口
數僅次於臺北，為全省第二，至 1942 年又增至 197,897 人。

　　日本殖民者積極開發高雄所引入的日本人口，在高雄市日據時期的
發展，占相當的分量。1920 年的高雄街，日本人占四分之一；1930 年
的高雄市，日本人仍占四分之一；1939 年，高雄市擴大之前的日本人
比例約 23%。至 1942 年，日本人超過 4 萬，占擴大後高雄市人口約五
分之一強（根據高雄市文獻會，1988: 98-108 之歷年人口資料計算）。
由於擴大後的市區所帶入的大部分是臺灣的本地人口（若在 1920 年，
將當時的高雄市加上左營合計，日本人只占五分之一弱），在擴大之前
的高雄市區，日人占全人口的比例一直在類似的水準。因此，日本人自
1920 年以後，在高雄地區一直維持著穩定的分量。

　　高雄市區是由港灣的發展向外輻射的。第一次市區計畫規劃，係徵
收夾在運河與港口之間的鹽田成為都市用地，即今日的鹽埕區。這地

區的中間地段形成了高雄市的商業核心，在今日東西向的新樂街與五福四路和南北向的新興街與七賢三路之間。建市後，市役所設立在此區北端的榮町（即今日鹽埕區的市政府所在地）。此時，運河東岸地帶，亦納入都市計畫中，特別跨河設立了行政機關、銀行、法院公園和各級學校，即由市役所向東跨河延伸成一個極為明顯的公共建築地區（高雄市文獻會，1983: 8-10 至 8-11）。這時陸路交通的要口，高雄火車站位於鹽埕西側，壽山公園腳下的新濱西町（張林森，1988: 206），因此對外陸路的孔道離商業中心不遠。但是在 1936 年，日人鑒於原有的火車站埠太小，遂將火車站遷至今日高雄火車站所在地，使得住宅與商業設施往東擴展，形成了另一個商業區和住宅區。不過依當時的都市計畫，主要的商業區，還是分布在鹽埕區內（葉秀珍，1985: 96-97），使得火車站與鬧區之間隔相當的距離。19 世紀以至日據末期，商業的勢力，係由直接濱海地段往東移，由旗後、哨船頭和再東移至較內陸的鹽埕（張林森，1988: 206-208）。

　　日據時期，高雄與臺灣的其他大都市一般，由於日本人的殖民者的地位，與臺灣人所從事的職業極其不同，日本人的活動性質也有其特別的喜好，於是高雄日據時期的商業和住宅區，也呈現日本人與臺灣人之間的分化（高雄市文獻會，1983: 2-6 至 2-7；謝高橋，1990: 90-92）。日本人的居住地大都在運河與鐵路之間所圍成的三角地帶以及此地帶與壽山之間。這一帶共有九個町，1937 年時，其中兩個町的日本人口超過 70%，兩個在 60-70% 之間，兩個在 50-60% 之間，高雄市當時日本人人口占 50% 以上的也只有這六個町。因此日本人的居住地是在港口與運河以及壽山之間的地段。高雄日據時的商業區，位於運河與鐵路圍成的三角地帶（即今日的鹽埕區）的北半，而該地帶是日本人比例最低的兩個町（日本人占鹽埕町的 12.25%，占北野町的 3.56%）就位於此三角地的北半（《昭和十一年高雄州統計書》，1939: 15-16，原始資料經換算）。日本人的商業地段偏在商業區的南面，以五福四路為最熱鬧，五福四路靠西地段是日本人的遊樂區。臺灣人的鬧區在偏北的新興街。當官署與公共設施由鹽埕西側中央的市政府往西擴展，亦形成了明顯的日人宿舍區。

二、人口成長、人口移動與人口分布

在日據末期，高雄的建成地尚不及當時行政轄區的一半。當時的建成地可以分成兩大部分，一是由港口所輻射出來的地方，一是左營地區。從港口延伸，最主要是向東和向東南。大致在目前往屏東鐵路和凱旋路所包圍的半圓地帶，不過這半圓西側，約占此區域四分之一的地方，仍屬空曠（依據高雄都市成長圖所推論，《高雄市志・卷七》，1985: 55）。從港口向北沿著壽山的西側也有一道狹長的建成地，但是這段建成地並未與左營的建成地直接連上。由於左營的主要基礎是在軍港，其發展的脈絡在當時不必與高雄港的完全關聯，當時這一帶的建成地，大約占其行政區的一半面積（亦以高雄都市成長圖所推算）。在行政區劃分上，光復之後承攬日據高雄市的轄地而為省轄市，在市下設有十區。至 1979 年，高雄改制為院轄市，將高雄縣小港鄉劃歸高雄市，為小港區（高雄市文獻會，1988: 5-6）。

接收之後，高雄曾在短時期之內，因日人的移出，人口頓減，而比臺南的人口少。不過，高雄很快又恢復了發展的活力，由港口輻射出的發展持續下去。在 1971 年出版的《高雄市綱要計劃》簡要指出（頁14-15），高雄是四周鄉鎮的中心，是這些鄉鎮的批發中心、娛樂中心和特殊貨品的購買中心，鄰近高雄各鄉鎮的居民不少到高雄工作，高雄與其四周的鄉鎮已形成一個都會區。就此建議，在研擬《高雄市綱要計劃》之時，其各項實際設施計畫，須同時考慮高雄市及其四周鄉鎮的需要。在討論高雄都會的發展上，首先當然包括高雄市轄的十一個區。至於如何決定高雄市以外的都會鄉鎮，我們是以王湧泉研究（1985: 28-30）中所區劃的範圍為依據。以鹽埕區為中心向外劃的 16 公里的半圓，其南北兩端的極點分別是橋頭鄉和大樹鄉。由中心往外的密度曲線圖，明白顯示，人口密度依次往外遞減，橋頭和大樹分別是南北的最低點。過了這個最低點，密度曲線陡然上升，分別是岡山和屏東。這樣的模式在光復以後至 1980 年，都是相當類似的。我們以 16 公里為界定都會範圍的外緣。因此，高雄都會區除高雄市外，包含高雄縣的鳳山、鳥松、仁武、橋頭、梓官、林園、大寮、大樹、大社和彌陀十個鄉鎮，總共二十一個鄉鎮市區。

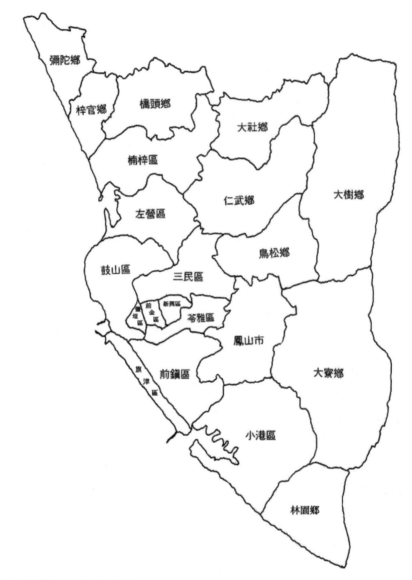

圖 5　高雄都會行政分區圖

　　我們所界定的高雄都會區，1952 年的人口在 50 萬左右，1986 年時已經接近 200 萬，增加約三倍。在 1952 年時，都會區範圍之內尚多農業地帶，因此若以都市人口而論，增加的倍數尚不只此。人口成長最快是在 1950 和 1960 年代，年平均成長率都在 4、5% 之間（見表5-2.1）。1950 年代前半，人口的成長主要是外省人大量移入的結果。從1952 至 1956 年，人口約增加 9 萬 5 千，外省人的增加數目為 9 萬上下。從 1956 至 1971 年，外省人口的年平均成長率都高於本省人口，但本省人口的年平均成長率已在 4% 和 5.5% 之間，在人口絕對數的增加上，在 1956 至 1966 年之間已超過外省人口。從 1970 年代之後，外省人的成長急速下降，在 1970 年代後半，1980 年代前半，外省人口已是零成長，這時期人口增加的動力主要來自本省人口。不過本省人口的成長率也逐年下降，1980 至 1986 年間年平均成長率只有 1.8%，其中大部分應是自然增加的結果，社會增加所占的分量隨人口成長率的降低而落於自然增加之後。都會區對外來人口的吸力，大致趨於停滯。

表 5-2.1　高雄都會區人口成長率（年平均），1952-1986 年

地區	成長率（%）	1952	1956	1961	1966	1971	1976	1980	1986
鹽埕區	全區人口	-	3.9	1.7	1.5	-1.0	-3.9	-3.4	-1.4
	外省人口	-	-	1.4	0.7	-1.1	-4.8	-3.4	-2.6
	本省人口	-	0.5	1.8	1.6	1.0	3.8	3.4	1.2
鼓山區	全區人口	-	4.2	4.7	3.0	3.6	0.9	0	1.0
	外省人口	-	-	6.0	3.6	3.4	-1.1	0	1.7
	本省人口	-	-0.9	4.4	2.8	3.6	1.4	0	0.8
左營區	全區人口	-	4.1	5.3	4.4	4.8	0.9	0.3	-0.8
	外省人口	-	-	7.4	5.1	5.5	-0.3	-3.0	-2.7
	本省人口	-	-12.4	3.2	3.4	3.9	2.5	3.7	0.8
楠梓區	全區人口	-	4.8	5.4	3.8	6.2	6.1	5.0	3.6
	外省人口	-	-	13.5	5.1	10.6	6.2	5.8	3.4
	本省人口	-	1.7	4.0	3.5	5.1	6.0	4.8	3.7
三民區	全區人口	-	5.5	8.1	10.3	10.6	6.6	6.8	3.5
	外省人口	-	-	12.5	13.3	11.0	-0.1	10.6	-0.4
	本省人口	-	3.3	7.6	9.9	10.5	7.4	6.4	3.9
新興區	全區人口	-	6.3	9.0	6.2	1.5	0.7	-2.7	-0.6
	外省人口	-	-	9.4	5.4	-0.9	-2.1	-4.1	-0.9
	本省人口	-	0.9	8.9	6.4	2.1	1.2	-2.5	-0.5
前金區	全區人口	-	7.3	5.8	4.1	1.6	-2.7	-3.1	-1.3
	外省人口	-	-	4.5	3.9	-0.2	-4.6	-4.3	-1.5
	本省人口	-	1.2	6.2	4.2	2.0	-2.3	-2.9	-1.3
苓雅區	全區人口	-	7.1	9.1	7.6	11.4	6.0	3.5	2.3
	外省人口	-	-	14.0	8.9	10.2	2.7	1.8	1.7
	本省人口	-	2.8	8.1	7.2	11.7	6.8	3.9	2.5

表 5-2.1 高雄都會區人口成長率（年平均），1952-1986 年（續）

地區	成長率（％）	1952	1956	1961	1966	1971	1976	1980	1986
前鎮區	全區人口	-	5.1	7.5	5.6	15.4	5.6	3.5	0.2
	外省人口	-	-	5.1	5.7	4.8	0.7	0.6	-1.4
	本省人口	-	-8.1	9.0	5.5	19.7	6.8	4.1	0.5
旗津區	全區人口	-	3.5	4.9	3.4	3.1	1.0	-0.5	-0.9
	外省人口	-	-	9.4	5.7	3.9	0.2	-3.6	-4.8
	本省人口	-	0.1	4.2	2.9	3.0	1.2	0.1	-0.3
小港區	全區人口	-	2.6	3.0	2.3	3.2	4.3	7.4	4.2
	外省人口	-	2.8	4.0	2.8	2.9	3.3	6.5	1.9
	本省人口	-	2.6	2.9	2.2	3.2	4.5	7.5	4.5
鳳山市	全區人口	-	5.8	5.8	3.7	7.5	8.6	6.2	3.7
	外省人口	-	8.8	10.7	5.5	9.4	4.0	0.1	0.9
	本省人口	-	4.9	3.9	2.8	6.4	11.1	8.4	4.4
林園鄉	全區人口	-	3.4	3.3	2.7	4.7	0.5	1.6	1.2
	外省人口	-	56.8	9.9	8.5	20.9	-9.9	-2.5	-1.8
	本省人口	-	2.3	2.9	2.2	2.1	2.6	2.2	1.5
大寮鄉	全區人口	-	2.8	5.0	6.1	3.4	4.0	2.0	1.1
	外省人口	-	15.3	30.8	21.5	6.1	4.0	0.9	-1.0
	本省人口	-	2.4	3.0	2.5	2.2	4.1	2.5	1.9
大樹鄉	全區人口	-	1.9	3.5	2.8	2.6	1.4	1.0	0.4
	外省人口	-	5.1	8.3	12.8	8.5	18.6	-9.5	0.8
	本省人口	-	1.8	3.4	2.3	2.1	-1.2	2.4	0.4
仁武鄉	全區人口	-	3.4	3.9	2.2	4.2	6.7	6.0	2.5
	外省人口	-	27.6	20.7	4.6	16.0	14.2	5.2	0.4
	本省人口	-	3.1	3.4	2.1	3.4	5.8	9.6	2.7
大社鄉	全區人口	-	3.6	3.7	2.6	2.7	2.3	2.5	2.2
	外省人口	-	75.2	12.2	3.9	7.9	1.9	1.3	0.9
	本省人口	-	2.6	3.2	2.5	2.3	2.3	2.6	2.3
鳥松鄉	全區人口	-	2.1	3.4	2.3	2.8	1.3	7.4	2.9
	外省人口	-	1.5	11.0	-2.5	14.3	-1.5	-4.4	10.5
	本省人口	-	2.1	2.8	2.8	1.5	1.7	8.6	2.1
橋頭鄉	全區人口	-	2.5	2.5	1.8	1.5	1.2	2.8	1.2
	外省人口	-	10.6	2.6	3.8	5.7	3.7	2.5	3.3
	本省人口	-	2.2	2.5	1.7	1.3	1.0	2.8	1.0
彌陀鄉	全區人口	-	1.7	2.4	1.2	1.4	1.5	0.5	0.2
	外省人口	-	-5.4	5.8	7.2	3.0	2.4	1.1	-1.2
	本省人口	-	1.9	2.3	1.1	1.4	1.4	0.5	0.2
梓官鄉	全區人口	-	1.9	2.5	1.9	2.0	2.2	4.0	1.0
	外省人口	-	8.3	24.9	12.0	4.9	6.3	13.9	-0.2
	本省人口	-	1.9	2.3	1.7	1.9	2.1	3.5	1.1
總計	全區人口	-	4.3	5.1	4.3	5.6	3.5	3.2	1.8
	外省人口	-	48.1	8.0	6.1	6.2	1.2	0.4	0
	本省人口	-	0.3	4.5	3.9	5.5	4.2	3.8	2.2

資料來源：依各年度高雄縣市統計要覽整理

　　都會區內各鄉鎮在人口的成長上，亦有不同的模式。鹽埕區作為都會的中心，也是日據時期形成的商業核心。它的人口成長率在 1950 年代，是全都會最低的，尤其本省人口在該年代前半期呈現負成長，從移出移入的比較，其人口已是外流為多的情形。到了 1960 年代末期以後，其人口持續負成長，雖然在 1980 年代前半人口流出的速度減緩，但其人口絕對數值已經不及 1950 年代初期。鄰近鹽埕的新興和前金區，在 1966 年以前，人口年平均成長率高於全都會的一般值，可是在 1960 年代後半人口年平均成長率在 1.5% 上下，之後便呈現人口負成長，一直持續到 1986 年。而鼓山區的人口變化，雖然未及於負成長的地步，但在 1970 年代以後，都在 1% 以下的成長，鼓山的南半是日據時期相當發展的地區，北半則是開發中的地段，因此鼓山南半人口成長模式，應近於新興和前金。由此推論，鹽埕和其鄰近地帶在 1971 年以後人口的外流已經極為明顯。

　　此外人口成長停滯而顯示負成長的地區有旗津和左營。旗津乃高雄市的離島，以漁港為主要的生業，在發展上與高雄本土不能連串（施家順，1987）。左營以距離而言，可以說是都會的外緣，通常的變化在整個都會區內，應該仍保持相當的活力。左營是全市自 1951 年以來外省人口比例最高的區，1966 年時，外省人口占 55%，但 1989 年時只占 40%，外省人口數不及 1966 年的水準。其人口減少最主要的原因在於外省人口的負成長，而其本省人口其實在 1960 和 1970 年代均維持著年平均 3.5% 上下的成長，至 1980 年代末期本省人口數亦未下降。這和其他都會內圍三區，不論外省或本省人口，同樣都明顯減少的情形，有所差別。去除旗津和左營的特例，人口外移的主要地帶大致是在都會的內三環。

　　由前金和新興往外，是高雄市的三民、苓雅和前鎮區。這三區在 1960 年代，是全都會人口成長最快的地區，特別在 1960 年代後半，三區的年平均成長率都超過 10%，前鎮更高達 15%。三區在 1971 至 1976 年之間人口成長速度降至 5% 和 7% 之間，但仍是全都會成長率偏高的地區。三區中，三民和苓雅外省人的成長高過本省人，而前鎮則是以本省人口的增加率特別高。不過，三區的本省人口的基數大，增加的數量仍是以本省人口為主。到了 1970 年代後半和 1980 年代前半，更外圍的小港、鳳山、鳥松、仁武和楠梓的人口成長率已與三民相近，而勝過苓雅和前鎮，只是這幾區在 1980 年代的成長率，已不及 1970 年代後半。這幾個區本省人口的增加數一直大於外省人口，但其人口成長率在 1971 年以前，都以外省人口為高，在 1971 年以後，則明顯是本省人的為高。再外圍的林園、大寮、大樹、橋頭、彌陀和梓官，人口的成長率都無特別的高點，而在 1981 至 1986 年間的年平均成長率，大致都低於全都會的平均值。

　　從以上的分析，我們可以歸納如下。都會區的最核心地區，在光復之初人口已經停滯，很快又進入負成長的狀況，而緊臨這核心的都市內環，在經過十餘年的快速成長之後，也同樣進入負成長階段，而使得都市的內環形成人口外流的地區。再往外的地區，在 1960 年代，取代內環地帶成為全都會人口成長率最高的地區。但在 1976 年以後，毗鄰的外圍鄉鎮又取代它們，成為人口增加最快的地區。以上的兩個地帶，在 1980 年代，人口成長的速率同樣減緩下來。最外圍的鄉鎮，則是人口一直穩定緩慢成長，或可說，高雄都會發展尚未大力波及的地區。高雄都會的快速成長，依如此的脈絡，大致是在都會中心 9 公里以內的地帶。在這樣的發展模式之下，高雄都會的核心區，已經不是人口密度最高的地段。當我們將高雄都會以鹽埕區為中心向外分成好幾個環圈（見表 5-2.2），1980 年的資料顯示：中心 1 公里以內第一環的人口密度是每平方公里 15,091 人，1 至 2 公里的第二環是 16,250 人，2 至 4 公里的第三環為 17,404 人，再外的一環則降至 13,295 人，再向外則依次急遽下降。當分成五個扇面時，每一扇面大致是第一環密度最高，第二環降低，第三環又提高，第四環之後依次降低。不過當我們將第一和第二環合併時，則此環在各扇面的密度大都低於第三環。因此，高雄都會的人口密度，已形成由低而高再低的曲線模式。核心區的人口數繼續減少之中，以外地區不論成長速度如何，大部分人口仍增加中，上述的曲線模式應該更為明顯。

表 5-2.2 高雄都會區平均人口密度依同心環、扇面分

	同心環一	同心環二	同心環三	同心環四	同心環五	同心環六	同心環 7,8,9	合計
扇面一	967.49	5584.47	7276.42	5549.75	6201.11	3207.61	2028.41	3356.70
扇面二	37627.84	25602.41	23255.75	11489.22	3826.10	936.56	525.90	2235.88
扇面三	31518.99	22399.27	33345.13	21391.96	8667.74	2902.51	956.12	4770.35
扇面四	32635.17	21831.01	25715.50	18278.37	7876.78	2269.82	748.28	4504.04
扇面五	12633.33	29696.13	6600.06	13123.55	8737.86	2702.29	1415.22	3364.87
總　　計	15090.93	16250.02	17404.48	13295.57	7026.87	2439.68	1119.49	3559.91

資料來源：1980 年臺閩地區戶口及住宅普查資料

　　我們將高雄市左營、楠梓和小港以外的八區視為中心都市，以檢視人口比例的相對變化。中心都市占都會區的人口比例，1952 年為 42.48%，1956 年為 44.57%，1961 年 46.94%，1966 年 53.23%，1971 年 60.47%，1976 年 63.66%，1980 年又降至 55.43%，1986 年為 49.69%。簡言之，在 1976 年以前還是往中心都市集中的情形，1976 年以後則是中心都市以外地區分量顯著加重。在如此的人口成長和人口分布的模式之下，人口的流動呈現如何的樣式呢？我們依據 1980 至 1989 年之間六個年度的抽樣數據，就高雄市的人口流動做個分析（見表 5-2.3）。從移入人口的來源地觀察，來自南部區域的比例在 56-77% 之間，而來自高雄縣的占 26-51% 之間。我們或可推論說，移入者六至七成來自高雄附近的南部區域，而其中約一半是來自緊臨高雄市的高雄縣。其餘，則北部移入的分量要大於中部。至於移出人口，其最大的目的地，不是南部區域，而是北部。移往北部的最大部分是集中在臺北市和臺北縣。二地在各年度的資料中，所占比例互有高低，但總和都占高雄市移往北部區域的七至九成之間。從高雄市移往高雄縣的都只在四分之一以下，遠不及移往臺北市縣的。因此，高雄都會區在 1980 年代所顯示的是，它吸收了附近地帶的人口，但是疏散出去的人口，相當數目是往都會以外的地區，而非都會內的分散化。

表 5-2.3 **高雄市移入人口來源地與移出人口目的地，1980-1989 年**

	移入人口來源地						移出人口目的地					
	1980	1981	1982	1987	1988	1989	1980	1981	1982	1987	1988	1989
總　計	100.00	100.00	100.00	100.00	100.00	100.00	100.00	100.00	100.00	100.00	100.00	100.00
北　部	9.85	34.05	17.07	22.75	13.75	33.04	41.13	53.69	53.86	40.08	47.19	48.70
臺北市	3.83	14.84	6.79	9.06	9.88	13.42	16.17	35.94	41.60	18.88	33.81	29.05
基隆市	0.56	-	-	1.25	0.27	5.42	-	0.73	-	1.85	0.61	0.51
臺北縣	0.76	6.59	6.52	6.05	0.96	2.98	22.15	11.20	3.24	13.94	7.69	6.7
宜蘭縣	-	0.91	-	-	-	-	-	2.10	-	0.41	0.17	-
桃園縣	4.71	11.82	3.39	4.31	2.65	9.38	2.80	2.13	5.34	4.21	3.87	9.33
新竹縣	-	-	0.37	2.07	-	1.85	-	1.59	3.69	0.80	1.04	3.05
中　部	13.77	4.40	8.46	12.06	6.23	9.85	12.17	5.48	9.29	16.95	9.71	7.86
臺中市	1.77	0.42	2.68	5.38	2.84	4.99	8.24	4.37	4.38	5.78	4.73	6.49
苗栗縣	2.80	-	1.30	-	-	0.24	-	-	1.78	0.76	0.59	-
臺中縣	1.51	1.39	1.06	1.39	-	0.09	0.63	-	1.30	3.98	0.45	1.06
彰化縣	1.08	1.02	2.83	1.24	0.83	1.57	2.69	0.41	0.65	2.01	2.54	0.32
南投縣	1.19	-	0.26	-	0.40	1.66	-	-	0.50	3.20	0.73	-
雲林縣	5.42	1.57	0.33	4.05	2.16	1.29	0.61	0.70	0.69	1.21	0.67	-
南　部	73.76	58.84	66.36	62.85	77.84	56.80	44.92	38.77	35.94	41.80	43.10	42.23
臺南市	12.73	1.37	0.93	3.83	9.89	1.82	10.77	10.82	7.66	4.91	10.18	9.00
嘉義縣	4.53	5.21	7.03	5.27	1.58	0.15	1.48	0.87	2.41	3.76	2.29	0.39
臺南縣	6.34	14.39	11.95	6.66	4.47	13.69	3.01	3.42	8.21	4.97	2.45	1.28
高雄縣	37.18	26.09	29.05	29.70	51.49	28.63	19.69	20.95	3.70	24.05	18.66	25.69
屏東縣	10.96	7.69	16.27	15.35	8.78	10.88	8.38	2.24	2.70	2.67	6.68	4.14
澎湖縣	2.01	4.09	1.12	2.03	1.63	1.63	1.59	0.48	0.60	1.43	2.84	1.71
東　部	2.63	2.71	8.12	2.34	2.17	0.31	1.79	2.60	0.91	1.17	-	1.21
臺東縣	1.58	2.24	7.94	1.93	1.09	0.31	1.79	-	-	1.17	-	0.64
花蓮縣	1.05	0.46	0.17	0.41	1.08	-	-	2.06	0.91	-	-	0.57

資料來源：中華民國臺灣地區國內遷徙調查報告
附註：新竹市、嘉義市升格後資料併入新竹縣、嘉義縣計算

三、產業結構與變遷

在日據末期，高雄市的工業建設較全省的其他地區都更積極。但是

整個高雄都會區的產業構造，尚未達工業優勢的境地。依 1954 年工商業普查的數據（見表 5-3.1），整個都會的工商單位數，製造業占不到三成，而商業和服務業合計則在七成上下。但是由於製造業的規模大於商業和服務業，同時工商業普查不含農業和政府部門的服務設施。我們以居住人口的行業組成來推論高雄都會在 1950 年代初期的產業構造。1956 年的人口普查資料，經整理之後，高雄都會區的一級行業 55,276 人，占全就業人口的 35.57%；二級行業 45,032 人，占 28.97%；三級行業 55,114 人，占 35.46%。當時的都會居民在居住地附近工作的可能性最大，高雄都會之外又無吸力特別大的都市，因此，以當年的居住人口行業組成來推斷產業結構，應該是不致太離譜的。就此，我們首先得注意的是高雄都會在 1950 年代不可輕忽的農業就業人口，其次顯示的是，二級產業與三級產業間的差距，不如工商業單位數顯示的那麼懸殊，但是二級行業所提供的員工就業機會尚不及三級行業。當時的大規模工業設施，大致仍設置於高雄市的範圍之內，是否當時的高雄市才能反映出製造業的優勢呢？高雄市一級行業有 12,898 人，占全就業人口的 13.24%；二級行業 34,405 人，占 35.32%；三級行業 50,092 人，占 51.42%。高雄市的農業性質遠低於高雄都會的其他地區，而高雄市相對上更優勢的，不是二級而是三級產業。

　　1960 年代，高雄都會的二級產業的優勢快速提升。一級產業的人口，還是要根據居住人口的行業組成來推斷，在 1966 年時，約 5 萬 2 千人，與 1956 年的約 5 萬 5 千人相去不遠。1971 年的工商業員工數為 277,290，加上農業人口，約 329,290 人。依推論，尚有 10% 左右的政府和教育等服務業的員工不包含在上述的員工數字中。以最高的推估，高雄都會 1971 年的各類工作場所所雇用的員工人數可能達 366,000 人，一級行業（大都是農漁業）員工只占 14%，二級行業（含製造與營造業）約占 48%，三級行業則占不到四成。經過了 1960 年代的產業發展，高雄都會三級產業的員工人數已經不及二級產業，而二級產業中，又是以製造業占最大部分。1971 年時，高雄都會的產業優勢，已經明顯是在製造業的手中了，同時農業的分量也不足道了。製造業的就業員工數，在 1970-1980 年代持續增加，但是在整個產業的分量，卻

表 5-3.1 高雄都會區產業結構，1954、1971、1981、1986 年

地區	係數	1954 礦土	製造	營造	商業	服務	合計	1971 礦土	製造	營造	商業	服務	合計	1981 礦土	製造	營造	商業	服務	合計	1986 礦土	製造	營造	商業	服務	合計
鹽埕區	%	20.00	17.76	16.25	26.97	21.31	23.08	0	1.71	6.05	19.78	16.17	7.85	2.55	0.46	2.57	11.25	8.02	4.46	0	0.33	1.67	9.38	5.26	3.27
	Q	87	77	70	117	94	2618	0	22	77	252	206	21767	57	10	58	252	180	20489	0	10	51	287	161	17555
	CI	213	189	173	287	232	246	0	36	127	417	340	165	104	19	105	460	328	182	0	16	81	454	245	158
鼓山區	%	0	10.08	7.58	8.36	6.89	3.71	27.30	10.08	1.32	8.79	26.94	12.99	2.44	5.54	3.28	5.06	11.01	6.11	8.04	3.98	2.80	4.33	7.37	4.66
	Q	0	116	37	102	79	988	210	78	10	68	207	36020	40	91	54	83	180	28060	173	85	60	93	158	25022
	CI	0	113	85	99	77	97	374	138	18	120	369	178	44	99	59	90	197	109	150	74	52	81	137	37
左營區	%	0	7.35	4.69	5.94	6.73	6.46	60.74	2.65	5.08	5.73	2.96	3.49	2.11	2.02	4.99	3.69	3.52	2.98	13.35	2.04	3.23	4.34	3.07	2.83
	Q	0	114	73	92	104	733	1743	76	146	164	85	9665	71	68	167	124	118	13686	471	72	114	153	108	15236
	CI	0	88	56	71	81	78	750	33	63	71	37	43	35	33	82	60	58	49	246	38	60	80	57	52
楠梓區	%	0	3.29	0.36	3.95	3.48	3.58	0	6.63	0.41	2.20	1.51	4.25	1.66	14.35	2.70	2.08	1.88	8.12	0	17.93	4.18	3.49	2.48	10.43
	Q	0	92	10	110	97	406	0	156	10	52	27	11779	20	177	33	26	23	37304	0	172	40	33	24	56081
	CI	0	88	10	105	93	95	0	170	11	56	29	109	34	294	55	43	39	166	0	337	79	66	47	196
三民區	%	40.00	6.75	1.44	5.23	6.11	5.76	0	13.12	8.48	12.18	7.23	11.25	10.31	8.21	14.6	18.36	15.40	12.46	6.03	6.88	14.39	21.32	13.36	11.32
	Q	695	117	25	91	106	653	0	117	75	108	64	31188	83	66	117	147	124	57242	51	58	122	180	113	63508
	CI	843	142	30	110	129	121	0	131	85	122	72	112	75	60	107	134	112	91	41	46	97	143	90	80
前鎮區	%	0	7.97	31.41	7.75	6.26	8.05	0	1.17	26.94	10.95	8.10	6.25	4.55	1.83	17.89	15.44	15.44	9.01	0.37	0.68	8.60	15.39	11.02	6.53
	Q	0	99	390	96	78	913	0	19	431	175	130	17325	50	20	198	171	171	14100	6	10	132	236	169	35095
	CI	0	136	536	132	107	137	0	18	408	166	123	95	103	42	406	351	351	205	9	17	219	392	281	166
前金區	%	20.00	4.68	13.00	3.87	2.35	3.98	0	2.28	21.86	8.89	10.25	6.63	0	1.64	12.25	9.12	10.03	5.70	3.47	1.00	4.10	8.78	13.64	5.52
	Q	503	118	327	97	59	451	0	34	330	134	155	18371	0	29	215	142	176	26187	63	18	74	159	247	29654
	CI	378	89	246	73	44	75	0	49	466	190	218	141	0	63	472	313	386	219	157	45	185	397	617	250
苓雅區	%	20.00	4.12	2.89	4.71	10.73	5.87	0	2.79	15.45	6.44	6.64	5.22	0.22	1.45	13.22	11.30	14.79	7.25	0	1.98	16.46	14.96	12.28	8.15
	Q	341	70	49	80	183	666	0	53	296	123	127	14471	3	20	182	156	204	33317	24	24	202	184	151	43789
	CI	428	88	62	101	229	125	0	30	166	69	71	56	2	13	123	105	138	67	0	18	149	135	111	74

表 5-3.1　高雄都會區產業結構，1954、1971、1981、1986 年（續）

地區	係數	1954						1971						1981						1986					
		礦土	製造	營造	商業	服務	合計	礦土	製造	營造	商業	服務	合計	礦土	製造	營造	商業	服務	合計	礦土	製造	營造	商業	服務	合計
前鎮區	%	0	2.34	0.36	2.47	2.00	2.27	0	44.44	0.44	4.39	7.37	26.73	10.31	24.94	7.38	7.83	6.96	16.02	2.38	20.39	9.44	7.72	6.57	13.87
	Q	0	103	16	108	88	258	0	166	2	16	28	74108	64	156	46	49	43	73572	17	147	68	56	47	74548
	CI	0	46	7	49	40	45	0	446	4	44	74	269	93	226	67	71	63	145	23	200	93	76	64	136
旗津區	%	0	2.44	1.08	2.16	1.61	2.08	0	1.90	0.13	1.46	1.06	1.50	0	1.24	0.58	0.76	0.19	0.88	0	1.05	0.09	0.81	0.37	0.76
	Q	0	117	52	104	77	236	0	127	9	98	71	4149	0	141	66	87	21	4122	0	138	12	107	49	4108
	CI	0	74	33	66	49	63	0	70	5	54	39	55	0	62	29	38	9	44	0	46	5	46	21	43
小港區	%	0	2.37	2.17	2.78	3.92	2.91	11.95	0.99	0.58	1.49	1.54	1.17	2.22	12.69	3.79	2.02	2.45	7.51	0	13.36	3.20	1.35	4.15	8.03
	Q	0	82	74	95	135	330	1019	84	50	127	131	3253	30	169	50	27	33	34503	0	166	40	17	52	43179
	CI	0	43	39	51	71	53	316	26	15	39	41	31	46	266	79	42	51	157	0	249	60	25	77	150
鳳山市	%	0	14.63	9.39	11.51	11.86	12.37	0	4.09	8.77	9.67	6.27	5.74	8.98	4.53	7.75	7.85	6.15	5.92	2.93	5.05	22.44	3.78	11.32	7.89
	Q	0	118	76	93	96	1403	0	71	153	168	109	13923	152	76	131	132	104	27211	37	64	285	48	144	42387
	CI	0	197	126	155	160	167	0	48	103	113	73	67	71	36	61	62	49	47	21	36	161	27	81	57
林園鄉	%	0	2.67	1.44	2.61	2.62	2.60	0	1.17	1.24	1.76	0.80	1.17	1.55	1.74	3.70	1.11	0.66	1.62	1.10	2.62	0.79	1.34	0.89	1.82
	Q	0	103	56	100	101	295	0	100	106	150	69	3257	96	107	228	68	40	7443	60	144	44	74	49	9761
	CI	0	57	30	55	55	55	0	31	32	46	21	31	50	57	120	36	21	53	37	88	27	45	21	61
大寮鄉	%	0	2.14	0.36	1.66	2.08	1.85	0	1.67	0.05	0.99	0.59	1.19	25.61	5.49	0.67	1.37	0.73	3.25	30.53	8.18	0.95	0.71	1.79	4.66
	Q	0	116	20	90	112	210	0	140	4	83	49	3303	787	169	21	42	23	14944	655	175	20	15	38	25065
	CI	0	45	8	35	43	39	0	37	1	22	13	26	561	120	15	30	16	71	688	184	21	16	40	105
大樹鄉	%	0	2.97	0.36	2.25	2.90	2.54	0	1.54	0.04	0.99	0.92	1.19	26.94	1.34	0.16	0.63	0.41	0.94	26.69	1.63	0.76	0.54	1.03	1.23
	Q	0	117	14	89	114	288	0	129	3	83	77	3309	2868	142	17	67	44	4314	2169	133	62	44	84	6613
	CI	0	72	9	54	70	61	0	54	1	34	32	41	1156	58	7	27	18	40	1224	75	35	25	47	56
仁武鄉	%	0	0.43	0.36	0.27	0.63	0.40	0	1.69	0.15	0.46	0.14	1.04	0.22	6.67	0.79	0.50	0.89	3.62	2.01	5.87	0.69	0.30	0.89	3.20
	Q	0	108	91	69	158	45	0	163	15	45	13	2879	6	184	22	14	25	16630	63	183	22	9	54	192
	CI	0	31	26	20	46	29	0	157	14	43	13	96	13	408	48	31	54	221	121	353	41	18	54	192

表 5-3.1　高雄都會區產業結構，1954、1971、1981、1986 年（續）

地區	係數	1954						1971						1981						1986					
		礦土	製造	營造	商業	服務	合計	礦土	製造	營造	商業	服務	合計	礦土	製造	營造	商業	服務	合計	礦土	製造	營造	商業	服務	合計
大社鄉	%	0	0.63	0	0.62	0.70	0.63	0	0.13	0.02	0.34	0.16	0.16	0	1.64	0.33	0.47	0.22	0.98	3.11	1.77	0.39	0.20	0.44	1.05
	Q	0	100	0	99	113	71	0	83	11	214	104	436	0	167	34	48	22	4520	297	169	37	19	42	5628
	CI	0	39	0	39	44	39	0	11	2	29	14	14	0	145	29	42	20	37	267	152	33	17	38	90
鳥松鄉	%	0	0.59	0.36	0.60	0.78	0.63	0	0.32	0.30	0.21	0.68	0.38	0	0.76	1.26	0.53	0.42	0.70	0	1.25	2.27	0.22	2.21	1.36
	Q	0	93	57	95	123	72	0	84	78	54	177	1064	0	109	179	75	60	3233	0	92	168	16	163	7297
	CI	0	36	22	36	47	38	0	28	26	18	59	33	0	61	102	43	34	57	0	96	174	17	170	104
橋頭鄉	%	0	2.97	3.25	2.54	3.29	2.34	0	1.33	1.52	1.44	0.54	1.18	0	1.83	1.58	0.71	0.36	1.29	0	2.31	1.75	0.42	1.03	1.61
	Q	0	104	114	89	116	322	0	113	129	122	46	3276	0	142	123	55	28	5932	0	143	109	26	64	8672
	CI	0	85	93	72	94	81	0	62	70	67	25	55	0	97	84	38	19	68	0	127	96	23	57	89
燕巢鄉	%	0	1.68	2.89	1.37	1.76	1.58	0	0.05	0.52	0.66	0.13	0.19	0	0.20	0.41	0.29	0.17	0.24	0	0.27	1.49	0.22	0.23	0.38
	Q	0	106	183	87	112	179	0	24	271	346	70	530	0	83	175	124	70	1083	0	73	397	58	60	2018
	CI	0	64	111	53	68	61	0	3	35	44	9	13	0	17	34	24	14	20	0	24	135	20	21	34
梓官鄉	%	0	2.14	0.36	1.88	1.49	1.82	0	0.26	0.66	1.16	0.35	0.44	0.33	1.44	0.10	0.63	0.31	0.91	0	1.43	0.33	0.39	0.58	0.94
	Q	0	117	20	103	82	207	0	59	150	265	79	1217	36	157	11	69	34	4201	0	153	35	42	62	5035
	CI	0	64	11	56	44	54	0	13	32	57	17	22	17	73	5	32	16	46	0	76	18	21	31	50
總計	N	5	3035	277	5473	2554	11344	619	152386	23176	38845	62264	277290	902	225001	49565	105720	78114	459302	547	264101	54084	104179	114553	537464
	%	0.04	26.75	2.44	48.25	22.51	100.00	0.22	54.96	8.36	14.01	22.45	100.00	0.20	48.99	10.79	23.02	17.01	100.00	0.10	49.14	10.06	19.38	21.31	100.00

資料來源：1954 年臺灣省工商業普查初步報告，以場所單位資料計算
　　　　　1954 年高雄縣統計要覽
　　　　　1956 年高雄市志
　　　　　1971、1981、1986 年臺灣省工商普查報告，以員工數資料計算
　　　　　1971、1981、1986 年高雄市、高雄縣統計要覽
　　　　　1971、1981、1986 年高雄縣第二項係數該區總單位數（1954 年）或總員工數

附註：各鄉鎮市區合計補第二項係數該區總單位數（1954 年）或總員工數

略為下降。合製造和營造兩業，員工數一直都占工商業雇用員工總數的六成左右，而商業和服務業在四成上下。這種比例與 1971 年的相差不多。可以說，迄 1980 年代，二級行業在高雄都會區的優勢地位，未曾動搖。

鹽埕區在 1954 年時，不論在製造、營造、商業和服務業的單位數，都占有全市最大的比例。製造業相對於人口比例的集中商數[1]，竟然高於所有的其他地區，這顯示鹽埕區在光復初期，是各業的集中地帶。它占全市的人口比例，還不到十分之一，卻有全市約四分之一的工作場所單位。從區位商數的觀察，鹽埕當時還是較偏向商業，不過由於商數只有 117，意味著這樣的偏向並不十分明顯。鹽埕以外，商業的集中係數較高的是新興區和鳳山鎮，分別為 155 和 132，與鹽埕的 287 有著相當大的差距。鳳山的高集中係數，意味著鳳山是都會區遠離都會核心的另一個中心。而高雄市內第二高的商數還不及鳳山，而與鹽埕的差距甚大，顯示鹽埕的絕對優勢。在服務業的分布上，苓雅和鹽埕的集中係數差不多，分別是 229 和 232，鹽埕略高。再次便是鳳山的 160，其餘各地都在 135 以下。置苓雅不論，又呈現鹽埕的優勢以及鳳山地方中心的特色。在製造業方面，雖然日據以來延續的工業地區，是一些大型工業的聚集地，但是由於散在全市的分布，使得鹽埕以外地區，並無製造業集中係數特別高的地區。再從區位商數觀察，鹽埕以外都在 120 以下。此外，在營造業上，顯示新興和前金二區的明顯優勢，可是營造業在全市的產業單位，只占 2.44%，不致於造成什麼地區特性。因此，在 1950 年代，鹽埕的優勢、幾個大型工廠的聚集地、鳳山明顯的次中心地位以及邊緣地帶的農業性質之外[2]，並無其他值得一提的產業分布特色。

在 1950 年代以後的變化，我們先從成長最是醒目的製造業開始

1　製造業的單位人口，在前鎮和楠梓等有大型工業分布地區，平均員工數應該大於其他地區。不過以鹽埕區在 1956 年的生產體力工人數為 4,501 人，而前鎮是 5,064 人，1980 年時，二者分別為 4,392 與 46,925，1950 年代初期製造業單位數和員工數所形成的係數之間，差距不致太大。鹽埕區在小型工業上的優勢，應該是可以接受的。

2　邊緣地帶的集中係數都低，在製造業上也是如此，再加上其高比例的農業居住人口，可以讓我們作如此的推論。

說起。1971 年時，鹽埕在製造業員工的比例已經不復強勢，不及其占全都會人口的比例。這時顯示高集中係數的有鼓山（138）、三民（131）、前鎮（446）和楠梓（176），這四區在區位商數上也顯示偏製造業的性質。再值得注意的是，高雄市之外的街鄉鎮，製造業的集中係數仍低，但是大寮、大樹、仁武和橋頭的區位商數都大於 100，意味趨向製造業的發展。到了 1981 年，鼓山和三民區的製造業員工數反而不如 1971 年，集中係數降至 100 以下，楠梓和前鎮則仍擁有高的集中係數，分別是 294 和 226，另外小港（266）、大寮（120）、仁武（408）以及大社（145），具偏高的集中係數。1986 年的情況與 1981 年大致相似，只是橋頭鄉的集中係數為 127，顯示其工業雇用量上值得注意的增加。總之，在外圍地區的人口成長超過中心都市時，其相對於人口比例的集中係數相應增加，顯示都市內圍地帶製造業的優勢明顯的淡化。整體的變化模式似乎與人口的變化有點近似，先是中心都市核心區以外的成長，再是中心都市以外的地帶的成長。

以我們所界定的中心都市和外圍地帶來比較，1954 年，中心都市占製造業家數的 53.70%；1971 年占製造業總員工數的 75.59%，1981 年占 44.07%，1986 年占 35.24%。中心都市內最大的工業地帶是前鎮，在 1971 年領有全都會約四成五的製造業員工，但在 1986 年只占二成而已，同時，1986 年的製造業員工數已低於 1981 年的。因此整個中心都市的製造業不只相對比重的快速下降，其絕對量也到了減退的境地。外圍地區的區位商數，除鳳山之外，都是製造業偏高，顯示不論二、三級產業的集中程度如何，外圍地區的產業發展都是偏向製造業。不過顯現高集中程度的是，距離都會核心 9 至 12 公里的楠梓、仁武和小港，再次則是靠近上述幾個地區的大社和大寮。這正是由鹽埕往外輻射之扇狀都會地帶偏北和偏南扇面的 9 至 12 公里環帶，顯示往都會南北二極的工業分布趨向。原來的中心都市的工業地帶，便在靠兩側扇面的鼓山和前鎮，顯示工業發展前後一致的往北和往南的走向。高雄先是在 1960 年代前半設立了高雄加工出口區，位於前鎮；於 1970 年代初期設置楠梓加工出口區以及大社和仁武工業區（吳連賞，1987；《高雄市志·卷八》，1988: 129-132）。這些工業區的設置，使得各地區的製造業的平均單位雇用人數顯著提升，反映著工業規模的擴大。前鎮的製造業平均單位人數，在 1971 年是 250 人，此後遞減，至 1986 年仍在 100 人以上。這應該是臺灣都市之內唯一的中心都市內的大型工業地帶。而高雄都會外圍工業集中地區的單位平均員工數，1980 年代時，都在 50 人或 100 人以上，也顯示高雄都會工業規模超出各大都會的水準。

　　商業和服務業的變化，我們還是從核心的鹽埕開始觀察。在 1971 年，鹽埕的商業和服務業占全都會的比例都不到 20%，低於 1954 年單位數占全都會的比例。不過以當時的商業單位 2,193 家，服務業 983 家（1971 年工商普查，第六冊：頁 19；第七冊：頁 29），1960 年代鹽埕在全都會的商業和服務業的相對位置稍微降低，但還不到沒落的地步。1981 年的商業和服務業的員工數占全都會的比例，都比 1971 年低得多，二者間有著不同的變化。商業員工數顯示增加而服務業則告減少。1986 年鹽埕兩業的員工人數都不及 1981 年者，意味著鹽埕區原來占核心地位產業的絕對衰退。整個中心都市在這兩業的發展，則仍明白顯示在都會區的優勢地位。1971 年，中心都市的商業員工數占 71.42%，1981 年仍占同樣的比例，而 1991 年時占 81.88%。高雄都會的商業雇用人數在 1981 至 1986 年間，大致相同，因此中心都市的優勢更是明顯。服務業在都會顯示持續的增長，中心都市占的比例，1971 年為 67.70%，1981 年 81.65%，1986 年 69.50%。顯示中心都市的優勢，先升後降。不過，中心都市的員工數，1981 年時約 6 萬 4 千人，而 1986 年近 8 萬人，中心都市只是在增加速度上相對較低罷了。以 1986 年中心都市占都會人口的比例不及五成，中心都市在商業和服務業的優勢仍非常穩固，只是服務業顯示較強的分散化趨勢。

　　由於中心都市的優勢仍在，鹽埕的衰退意味著中心都市其他地區的成長。1981 和 1986 年，集中係數超過 300 的，除鹽埕之外，是前金和新興二區。至於其他各分區，最高值都在 140 以下。在 1954 年的資料中顯示較強商業與服務業性質的鳳山，並未顯著提升，因此這三區在 1980 年代的集中優勢是夠明白的。前金和新興在 1971 年的集中係數與鹽埕還有相當的差距，因此它們在 1970 年代的發展，甚是可觀。鹽埕在商業上的集中係數一直是全都會最高的，但是在服務業上，已落於前金和新興之後。不過以區位商數來看，前金和新興，商業和服務業的比重差不多，而鹽埕商業的偏向較強。前二者比起鹽埕來，是營造業的偏向最為清楚。合這三區而言，從 1971 到 1986 的三個年次，占都會商業員工數的比例分別是 39.62、34.81 和 33.55%，服務業則是 34.25、33.49 和 29.92%，前金和新興二者的成長尚彌補不了鹽埕的衰退。由於苓雅和三民都是由西而東的狹長狀，其東西的距離是前金和新興的兩倍左右，我們推論苓雅和三民靠西側的一半，大約在距離都會核心 2 至 4 公里環帶，可能有較類似新興和前金的發展。若加上這兩地段，可能可以顯示距都會核心 4 公里以內的地區，占全都會商業和服務業員工數的比例並未下降。不論如何，鹽埕、前金和新興三區是都會的商業和服務業核心。

　　以地理學界定中心商業區的方法，可以在高雄市內劃出兩個中心商業區（林真妙，1986: 39-63）。一是鹽埕中心商業區，北達富野街，南至五福四路，東臨大勇路和大智路，西抵七賢三路。這正是日據以來發展的商業區。新興商業區，北達河南路，南至大同路，東臨南華路，西抵南台路。這是光復後發展的商業中心，係火車站向西延伸的地段，與鹽埕鬧區相距至少 1 公里半。因此，高雄的中心商業區，形成了雙核心的模式。雖說是中心商業區，二者範圍內的住宅用地的面積都占了五成五上下。以土地使用來分析二者的機能亦略為不同，舊中心零售和服務業的比重相近，新中心是服務機能大於零售機能。舊核心可以區分成零售業區、金融保險業區、一般服務業區和混合居住地帶。新興中心商業區，則由零售區、一般服務業區和混合居住地帶所組成。這又得注意，舊中心的服務業的比重相對而言不及新中心，但金融保險業的機能卻較強。從平均單位員工數觀察，自 1971 年以後，鹽埕、前金和新興三區在商業和服務業的平均數都高於全都會的其他地區，只是鹽埕的已不如前金和新興，顯示新興的中心商業區在營業的規模上，超過了舊中心商業區（見表 5-3.2）。不過以上的分析，仍顯示從鹽埕以至新興區的商業中心性質。但這兩個商業中心之間，正好隔著中正路上的政府機構所形成的公共設施區。

　　中心都市內，原來除前鎮外，鼓山和三民的製造業的集中係數和區位商數都較偏高，但是到了 1980 年代，這兩區的製造業人數不及 1971 年，同時其集中係數低於 100，意味著二區在全都會製造業分量偏低，區位商數亦不到 100，顯示製造業在該區的比重偏低。三民區顯示商業偏高的情形，鼓山則是服務業偏高。中心都市內的苓雅區，則在營造業、商業和服務業三者都顯示較高的集中現象，以及較強的分布偏向。因此整個中心都市在 1980 年代，除前鎮外，製造業都已微不足道，在非商業中心區，商業和服務業的偏向仍較強。外圍工業發展較強的鄉鎮，大部分還是以製造業員工的比例偏高。唯獨鳳山和鳥松，顯示較高的營造業和服務業的傾向，左營顯示較高的商業和營造業偏向。中心都市與都會外圍產業上的對比，是由二、三級與一級之間，轉變為三級與二級之間。除前鎮外，製造業員工數平均較高者，大都偏外圍鄉鎮（見表 5-3.2）。

表 5-3.2　**高雄都會區各區各業平均單位員工數**，1971、1976、1981、1986 **年**

地區	製造				買賣				服務				總計			
	1971	1976	1981	1986	1971	1976	1981	1986	1971	1976	1981	1986	1971	1976	1981	1986
鹽埕區	26.7	25.1	9.5	11.0	3.5	4.4	3.8	3.0	-	6.7	6.3	5.6	6.6	7.2	5.2	4.3
鼓山區	49.8	36.4	29.5	21.8	3.1	3.0	3.0	2.3	-	4.5	4.7	3.9	15.9	10.8	9.4	7.4
左營區	24.5	45.4	22.2	20.8	2.1	2.4	2.1	1.8	-	3.1	4.6	4.3	5.4	7.6	5.1	4.2
楠梓區	75.4	134.5	135.1	178.0	2.0	2.1	1.9	2.0	-	3.8	3.7	3.2	15.4	20.1	20.8	19.3
三民區	33.6	31.0	21.0	18.9	2.6	3.1	3.0	3.1	-	5.0	5.0	6.0	9.8	7.7	6.2	5.9
新興區	12.1	18.0	21.1	10.5	3.0	4.3	3.9	3.7	-	5.5	7.7	6.0	7.4	9.0	7.4	5.9
前金區	21.3	24.6	27.8	29.0	4.4	5.0	5.8	5.6	-	8.5	9.7	18.0	12.2	9.8	11.2	11.0
苓雅區	26.8	26.1	16.1	17.5	2.4	3.4	3.4	3.0	-	6.4	7.7	6.6	8.5	8.4	6.5	5.6
前鎮區	250.8	190.2	187.8	124.4	2.0	2.1	2.4	2.3	-	4.8	4.3	3.9	51.8	24.9	15.2	13.7
旗津區	34.8	44.9	27.0	22.6	1.7	1.6	1.9	1.6	-	2.2	2.2	2.6	7.4	6.2	6.5	5.0
小港區	26.9	123.0	98.1	119.6	1.5	2.8	1.8	1.6	-	3.0	3.6	3.8	5.1	17.3	18.1	19.1
鳳山市	27.1	26.5	19.0	20.0	2.3	2.1	2.3	2.6	-	4.4	4.3	4.0	6.1	5.2	5.2	6.6
林園鄉	28.3	30.0	49.5	64.6	1.9	1.4	1.7	1.8	-	2.3	2.7	3.5	5.3	5.5	7.5	8.7
大寮鄉	28.3	45.0	42.6	39.4	1.5	1.6	2.0	2.1	-	3.8	2.8	2.9	7.0	13.1	12.1	14.7
大樹鄉	39.0	63.6	38.1	39.9	1.5	1.5	1.4	1.7	-	2.2	1.8	2.7	7.1	7.6	6.2	7.7
仁武鄉	46.9	57.3	68.6	50.5	2.3	2.0	1.8	2.3	-	2.2	3.5	4.1	16.5	24.7	27.1	21.5
大社鄉	7.7	34.2	46.7	42.6	1.5	1.6	2.2	1.8	-	2.6	2.6	2.5	2.7	9.4	12.0	13.5
鳥松鄉	13.7	19.0	20.0	26.3	1.2	3.8	2.5	2.3	-	23.2	5.5	24.1	6.7	11.8	8.5	15.0
橋頭鄉	33.3	35.9	32.7	37.9	1.9	1.8	1.7	2.3	-	2.5	2.3	4.2	6.9	8.4	8.6	11.2
彌陀鄉	3.0	5.5	12.3	18.2	1.4	1.6	1.4	1.7	-	2.5	2.4	2.0	2.0	4.3	3.3	6.0
梓官鄉	8.8	20.4	26.7	27.8	1.6	1.9	1.7	1.8	-	3.9	2.8	3.3	3.0	5.1	7.0	7.4
總　計	53.1	56.4	47.6	45.8	2.6	3.0	3.0	2.8	-	5.0	5.7	5.9	11.0	10.2	8.8	8.5

資料來源：1971、1976、1981、1976 年臺閩地區工商業普查報告
附註：1971 年資料服務業未單獨計算，而併入「其他」項內，故無法列於表中

四、人口組成特質

（一）年齡、性比例與籍別

　　光復之後高雄都會年齡構造的變化，與全臺灣的一般模式相同（見表 5-4.1a），幼年人口比例急遽下降，從 45% 降到不及 30% 。到 1980 年代，其幼年人口的比例是四個大都會區中最低者。其壯年人口，老年人口（不論以 60 歲以上或 50 歲以上來觀察）的比例都持續遞增。性比例的變化，與各都會亦類似。1956 年時為 105，算是正常；1966 年時陡增至 120；1980 和 1990 年落至 108、110，不算太偏高，可以說恢復到正常的狀況。不同年齡層，在不同的年代顯示不同的性比例模式。14 歲以下的人口，不論任何年期，性比例非常穩定，都在 106 或 108。15 至 49 歲的人口，1956 年的性比例是 106，1966 年陡然升至 134，尤高於全都會當年的一般值。50 歲以上的人口，1956 年是 94，1966 年 116，1980 年 142，1990 年 122。60 歲以上人口，在四個年期的性比例依次是 71、83、112 和 139，這個年齡組在 1980 年代成為各年齡組性比例最高者。高雄都會性比例不同年齡組之間的最高值，非常清楚的，隨年代由 15 至 49，50 以上，再至 60 以上，是明顯的外省人早期入臺特殊人口結構所導致的結果，這也是各都會顯現的共同模式。

表 5-4.1a　高雄都會區年齡組成與性比例（SR），1956、1966、1980、1990 年

地區	年別	0-14 歲 %	性比例	15-49 歲 %	性比例	50 歲以上 %	性比例	60 歲以上 %	性比例	總計 總人數	性比例
鹽埕區	1956	43.42	108	50.51	117	6.07	99	2.23	62	55,142	112
	1966	43.48	106	48.12	107	8.39	121	2.95	85	64,718	108
	1980	29.62	109	55.52	100	14.87	128	6.28	116	44,130	106
	1990	23.16	114	56.26	97	20.58	110	11.05	123	35,286	103
鼓山區	1956	45.39	106	48.43	109	6.18	93	2.43	64	53,778	106
	1966	43.12	109	48.94	122	7.94	122	2.74	86	82,037	116
	1980	32.37	107	54.83	108	12.81	137	5.05	116	99,324	111
	1990	25.01	110	59.34	112	15.65	116	8.15	112	113,526	112
左營區	1956	45.60	107	48.00	111	6.40	97	2.61	70	50,710	108
	1966	33.68	107	59.54	235	6.79	152	2.17	98	108,505	172
	1980	30.51	106	50.56	95	18.93	244	6.44	171	113,548	116
	1990	19.01	110	63.47	181	17.52	171	11.19	240	129,937	162

表 5-4.1a 高雄都會區年齡組成與性比例（SR），1956、1966、1980、1990 年（續）

年齡	0-14 歲		15-49 歲		50 歲以上		60 歲以上		總計	
地區/年別	%	性比例	%	性比例	%	性比例	%	性比例	總人數	性比例
楠梓區 1956	46.15	106	46.61	105	7.44	86	3.07	61	23,473	104
1966	43.92	106	46.82	118	9.26	129	3.45	84	37,733	113
1980	34.21	106	52.77	99	13.02	174	4.76	117	85,530	109
1990	28.66	106	56.86	97	14.48	139	7.79	170	113,133	105
三民區 1956	47.32	106	45.53	91	7.15	103	2.81	82	29,315	99
1966	44.12	109	48.28	113	7.61	112	2.71	90	77,295	111
1980	35.00	108	55.58	104	9.82	110	3.78	95	240,227	106
1990	29.41	108	58.23	98	12.36	107	5.61	109	316,203	102
新興區 1956	45.85	106	48.21	108	5.94	91	2.31	70	36,966	106
1966	43.44	106	48.87	108	7.69	114	2.69	80	81,416	108
1980	31.22	106	55.95	100	12.84	115	5.29	103	80,702	103
1990	25.49	109	56.59	92	17.92	105	9.34	111	69,267	99
前金區 1956	45.16	110	46.68	113	6.16	101	2.34	66	34,100	111
1966	43.41	106	48.30	107	8.29	120	2.94	85	56,915	108
1980	29.74	108	55.90	101	14.36	120	6.23	107	46,663	105
1990	23.36	110	56.41	95	20.23	109	10.78	121	36,852	101
苓雅區 1956	43.47	105	50.05	108	6.49	99	2.40	77	26,919	106
1966	44.51	106	48.21	110	7.28	115	2.47	79	69,947	108
1980	33.31	106	55.65	100	11.04	126	4.33	103	188,394	105
1990	27.65	110	58.24	95	14.11	109	6.87	117	214,231	101
前鎮區 1956	44.22	105	50.03	131	5.75	103	2.06	64	31,025	117
1966	45.29	107	47.02	115	7.69	134	2.47	89	61,859	112
1980	36.65	107	54.48	103	9.87	127	3.84	109	201,792	102
1990	27.84	110	57.94	98	14.22	116	6.53	123	198,896	104
旗津區 1956	44.94	109	46.20	110	8.86	96	3.75	78	19,818	108
1966	43.05	109	47.97	140	8.98	110	3.75	85	31,758	123
1980	35.00	106	51.49	112	13.51	143	5.67	113	36,309	113
1990	26.07	108	57.09	116	16.84	122	9.06	129	32,459	115
小港區 1956	44.64	104	46.75	106	8.61	97	3.71	76	31,998	105
1966	42.03	104	48.07	135	9.90	111	4.92	122	44,556	119
1980	36.95	107	51.82	106	11.23	130	4.75	111	83,000	109
1990	31.28	106	56.91	108	11.81	121	5.93	126	120,325	109
鳳山市 1956	45.16	105	47.83	105	7.01	99	2.56	75	47,019	104
1966	39.28	105	52.63	166	8.09	137	2.66	86	87,119	136
1980	34.92	106	53.05	99	12.03	164	4.30	123	222,817	107
1990	28.14	106	58.82	109	13.05	129	6.71	160	296,460	111
林園鄉 1956	45.51	104	44.48	96	10.02	96	4.61	82	28,715	100
1966	40.10	103	50.63	170	9.27	97	4.26	91	44,190	131
1980	36.52	103	49.14	108	14.33	133	5.99	94	54,296	109
1990	27.96	105	56.28	119	15.66	128	8.87	128	61,522	116

表 5-4.1a **高雄都會區年齡組成與性比例（SR），1956、1966、1980、1990 年（續）**

年齡 地區　年別		0-14 歲		15-49 歲		50 歲以上		60 歲以上		總計	
		%	性比例	%	性比例	%	性比例	%	性比例	總人數	性比例
大寮鄉	1956	46.13	103	45.82	99	8.05	86	3.49	69	28,568	100
	1966	47.87	103	43.92	104	8.20	100	3.08	77	49,829	103
	1980	32.72	104	51.48	108	15.80	202	5.56	134	81,675	117
	1990	24.82	109	57.42	100	17.76	158	10.64	205	95,607	111
大樹鄉	1956	44.36	106	47.13	99	8.50	90	3.44	72	23,940	102
	1966	42.67	104	48.10	150	9.23	100	5.95	41	35,724	123
	1980	33.22	107	51.40	107	15.37	134	6.53	95	41,619	111
	1990	23.86	111	57.39	133	18.74	124	10.34	134	45,007	126
仁武鄉	1956	46.60	106	45.17	98	8.23	88	3.58	63	8,358	101
	1966	34.41	105	58.03	269	7.57	110	2.76	95	15,555	177
	1980	36.89	103	51.08	109	12.03	145	4.92	120	28,774	111
	1990	27.40	109	59.56	134	13.03	122	6.85	131	38,407	125
大社鄉	1956	44.17	107	46.02	103	9.81	85	4.27	68	9,753	103
	1966	44.95	101	44.31	108	10.75	91	4.74	73	13,447	103
	1980	34.36	107	52.66	108	13.08	123	5.76	95	19,950	109
	1990	28.29	105	56.03	100	15.68	117	7.87	119	25,669	104
鳥松鄉	1956	46.30	113	45.23	94	8.47	85	3.40	68	9,763	102
	1966	42.22	109	47.39	136	10.39	113	3.99	82	14,000	121
	1980	33.75	105	52.82	106	13.44	128	5.81	97	21,938	109
	1990	25.94	106	59.15	121	14.91	115	7.92	118	31,426	116
橋頭鄉	1956	46.64	108	44.34	94	9.02	78	4.29	65	20,820	99
	1966	41.75	106	47.58	123	10.67	87	4.66	96	27,037	111
	1980	31.99	108	53.24	110	14.78	105	7.02	88	33,070	108
	1990	27.01	110	54.52	105	18.48	116	10.87	122	36,559	109
彌陀鄉	1956	46.36	107	43.51	97	10.13	87	4.82	78	15,091	100
	1966	44.85	111	43.55	110	11.61	94	5.40	78	18,353	108
	1980	35.20	104	49.61	114	15.20	106	7.71	93	21,247	109
	1990	27.61	101	53.28	110	19.11	115	11.15	111	20,847	108
梓官鄉	1956	46.53	110	43.62	96	9.85	88	4.59	73	19,182	101
	1966	45.16	105	43.46	107	11.38	90	5.24	84	23,981	104
	1980	36.64	108	50.19	109	13.17	110	6.32	87	34,936	109
	1990	28.71	106	55.09	107	16.20	113	8.85	107	36,840	108
總計	1956	45.26	106	47.41	106	7.34	94	3.00	71	607,153	105
	1966	42.17	106	49.50	34	8.33	116	3.19	83	1,045,974	120
	1980	33.95	106	53.57	103	12.48	142	4.91	112	1,779,911	108
	1990	27.12	108	58.12	107	14.77	122	7.70	139	2,068,459	110

資料來源：1956 年戶口普查報告書

　　　　　1966、1980、1990 年臺閩地區戶口及住宅普查報告書

　　在人口籍別的分布上，外省人的比例在 1956 至 1966 年之間呈現上升的情形，但至 1970 和 1980 年代則逐漸下降。外省人口比例下降之時，非本籍本省人口的比例卻上升。1956 和 1966 兩年，外省的比例與非本籍本省的比例不相上下，但在 1980 年，非本籍本省人口是外省人口的兩倍強，1990 年時則是三與一之比。整個高雄都會的外省人口比例低於其他三個都會區。在人口成長率方面，同樣顯示本省人口在 1970 年代以後的成長不如外省人口。外省人口在 1971 年的成長緩慢下來，使其對整個人口性比例的影響，無法展現在整個人口，只能顯現在越來越年長的年齡組。

　　高雄都會內的二十一個鄉鎮市區，在年齡構造上和性比例從 1960 年代以來的變化，全都是幼年人口比例降低，壯年和老年的人口比例升高，性比例也都是隨著年代，最高值從 15 至 49 年齡組，轉至 50 以上年齡組，再轉到 60 以上的年齡組，與全都會的整體模式相一致。各區之間的差異，不容易辨識出來。最容易指出特色的幾個區是，鹽埕、新興、前金和左營。它們的幼年人口比例，在 1956 和 1966 年時，並非全都會最低的，至 1980 和 1990 年，則不及全都會的其他地區，各區的這層年齡組，只占其人口的四分之一左右或以下。它們的老年人口，在 1950 年代，本來也不是全都會比例最高的，但在比例遞升的過程下，在 1980 年時尚略低於都會外圍的幾個鄉，但在 1990 年時，與部分的鄉區，同為老年人口比例最高的地區。鹽埕、新興和前金是高雄市日據以後最先發展的地區，其流入人口較少而本籍人口較多，使得人口老化的現象強過都會的其他地帶。左營則在光復初期，由於大量外省人口的移入，導致人口很快飽和，而外省人的老化特質，使得其人口的老化亦較都會大部分地區快。這兩類地區具有人口成長的共通性，即較早進入人口負成長階段。邊緣一些人口成長較慢的地區，一直是老年人口高於都會一般值的情形；1990 年時，絕大部分鄉區的老年人口比例大於一般值，大樹、橋頭和彌陀的 60 歲以上人口的比例還大於 10%。因此中心都市部分地區與邊緣鄉區，同樣有著人口較老化的地帶。1980 年代末期，部分鄉區老年人口比例不是特別明顯偏高，可能 1980 年代的人口變動，帶入較多的壯年人口。

　　籍別人口在都會區各個鄉鎮市區的變化，大致都是本籍人口遞減，但可以看到明顯的地區差異（見表 5-4.1b）。都會的中心都市範圍內，本籍的人口在 1956 年時，已經都在五成以下。此後仍下降之中，到了 1989 年，鹽埕、新興和前金三區的本籍人口都在三成以上，鹽埕和前金更是在四成左右。中心都市的其他區，鼓山的比例較高，1989 年達 36%，而前鎮、苓雅和三民都低於三成，中心都市的本籍人口大致都降至四成或三成以下。我們可以推論說，中心都市的本籍人口下降至相當比例時，核心三區比中心都市其他地區顯示較偏高的情形。由於核心地區的本市籍人口數在 1966 年以後亦持續減低，其較高的本籍人口比例，是因為遷移進來人口的數量偏低的結果。

表 5-4.1b　高雄都會區籍別與性比例（SR），1956、1966、1980、1989 年

地區	籍貫 年別	本籍 性比例	%	本省籍 性比例	%	外省籍 性比例	%	總計 性比例	總人數
鹽埕區	1956	99	47.99	105	35.80	184	16.21	112	55,128
	1966	102	45.70	105	39.02	140	15.28	108	64,715
	1980	107	41.23	101	44.13	127	14.64	107	44,052
	1989	106	39.87	101	46.54	128	13.68	106	36,914
鼓山區	1956	98	50.92	103	30.31	137	18.77	106	53,569
	1966	104	45.93	107	33.45	129	20.61	110	79,081
	1980	107	41.05	108	40.52	120	18.42	110	98,863
	1989	111	36.49	103	42.73	110	20.78	107	108,854
左營區	1956	100	44.81	87	6.98	120	48.21	108	50,710
	1966	104	36.56	102	7.86	114	55.59	109	82,296
	1980	108	34.79	104	17.84	128	47.38	116	111,042
	1989	107	33.55	105	26.16	126	40.29	114	106,938
楠梓區	1956	100	75.10	104	13.22	135	11.58	104	23,465
	1966	102	59.06	197	23.72	142	17.22	125	40,053
	1980	107	41.20	103	34.78	120	24.02	109	83,656
	1989	108	36.59	98	40.79	117	22.61	106	112,461
三民區	1956	101	64.74	105	26.62	167	8.64	107	30,515
	1966	107	54.54	108	32.92	120	12.54	109	76,338
	1980	106	31.94	105	57.34	115	10.73	106	235,912
	1989	102	27.01	103	63.93	107	9.05	103	316,449

表 5-4.1b 高雄都會區籍別與性比例（SR），1956、1966、1980、1989 年（續）

地區	年別	本籍 性比例	本籍 %	本省籍 性比例	本省籍 %	外省籍 性比例	外省籍 %	總計 性比例	總計 總人數
新興區	1956	100	37.59	104	42.98	124	19.44	106	36,912
	1966	104	40.70	103	40.38	121	18.92	107	79,143
	1980	101	36.03	102	50.17	113	13.80	103	79,334
	1989	100	32.60	102	53.22	103	14.18	101	73,578
前金區	1956	99	42.14	109	36.24	141	21.63	111	34,063
	1966	104	45.97	102	34.09	125	19.94	107	56,016
	1980	103	42.93	105	41.22	117	15.85	106	46,778
	1989	104	40.19	99	44.16	106	15.65	102	39,523
苓雅區	1956	101	51.30	104	32.65	130	16.06	106	29,593
	1966	104	41.58	103	36.53	114	21.89	106	68,279
	1980	101	30.11	104	53.64	113	16.24	104	187,814
	1989	100	27.11	101	57.46	106	15.43	101	220,515
前鎮區	1956	98	36.15	108	22.86	145	40.99	117	32,019
	1966	101	31.49	113	31.93	121	36.58	112	59,641
	1980	108	26.04	104	59.00	115	14.96	107	196,755
	1989	106	25.75	103	60.31	110	13.94	104	208,235
旗津區	1956	102	74.61	105	12.56	157	12.83	108	19,818
	1966	104	67.64	109	14.41	135	17.95	110	30,100
	1980	109	62.98	105	21.25	141	15.77	113	36,369
	1989	113	64.69	108	23.07	138	12.24	115	33,177
小港區	1956	98	81.30	93	4.53	162	14.18	105	31,998
	1966	101	81.22	117	3.56	127	15.22	105	41,788
	1980	107	62.88	104	23.38	123	13.74	108	81,548
	1989	108	48.25	104	40.60	119	11.14	107	117,587
鳳山市	1956	98	61.75	97	13.04	125	25.21	104	47,010
	1966	102	51.73	105	13.11	119	35.15	108	75,839
	1980	104	31.38	103	44.52	120	24.10	107	218,106
	1989	102	29.79	105	50.46	108	19.75	105	285,853
林園鄉	1956	99	93.67	104	1.22	124	5.11	100	28,715
	1966	102	88.08	79	2.41	113	9.51	103	38,788
	1980	106	82.31	106	7.02	150	10.67	110	54,108
	1989	106	79.26	108	12.45	146	8.29	109	60,220
大寮鄉	1956	98	95.31	97	1.24	162	3.45	100	28,567
	1966	100	71.12	101	1.82	109	27.06	102	49,767
	1980	108	56.57	136	14.17	126	29.26	117	81,236
	1989	109	52.11	117	23.23	130	24.66	116	90,524

表 5-4.1b 高雄都會區籍別與性比例（SR），1956、1966、1980、1989 年（續）

地區	年別	本籍 性比例	本籍 %	本省籍 性比例	本省籍 %	外省籍 性比例	外省籍 %	總計 性比例	總計 總人數
大樹鄉	1956	100	93.87	105	3.27	163	2.85	102	23,940
	1966	105	91.17	100	2.86	115	5.97	105	32,779
	1980	110	83.63	104	5.89	130	10.48	112	41,580
	1989	112	78.72	93	10.41	125	10.87	111	43,143
仁武鄉	1956	100	95.80	108	2.46	146	1.73	101	8,358
	1966	102	91.83	106	3.62	127	4.55	103	11,349
	1980	107	52.53	107	37.20	147	10.27	110	28,042
	1989	110	45.97	107	45.23	126	8.80	110	34,939
大社鄉	1956	102	94.32	82	1.53	137	4.15	103	9,752
	1966	102	91.38	102	1.84	117	6.78	103	13,364
	1980	107	78.37	106	13.42	135	8.21	109	19,956
	1989	107	67.62	101	25.16	125	7.22	107	26,355
鳥松鄉	1956	100	89.99	100	3.44	124	6.57	102	9,763
	1966	106	88.52	99	3.92	115	7.56	106	13,013
	1980	105	75.10	106	17.58	157	7.32	109	21,405
	1989	108	51.54	103	37.90	123	10.56	107	27,762
橋頭鄉	1956	98	92.27	91	3.25	127	4.48	99	20,819
	1966	101	91.84	97	3.23	118	4.93	101	25,921
	1980	105	81.08	114	12.10	127	6.82	108	33,109
	1989	108	75.02	104	17.15	161	7.83	111	35,897
彌陀鄉	1956	100	97.13	88	0.74	142	2.13	100	15,091
	1966	105	95.60	98	0.98	118	3.41	105	18,101
	1980	108	93.33	112	2.69	150	3.97	109	21,345
	1989	110	92.64	98	3.75	152	3.61	111	21,198
梓官鄉	1956	101	98.85	85	0.60	179	0.55	101	19,182
	1966	103	96.14	100	1.05	117	2.81	104	23,928
	1980	110	85.48	95	8.48	131	5.94	110	34,685
	1989	108	82.72	102	11.67	124	5.62	108	37,471
總計	1956	99	64.75	104	17.91	137	17.34	106	607,987
	1966	103	56.89	108	21.30	120	21.81	108	980,309
	1980	106	42.97	105	39.05	122	17.98	108	1,755,695
	1989	106	38.68	103	45.43	115	15.89	106	2,037,593

資料來源：1956 年戶口普查報告書
　　　　　1966、1980、1989 年高雄縣市統計要覽

　　中心都市以外的鄉鎮市區，在 1956 年時，除左營與中心都市各區的模式相近（本籍人口從 44% 減至 33%）之外，其餘的本籍人口比例都極高。鳳山約六成，楠梓和旗津在七成五上下，其餘各地都在九成左右。這些地區在光復之初，顯然尚非人口流入地帶。這些鄉鎮市區，在三十餘年之後，本籍人口比例都變低了，但還是有著本籍人口偏高地區。林園、大樹、橋頭、彌陀和梓官本籍人口都占 75% 以上，旗津和大社在六成五左右。以上本籍人口比例依舊居高之各鄉鎮市，大都位於都會區 12 公里以外。楠梓（36.59%）、小港（48.25%）、仁武（45.97%）、鳥松（51.54%）、大寮（52.11%）和鳳山（29.79%），則不但本籍人口比例降低，且漸漸非本籍人口的比例將要或已經超過了本籍人口。這些鄉鎮市區，除大寮外，皆在都會 12 公里範圍內。依它們的產業偏向可以分成兩類：楠梓、小港和仁武在 1970 和 1980 年代是製造業的集中地帶，鳳山和鳥松，在 1980 年代，比較特出的是營造與服務業。非本籍人口在各區皆呈現遞增的趨勢，其分布的變化與本籍人口的多寡，正好相反。

　　整個都會區外省人口的變遷，是 1956 到 1966 年遞增，然後遞減的狀況。不過不是所有的鄉鎮市區都顯示同樣的模式。高雄市以外的鄉鎮市，除鳳山和大寮之外，顯現同一模式。這些地區外省人口的比例一直都低，到 1970 和 1980 年代，都還在 10% 左右或以下，不過增加比較顯著是在 1970 年代，而 1980 年代則維持如 1980 年的水準，或比例仍略為增高。從 1956 到 1989 年，外省人口比例都偏高的是左營、鳳山和大寮，這三地區都是在中心都市之外，特點之一是軍事機構的分布。左營是海軍軍區所在，1956 年時，全都會四分之一的外省人口在左營，到 1989 年時，這種優勢減退，不過仍占全都會的七分之一。在 1950 到 1970 年代，左營外省人口的比例大致在五成上下，明顯高於都會的其他鄉鎮市區。在 1989 年減至四成，而第二高的比例是四分之一，因此還是領先其他地區甚大。鳳山和大寮，則環繞著幾個重要的陸軍設施，也分布著相當的眷村，鳳山的非本籍本省人口的比例增加甚是可觀，外省人口的比重降低頗為快速，1966 年時比例達 35%，1989 年時，則略低於兩成；大寮的外省與非本籍本省人口，在 1989 年時，都占人口數的四分之一左右，從人口流入的角度而言，外省人的分量比鳳山要重。另外兩個外省人口在 1989 年較高，占二成左右的是楠梓和鼓山，這二區分處左營的南北兩側，也可能是左營海軍軍區勢力波及的效果。其餘各區，大致比例最高時只有二成上下，至 1989 年時，皆在 15% 以下，1970 年代以後的比例都不如 1950、1960 年代的。

（二）教育與職業組成

高雄都會從 1950 到 1980 年代，不識字人口顯著降低，小學教育人口先升後降，初中或國中程度人口，先升然後保持平穩的比例，而高中和專上教育人口的比例則明顯增加。到了 1980 年代，高中以上教育人口已經占 15 歲以上人口的四成，加上初中教育程度人口，則占了六成。高中以上教育人口比例，在 1966 至 1980 年間的增加最為快速，在 1980 年代，雖然仍增加中，但只是些微的提升（見表 5-4.2a）。這樣的變化模式與其他都會區並無二致。

表 5-4.2a　**高雄都會區教育組成**，1956、1966、1980、1990 **年**

地區	教育程度	不識字		小學		初中		高中		專上		合計
	年別	%	Q	%	Q	%	Q	%	Q	%	Q	總人數
鹽埕區	1956	28.36	66	46.07	121	13.26	139	8.29	133	4.02	127	34,290
	1966	16.99	76	47.71	106	18.90	111	12.61	112	3.78	91	41,889
	1980	9.28	70	33.34	94	15.83	98	27.97	113	13.58	132	31,060
	1990	5.05	75	33.21	99	19.43	99	27.52	100	14.80	115	32,545
鼓山區	1956	34.66	80	42.33	112	11.42	119	7.74	124	3.86	122	32,283
	1966	17.64	79	51.20	114	16.56	97	10.56	94	4.04	97	52,870
	1980	12.55	95	37.20	105	17.00	105	23.77	96	9.47	92	67,157
	1990	5.81	86	33.01	99	19.26	98	27.30	100	14.62	114	103,694
左營區	1956	33.82	79	34.87	92	12.39	139	10.05	161	7.96	252	30,107
	1966	11.95	53	39.90	89	24.87	106	16.40	146	6.89	165	78,284
	1980	10.54	80	33.64	95	15.70	97	27.34	110	12.78	124	78,899
	1990	5.63	84	26.01	78	17.80	91	33.61	123	16.95	132	121,459
楠梓區	1956	45.13	105	38.42	101	8.84	92	5.01	80	2.60	82	13,974
	1966	26.92	120	43.07	96	15.80	93	10.21	91	4.01	96	24,062
	1980	12.00	91	34.35	97	16.28	100	26.53	107	10.85	105	561,270
	1990	6.14	91	33.93	102	18.79	96	28.08	102	13.05	102	102,507

表 5-4.2a 高雄都會區教育組成，1956、1966、1980、1990 年（續）

地區	年別	不識字 %	不識字 Q	小學 %	小學 Q	初中 %	初中 Q	高中 %	高中 Q	專上 %	專上 Q	合計 總人數
三民區	1956	36.96	86	45.78	121	9.07	95	5.72	92	2.46	78	18,508
	1966	18.25	81	49.18	109	16.90	99	11.65	103	4.01	96	49,255
	1980	9.63	73	35.66	101	16.49	102	23.37	106	11.85	115	156,136
	1990	4.61	69	33.73	101	19.72	100	27.64	101	14.30	112	286,389
新興區	1956	27.04	63	40.99	108	14.60	153	11.24	180	6.13	194	22,134
	1966	14.87	66	42.60	95	19.61	115	16.26	144	6.66	160	52,578
	1980	7.59	58	27.48	78	14.74	91	31.51	127	18.67	181	55,509
	1990	3.40	51	29.38	88	16.49	84	29.27	107	21.45	167	63,716
前金區	1956	29.94	70	41.90	110	12.64	132	10.01	161	5.50	174	20,662
	1966	16.13	72	44.33	98	18.63	109	14.71	131	6.19	148	36,692
	1980	8.47	64	29.01	82	15.18	94	29.77	120	17.57	171	32,784
	1990	4.42	66	28.57	86	16.25	83	29.33	107	21.43	167	34,219
苓雅區	1956	32.69	76	44.80	118	10.69	112	8.94	143	2.87	91	18,338
	1966	18.89	84	47.47	105	17.11	100	12.85	114	3.68	88	44,061
	1980	9.19	70	31.09	88	15.77	97	29.21	117	14.74	143	125,639
	1990	4.31	64	30.49	91	18.08	92	29.10	106	18.02	141	195,572
前鎮區	1956	31.35	73	45.71	120	11.19	117	7.57	122	4.17	132	18,866
	1966	17.57	78	49.57	110	17.46	102	11.21	100	4.19	100	38,639
	1980	11.58	88	39.36	111	17.13	106	24.02	97	7.91	77	129,853
	1990	5.95	89	36.72	110	20.93	107	26.19	95	10.20	80	181,967
旗津區	1956	48.43	112	41.79	110	5.34	56	3.41	55	1.03	33	12,126
	1966	28.32	127	53.02	118	11.62	68	5.41	48	1.43	34	20,418
	1980	20.27	154	45.15	127	17.50	108	13.74	55	3.33	32	23,601
	1990	10.59	158	41.79	125	24.57	125	18.06	66	4.98	39	29,632
小港區	1956	56.32	131	32.71	86	6.74	70	3.36	54	0.88	28	19,733
	1966	36.40	162	42.45	94	12.28	78	6.28	56	1.60	38	29,216
	1980	19.07	145	36.12	102	16.10	99	21.90	88	6.81	66	52,328
	1990	8.21	122	36.50	109	21.70	111	25.84	94	7.76	61	108,324
鳳山市	1956	37.86	88	37.90	100	11.84	124	7.90	127	4.49	142	28,344
	1966	16.70	74	41.85	93	19.30	113	14.80	131	7.34	176	59,009
	1980	11.40	87	35.81	101	16.09	99	25.94	104	10.76	105	145,005
	1990	5.64	84	33.80	101	19.52	99	28.31	103	12.73	99	269,831
林園鄉	1956	71.62	166	23.11	61	3.62	38	1.23	20	0.41	13	17,612
	1966	39.53	176	41.03	91	13.29	78	4.71	42	1.43	34	29,503
	1980	26.95	205	38.25	108	17.11	105	14.29	57	3.39	33	34,466
	1990	14.16	211	34.97	105	23.28	119	21.85	80	5.74	45	56,158

表 5-4.2a 高雄都會區教育組成，1956、1966、1980、1990 年（續）

地區	年別	不識字 %	Q	小學 %	Q	初中 %	Q	高中 %	Q	專上 %	Q	合計 總人數
大寮鄉	1956	62.13	144	29.80	79	5.34	56	2.22	36	0.51	16	17,149
	1966	34.04	152	43.28	96	13.32	78	7.36	65	2.00	48	29,633
	1980	18.10	137	36.24	102	17.31	107	22.63	91	5.72	56	54,950
	1990	10.73	160	33.31	100	20.93	107	26.94	98	8.09	63	87,056
大樹鄉	1956	57.17	133	35.71	94	5.12	54	1.64	26	0.36	11	14,925
	1966	31.87	142	50.40	112	11.26	66	5.22	46	1.25	30	23,131
	1980	22.15	168	38.21	108	17.66	109	18.21	73	3.77	37	27,792
	1990	12.50	186	33.10	99	20.22	102	25.59	93	8.80	69	41,166
仁武鄉	1956	58.09	135	35.05	92	4.87	51	1.71	27	0.28	9	4,973
	1966	22.10	99	50.36	112	17.29	101	8.03	71	2.23	53	11,222
	1980	17.26	131	42.11	119	16.17	100	19.51	78	4.96	48	18,159
	1990	8.39	125	36.48	109	20.63	105	24.79	90	9.71	76	35,048
大社鄉	1956	65.78	153	28.16	74	4.14	43	1.62	26	0.31	10	6,116
	1966	40.64	181	45.05	100	8.88	52	4.60	41	0.83	20	8,453
	1980	22.17	168	37.85	107	16.27	100	19.41	78	4.30	42	13,096
	1990	12.12	180	35.78	107	20.28	103	25.28	92	6.54	51	23,141
鳥松鄉	1956	51.26	119	38.09	100	6.89	72	2.99	48	0.77	24	5,849
	1966	26.62	119	50.48	112	13.23	77	8.08	72	1.60	38	9,148
	1980	15.49	118	37.09	105	16.36	101	23.05	95	7.56	73	14,535
	1990	7.50	112	32.72	98	17.98	92	28.88	105	12.92	101	28,342
橋頭鄉	1956	56.08	130	31.72	84	7.59	79	3.73	60	0.88	28	12,543
	1966	33.49	149	39.14	87	16.66	98	8.85	79	1.86	45	17,970
	1980	21.50	163	31.46	89	14.52	89	25.24	102	7.28	71	22,492
	1990	11.54	172	34.39	103	18.13	92	27.24	99	8.70	68	33,242
彌陀鄉	1956	71.60	166	22.79	60	3.90	41	1.41	23	0.30	9	9,135
	1966	52.45	234	36.69	81	6.35	37	3.68	33	0.83	20	11,630
	1980	31.03	236	39.11	110	13.98	86	12.76	51	3.12	30	13,769
	1990	19.68	293	35.67	107	21.01	107	18.82	69	4.82	38	19,065
梓官鄉	1956	66.42	154	28.27	74	3.70	39	1.35	22	0.26	8	11,720
	1966	46.87	209	40.81	91	7.92	46	3.54	31	0.86	21	15,155
	1980	26.17	199	41.70	118	14.23	88	14.23	57	3.67	36	22,136
	1990	14.02	209	39.08	117	21.34	109	20.56	75	4.99	39	33,640
總計	1956	43.07		37.96		9.57		6.23		3.16		369,387
	1966	22.42		45.06		17.08		11.26		4.17		682,814
	1980	13.17		35.45		16.23		24.86		10.29		1,175,636
	1990	6.72		33.39		19.63		27.43		12.82		1,886,713

資料來源：1956 年戶口普查報告書

  1966、1980、1990 年臺閩地區戶口及住宅普查報告書

　　各行政區各級教育人口比例的變遷，大致都與整個都會所顯示的模式相同，但區間差異仍然可以辨識。不識字比例的下降，普見於都會的各鄉鎮市區，但是呈現明顯的高雄市和市外各地區間的對比。以 1980 年的數據來說，除鳳山之外，其餘九個鄉鎮的區位商數都大於 100，其中六個大於 168。而高雄市的範圍之內，僅旗津和小港在 100 以上，二者都在 150 左右。高雄縣各鄉鎮市 1990 年的數據顯示，都會內的高雄縣地帶，不識字人口的比例仍與高雄市內保持一段距離。不過鳳山、仁武和鳥松，不識字的比例較低，它們在 1980 年時不識字人口的區位商數都近似或低於旗津和小港。大社、仁武和鳥松，各年的高中和專上教育人口所呈現的區位商數，一直都在 100 左右或低於 100，因此其低比例的不識字人口，並不表示高教育人口的高比例。唯獨鳳山市，不但小學以下教育人口的比例一直較低，而其 1956 和 1966 兩年專上人口的商數分別是 142 和 176，高中的商數是 127 和 131。鳳山市專上人口的區位商數，1966 年時高過當時高雄市十區中的六區，顯示在 1950 和 1960 年代，其人口教育程度的偏高。不過到 1980 年時專上的商數降至 105，高中的降至 104，只高過高雄市十一區中的四區；1990 年專上人口的區位商數則只有 99，是全都會的第十位。鳥松是在市以外行政區中唯一專上人口區位商數逐年提高者，但在 1990 年的區位商數亦只 101。這樣的變化，意味著高雄市以外地區人口教育程度，隨著時間的相對低落。

　　高雄市內的旗津和小港兩區，與大部分的邊緣鄉鎮呈現同樣的模式。我們以高中和專上教育人口比例的變化，觀察高雄市內其他區之間的差異。左營區在 1956 和 1966 兩年度，中等教育和專上教育人口的比例，可以說是全市最高的。但是在 1970 和 1980 年代，左營的優勢消逝，其 1980 和 1990 兩年的區位商數都不及前金、新興和苓雅。鼓山和前鎮在 1956 年時，高中和專上人口比例高於全都會的一般值，但是其區位商數一直下降，1980 和 1990 年時都低於 100，顯示這兩類教育組的人口比例已不及全都會的一般值。其人口教育程度平均應都低於左營和鳳山。在 1990 年時高中教育程度的區位商數都已經沒有特別高的地區了，但是在專上方面，新興、前金、鹽埕、苓雅、鼓山和三民六區，都顯示比較偏高的情形。其中，新興和前金，除在 1956 年時，專上教育人口的比例不如左營之外，一直居全都會的最高位。鹽埕專上教育人口的區位商數大致都居全都會的第四位，苓雅則在 1956 和 1966 年時低於 100，而在 1980 和 1990 兩年明顯增高，分別是 143 和 141，居全市的第三位。楠梓區也是人口教育水準相對提升的地區，不過它的專上教育人口的比例，仍只近似全都會的一般值。

我們在前面，將鹽埕、前金和新興三區定為都會的商業核心，而這核心的人口在教育程度上一直維持著最偏高的地位，只是最偏高的地區，不是都會中心地點的鹽埕，而是其東鄰的兩個區，也是新興商業地帶所在的區，苓雅的提升，再加上前鎮和鼓山兩區居民教育相對水準的逐漸低落，意味著高教育程度人口偏好的居住地往東擴展的趨勢，但並未至外圍地區取代中心都市。由於鳳山、左營高教育人口比例的相對降低，反而顯示都會中心都市優勢的提升，而中心都市高教育人口比例偏高的地區，仍離都會的核心不遠。從區位商數的最高值逐漸減低的情況下，我們可以說，在全都會教育水準普遍提升的趨勢之下，各區人口在教育程度上的差距逐漸減少。不過整體看來，高教育人口隨著離開都會核心的距離而遞減，而低教育人口的比例顯示相反的趨向。

在人口的職業組成方面（見表 5-4.2b），農林漁牧工作人口從 1950 年代的三成降至 1980 年代的一成，是在比例上唯一降低的職業人口。而生產體力工作人員的比例，則是由不到三成增至四成左右，在 1950 年代，這一類的職業人口比例尚不如農林漁牧業，但是到了 1960 年代，已超過後者，至 1970 和 1980 年代，一直維持這方面的優勢。其餘各職業，在比例上都呈現略為上升的趨勢，不過在人數上皆有著相當的成長。專業技術、監督佐理、買賣工作和服務工作人員（服務業人員的比例在 1966 年，與其他三都會相似，亦因警察與保安人員而比例偏高）的成長倍數，都超過全部職業人口的成長倍數，唯獨行政主管人員的成長倍數不及全體的數值。我們關心的重點，還是各鄉鎮市區之間的不同。

在農林漁牧人員所占分量減低，而生產體力工作人員分量占優勢的過程之中，1980 年大樹鄉的農林漁牧人員的比例仍占五成，高於生產

表 5-4.2b　高雄都會區職業組成，1956、1966、1980、1990 年

地區	年別	專門 %	專門 Q	行政 %	行政 Q	監佐 %	監佐 Q	買賣 %	買賣 Q	服務 %	服務 Q	農牧 %	農牧 Q	體力 %	體力 Q	其他 %	其他 Q	合計 N
鹽埕區	1956	5.58	131	7.68	272	12.59	146	25.77	235	14.59	195	1.07	3	30.98	111	1.73	34	14,530
	1966	6.38	81	5.30	283	11.75	95	27.02	291	12.29	61	1.77	11	35.16	110	0.33	122	17,945
	1980	5.19	98	7.20	310	24.59	201	19.68	182	9.61	109	1.33	10	26.37	66	6.04	81	16,657
	1990	9.23	89	2.03	174	19.16	103	34.68	233	11.41	126	1.39	19	22.10	57			13,357
鼓山區	1956	4.76	112	3.73	132	12.54	146	11.65	106	9.76	131	10.57	32	41.70	149	5.30	106	14,016
	1966	5.48	70	2.63	141	13.99	113	9.73	105	19.73	99	10.51	65	37.55	117	0.37	137	24,125
	1980	4.28	81	2.60	112	13.87	113	8.93	83	8.49	97	8.02	62	46.45	116	7.37	99	41,924
	1990	10.50	101	1.06	91	20.45	110	15.29	103	9.87	109	4.24	57	38.59	100			37,699
左營區	1956	4.61	108	1.83	65	5.64	66	9.42	86	6.38	85	17.94	54	22.40	80	31.78	63	13,562
	1966	12.35	157	0.99	53	14.28	115	5.20	56	36.77	184	4.69	29	25.60	80	0.11	41	42,475
	1980	6.63	125	1.95	84	12.27	100	9.77	91	7.24	82	9.69	54	38.16	95	17.03	230	39,082
	1990	10.79	104	0.75	64	19.27	104	12.80	86	10.54	116	3.62	48	42.22	110			34,179
楠梓區	1956	5.04	119	1.78	63	8.01	93	9.18	84	7.12	95	42.37	129	23.79	85	2.71	54	6,306
	1966	9.12	116	1.39	74	10.82	87	8.93	96	18.45	92	17.20	106	34.07	106	0.03	11	10,319
	1980	6.59	124	0.77	33	10.39	85	8.31	77	9.81	112	11.17	86	43.22	108	9.74	131	30,736
	1990	11.77	113	0.68	58	15.99	86	10.37	70	8.54	94	6.86	92	45.79	119			41,147
三民區	1956	5.72	135	4.34	154	10.62	123	13.93	127	7.88	105	18.15	55	38.40	138	0.97	19	7,856
	1966	7.51	96	3.12	167	13.69	110	12.94	140	11.99	60	8.35	52	41.69	130	0.71	263	21,193
	1980	7.14	134	3.39	146	14.66	120	12.63	117	9.96	113	7.45	57	40.16	100	4.61	62	91,838
	1990	12.37	119	1.33	113	21.93	118	19.35	130	9.82	108	3.00	40	32.21	84			109,245
新興區	1956	8.63	203	6.42	228	15.44	180	15.59	142	8.80	118	3.17	10	37.05	133	4.91	98	9,534
	1966	10.78	137	4.16	222	18.76	151	16.32	176	10.91	54	2.59	16	35.76	111	0.73	270	21,466
	1980	9.31	175	5.29	228	24.54	201	21.67	201	7.24	82	5.31	41	21.02	52	5.61	76	28,946
	1990	16.22	156	1.76	151	28.10	151	24.83	167	9.34	103	2.67	36	17.07	44			25,402

表 5-4.2b 高雄都會區職業組成，1956、1966、1980、1990 年（續）

地區	年別	專門 %	專門 Q	行政 %	行政 Q	監佐 %	監佐 Q	買賣 %	買賣 Q	服務 %	服務 Q	農牧 %	農牧 Q	體力 %	體力 Q	其他 %	其他 Q	合計 N
前金區	1956	6.61	156	4.43	157	14.79	172	13.19	120	9.45	127	2.39	7	45.69	163	3.66	73	9,325
	1966	8.93	114	4.16	222	17.73	143	13.22	143	12.75	64	2.35	15	40.18	125	0.68	252	15,186
	1980	8.44	159	4.90	211	21.99	180	19.58	181	9.16	104	3.64	28	25.52	64	6.76	91	16,739
	1990	15.23	147	3.02	258	26.64	144	19.80	133	12.16	134	1.74	23	21.24	56			13,656
苓雅區	1956	4.26	100	2.93	104	11.36	132	10.42	95	8.34	112	11.53	35	47.70	171	3.45	69	7,815
	1966	6.68	85	1.84	98	15.69	128	10.50	113	13.22	66	5.20	32	46.32	144	0.27	100	18,700
	1980	6.24	118	4.00	172	18.71	153	14.63	136	9.30	106	5.92	46	35.15	88	6.06	82	81,512
	1990	14.82	143	1.86	159	27.63	149	17.46	117	9.06	100	2.63	25	26.54	69			75,071
前鎮區	1956	6.06	143	1.86	66	12.76	148	3.37	31	9.99	134	8.43	26	56.54	203	0.97	19	8,956
	1966	5.43	69	0.86	46	12.79	103	4.90	53	12.86	64	4.69	29	57.95	181	0.51	189	17,153
	1980	4.15	78	1.69	73	8.22	67	9.46	88	8.11	92	7.47	57	55.60	138	5.30	71	84,401
	1990	8.18	79	1.53	131	18.04	97	14.14	95	9.72	107	3.40	45	44.99	117			69,203
旗津區	1956	2.97	70	1.76	62	6.49	81	7.47	68	5.23	70	38.67	117	36.17	130	0.80	16	5,126
	1966	6.36	81	1.13	60	6.72	54	5.72	62	10.85	54	28.36	175	40.58	126	0.27	100	9,868
	1980	1.16	22	0.54	23	7.08	58	7.75	72	6.30	72	25.88	199	45.22	113	6.07	82	14,881
	1990	3.75	36	0.18	15	9.76	53	9.70	65	7.90	87	25.19	336	43.53	113			11,168
小港區	1956	2.24	53	0.79	28	6.45	75	5.65	52	4.48	60	52.66	160	26.33	94	1.40	28	9,335
	1966	4.83	61	0.53	28	7.66	62	3.93	42	20.63	103	31.69	196	30.68	96	0.03	11	14,587
	1980	5.03	95	0.65	28	7.18	59	5.44	50	4.72	54	18.28	141	52.61	131	6.09	82	30,342
	1990	10.51	101	0.59	51	14.87	80	8.84	59	8.59	95	11.27	150	45.33	110			40,796
鳳山市	1956	4.76	112	2.94	104	10.79	125	18.92	172	11.91	159	18.23	55	24.46	88	7.99	159	12,800
	1966	10.11	129	1.80	96	16.72	135	10.77	116	28.98	145	7.21	45	24.31	76	0.09	33	29,485
	1980	6.22	117	1.81	78	13.74	112	11.21	104	10.36	118	8.00	62	38.88	97	9.77	132	8,362
	1990	10.64	102	0.89	76	18.08	97	15.25	102	9.01	99	4.10	55	42.02	109			99,227

表 5-4.2b　高雄都會區職業組成，1956、1966、1980、1990 年（續）

地區	年別	專門		行政		監佐		買賣		服務		農牧		體力		其他		合計
		%	Q	%	Q	%	Q	%	Q	%	Q	%	Q	%	Q	%	Q	N
林園鄉	1956	2.22	52	0.58	21	2.13	25	6.71	61	3.49	47	76.99	234	7.85	28	0.02	0	8,253
	1966	10.13	129	0.55	29	9.36	75	5.47	59	23.96	120	32.44	201	18.04	56	0.04	15	16,191
	1980	1.97	37	0.34	15	1.99	16	5.83	54	19.73	225	28.67	221	33.54	84	7.93	107	21,717
	1990	5.10	49	0.28	24	8.33	45	9.24	62	8.09	89	16.77	224	52.19	136			18,982
大寮鄉	1956	1.29	30	0.36	13	2.38	28	3.12	28	2.03	27	89.99	255	5.57	20	1.26	25	8,684
	1966	2.37	30	0.39	21	4.70	38	3.88	42	20.37	102	52.24	323	15.83	49	0.22	81	13,743
	1980	2.63	50	0.60	26	5.22	43	5.76	53	11.27	128	30.12	232	35.18	88	9.22	124	36,641
	1990	5.61	54	0.62	53	12.25	66	9.86	66	8.04	89	17.85	238	45.78	119			32,503
大樹鄉	1956	2.32	55	1.42	50	2.68	31	5.33	49	3.14	42	69.17	210	14.22	51	1.71	34	7,124
	1966	6.11	78	0.52	28	2.77	22	3.78	41	26.49	132	37.48	232	22.65	71	0.20	74	12,207
	1980	2.24	42	0.29	13	4.21	34	3.42	32	8.51	97	49.60	382	22.99	57	8.73	118	15,023
	1990	5.20	50	0.32	27	8.81	47	8.57	58	6.94	77	30.57	408	39.59	103			16,807
仁武鄉	1956	1.63	38	0.75	27	2.38	28	2.78	25	2.94	39	84.74	257	4.77	17	0.00	0	2,517
	1966	12.27	156	0.26	14	14.13	114	1.92	21	28.86	144	27.39	169	15.15	47	0.01	4	7,757
	1980	2.32	44	0.57	25	4.14	34	7.71	71	3.82	44	23.74	183	50.24	125	7.47	101	9,745
	1990	5.25	51	1.96	168	10.27	55	9.55	64	10.35	114	12.80	171	49.80	130			13,762
大社鄉	1956	1.62	38	0.51	18	2.56	18	5.70	52	2.26	30	83.62	254	3.74	13	0.00	0	2,967
	1966	2.16	27	0.64	34	12.71	34	6.91	75	10.05	50	58.47	362	9.04	28	0.02	7	4,069
	1980	3.14	59	1.30	56	4.07	56	8.85	82	3.59	41	40.91	315	31.28	78	6.86	92	8,030
	1990	5.87	56	0.97	83	10.38	83	9.84	66	5.97	66	28.90	386	38.07	99			10,155
鳥松鄉	1956	2.57	60	1.09	39	4.99	58	4.18	38	3.62	48	69.16	210	11.46	41	2.94	59	2,487
	1966	7.60	97	1.20	64	8.08	65	3.08	33	17.45	87	37.24	230	25.25	79	0.09	33	4,578
	1980	5.51	104	1.82	78	8.26	68	4.73	44	4.13	47	42.31	325	26.38	66	6.86	92	8,991
	1990	11.35	109	2.68	229	17.95	97	11.62	78	8.29	92	12.85	172	35.25	92			11,407

表 5-4.2b 高雄都會區職業組成，1956、1966、1980、1990 年（續）

地區	年別	專門 %	專門 Q	行政 %	行政 Q	監佐 %	監佐 Q	買賣 %	買賣 Q	服務 %	服務 Q	農牧 %	農牧 Q	體力 %	體力 Q	其他 %	其他 Q	合計 N
橋頭鄉	1956	3.04	72	1.61	57	6.36	74	6.65	61	5.98	80	57.43	174	18.17	65	0.76	15	5,267
	1966	6.29	80	1.33	71	12.01	97	6.18	67	12.35	62	25.24	156	36.53	115	0.05	9	8,168
	1980	3.74	70	0.85	37	7.33	60	7.25	67	4.97	57	20.30	156	48.48	121	7.07	95	13,219
	1990	7.68	74	0.82	70	13.81	74	9.68	65	5.59	62	14.28	190	48.18	125			14,717
彌陀鄉	1956	1.05	25	0.67	24	2.00	23	8.99	82	2.62	35	74.33	226	9.10	33	1.24	25	4,660
	1966	1.90	24	0.42	22	2.68	22	9.51	103	14.23	71	45.47	281	25.78	80	0.00	0	5,973
	1980	1.18	22	0.48	21	2.88	24	7.29	68	2.59	29	43.48	334	36.01	90	6.09	82	9,634
	1990	4.08	39	0.31	26	7.41	40	10.61	71	5.57	61	25.29	338	46.73	122			7,774
梓官鄉	1956	1.73	41	0.54	19	2.35	27	8.27	75	3.17	42	74.40	226	8.97	32	0.56	11	5,149
	1966	2.61	33	0.44	24	3.37	27	9.07	98	9.73	49	50.32	311	24.46	76	0.00	0	6,791
	1980	1.98	37	0.50	22	4.25	35	8.46	78	2.86	33	26.17	201	49.03	122	6.74	91	13,314
	1990	4.20	40	0.42	36	8.06	43	10.87	73	5.72	63	22.01	294	48.73	127			13,537
總計	1956	4.25		2.82		8.60		10.97		7.47		32.96		27.91		5.02		166,269
	1966	7.86		1.87		12.43		9.27		20.03		16.16		32.10		0.27		321,979
	1980	5.31		2.32		12.23		10.79		8.78		13.00		40.16		7.42		693,734
	1990	10.39		1.17		18.56		14.89		9.06		7.49		38.44				709,794

資料來源：1956 年戶口普查報告書
1966、1980、1990 年戶口及住宅普查報告書

體力人員的近四分之一，而大社鄉的農林漁牧和生產體力工作人員的比重分別為四成與三成。其餘邊緣各鄉鎮的農林漁牧人口都不及全職業人口的四分之一，高雄市的小港和旗津的亦在二成與二成五之間，這些地區農林漁牧業人員的區位商數都偏高，不過在比例上都低於生產體力人員。加之，大樹和大社，一方面生產體力人員的區位商數，在1990年時，都在100左右，低於其他的都會邊緣鄉鎮；同時其他職業人口的區位商數都低於100甚多，更突顯其農業人口的分量。它們可以說是都會區之內，僅存的農業性質較強而農業居住人口的比例占優勢的地區。

在高雄市之外的十個鄉鎮市，在1990年顯示高的生產體力人員區位商數者，包括鳳山、林園、大寮、仁武、橋頭、彌陀和梓官；鳥松和大社的商數都低於100，但是這類工作人口的比例，仍占就業人口的三成以上。不論目前各鄉鎮在生產體力工作人員的比例有何差異，高雄市以外地區的共通之處是這類人員的區位商數逐年遞增。高雄市各區，在1950和1960年代顯示較高生產體力人員比例的，包括了我們所界定的中心都市內的各區，如鹽埕、鼓山、三民、新興、苓雅和前鎮。這些區生產體力工作人員的區位商數逐年遞減，除前鎮外，在1980年代大致都已低於100，而我們定為商業核心區的鹽埕、新興和前金，則皆在50左右，顯示其生產體力人員比例僅為都會比例之半。在1956年時，前鎮是生產體力人員比例最高的地區，但在1980和1990兩年，雖然依舊維持高於都會一般值的水準，卻已顯示不及一些邊緣鄉鎮的情形。左營、楠梓和小港，是高雄市區之內，我們未界定為中心都市的幾個區。這三區同樣都顯示生產體力人員比例增加的趨向，楠梓的區位商數在1990年時與前鎮大約相等，左營和小港則略低一些（110）。整體說來，中心都市內的各區，生產體力人員的比例一直降低，到1980和1990年時，僅前鎮尚可以稱之為生產體力人員居住的優勢地帶。至於中心都市以外地區，生產體力人員的比例逐年上升，特別是南北兩側的各鄉鎮區。若扣除前鎮區，生產體力工作人員的分布，一方面是由商業核心、中心都市內的其他區、中心都市以外地區而比例遞增，一方面是往東地區比往南和往北地區的比例為低。

服務工作人員的比例與商數比較難以歸納出地區間的差異模式，在此暫置而不論。買賣工作人員的居地分布，則呈現清楚的核心、中心都市和邊緣地帶的區別。鹽埕在 1956 年時，其買賣工作人員居住的傾向最強，到 1970 和 1980 年代仍然維持如此的優勢，在絕對數值上，1970 年代呈現減少的情形，但 1990 年的數值又顯然高過 1980 年，買賣人員的比例是先降而後升的變化。不論變化如何，其區位商數除 1980 年居次外，其餘三個年期都是最高的。在 1980 和 1990 兩年，買賣工作人員區位商數居次的是新興和前金二區。這兩區買賣工作人員居住的比例，自 1956 年以後便持續上升，尤其是新興區，其區位商數已超過 200。到了 1990 年，四分之一居住該區的有業人口屬買賣人員，前金區稍次，只二成的有業人口屬於這一類的。再接著，是三民和苓雅。三民在 1956 至 1990 年間，買賣人員的比例，都維持相似的水準，介於 120 和 140 之間，而苓雅是從不及 100，升至約 120。此外的地區，買賣人員的區位商數，有升有降，但是與上述各區都有很大的差距。特別是在 1956 年，買賣人員居住的比例僅次於鹽埕的鳳山，區位商數不斷下降，到 1980 年已接近 100，至 1990 年，則比例只近似全都會的一般值。這種數據顯示一種集中和疏散並存的情形。在中心都市，買賣工作人員居住地往鹽埕以外的地區擴散，最明顯的是新興和前金，其次為苓雅和三民。這和商業雇用人數的變化，呈共變的狀況。但是以中心都市和以外地區相比較，中心都市買賣業人員居住的比例一直提升。中心都市占全都會買賣人員的比重，由 1956 至 1990 年，分別是 56.50、61.18、63.84 和 68.71%。

　　監督佐理人員的分布，同樣呈現中心都市與其他地區的對比。1956 年時，區位商數高於 100 的，除鳳山之外，就是我們界定的中心都市內的六個區。不過最高的不是鹽埕，而是其東側的前金和新興，連製造業占優勢的前鎮和鼓山區，都有著近 150 的區位商數，與鹽埕近似。其次才是三民和苓雅，區位商數分別近 120 和 130。這時已經是中心都市的明顯優勢了。在往後的三十餘年，各區監督佐理人員比例大致都增加，但從區位商數所顯示的相對位置，鹽埕和鼓山也略降，三民維持同樣的分量，苓雅的比重增強。在中心都市以外的地方，鳳山的區位商數仍高過其他的鄉鎮或區，不過僅與都會的一般值相同。另外偏高的是左營區，但只是與鳳山近似而已。與買賣人員分布相似，中心都市除前鎮外，在 1980 年代，監督佐理人員所占的比例都高於以外的鄉鎮市區。不過在中心都市內，監督佐理人員比買賣人員的離心趨勢強。

　　最後讓我們看一下職業層級最高的專技和行政主管人員的分布偏向。行政主管人員的絕對數從 1956 至 1990 年，才增加不到三倍，低於全都會就業人口的增加倍數。不過行政人員和專技人員在都會的居住傾向，一直是中心都市。行政主管人員比例特別偏高的地區，一直是鹽埕、前金和新興。三者的區位商數從 1956 到 1980 年，幾乎都維持在 200 以上，前金在 1990 年的區位商數仍高於 200，鹽埕和新興則在 150 上下。其次則為前鎮、苓雅和三民。而鼓山行政主管人員的比例，在 1970 年代以前都偏高，1990 年時則低於都會的一般值。行政主管人員的分布與商業勢力的分布大致雷同。專門與技術人員的分布，在中心都市內顯示強過行政主管人員的離心傾向。在 1956 和 1966 年，專技人員居住偏向最高的，是新興和前金，其次才是鹽埕。這三區的區位商數在 1980 和 1990 兩年，呈現下降的趨勢，不過新興和前金仍保持領先的位置，而鹽埕在 1990 年的區位商數，只有 89 而已，很明顯的，鹽埕吸引專技職業人口居住的力量已經相對低落。明顯成長的是苓雅，其區位商數遞增，至 1990 年，與新興、前金幾乎不相上下。三民區亦顯示專技人員偏高的比例，鼓山則不是那麼清楚。前鎮在 1956 年時，專技人員的區位商數尤高於鹽埕，但至 1966 年以後，則都低於 80。專技人員的分布模式與監督佐理人員相似，經過四十年的變化，比例是由都會核心先低而高再低的情形，至中心都市以外的地區，則其商數又低於中心都市的大部分地區。鳳山同樣顯示比例遞減的情形，不過邊緣地帶的橋頭和鳥松，顯示行政主管或專技人員比例提升的傾向，1990 年時，鳥松行政主管人員和專門技術人員的區位商數超過 100，是外圍鄉鎮社會階層性質唯一偏高的地區，但是仍與中心都市比例偏高地區有段差距。

五、高雄都會的生態因子分析

　　為著以扇面和同心圓的關係來呈現高雄都會各社會指標的空間分布模式，我們以如下方式切割高雄都會區。以高雄市的都市發展而言，是從高雄港逐步往外擴張，在日據時期形成鹽埕的商業中心。雖然，高雄火車站遷離原來接近舊都市核心的鹽埕，但我們可以看到在商業和服務業東移形成了新的中心商業區之下，鹽埕仍為都會的中心商業區之一。因此，我們不以高雄火車站為中點，而以鹽埕靠港口的三角頂點為中心點。以此為中心點，所劃成的 1 公里範圍，不但納入了鹽埕的商業地帶，還包含了高雄市早期的港口聚落，哨船頭和旗後。因此，這樣的一個中心點的取擇，既同時納入了早期的港口和商業中心，應該是頗恰當的。從此中心點，我們先定兩個 1 公里的環圈，兩個 2 公里環圈，兩個 3 公里的環圈，在此六環圈以外，即 12 公里以外地帶，全部併為第七環（見圖 5-1）。由於高雄都會的發展是以海港為起點，無法建構一個完整的同心圓，圓的一大半為海域。於是，我們只能大致以 30 度角，將都會區分成五個扇面。靠北的為第一扇，由中心點往北，經鼓山、左營、楠梓，再包括高雄縣內的橋頭、梓官和彌陀。第二扇，由鹽埕往東北，經三民和左營，再包括仁武、大社和大樹的北半。第三扇，由鹽埕經新興，跨三民和苓雅，再至鳥松和大樹。第四扇，主要是由前金、苓雅再往鳳山和大寮。第五扇，最偏南，經前鎮、旗津至小港，再含林園；旗津，從地理條件而言，很難併入如此的環圈和扇面的關係，為分析的便利，勉強納入第五扇中。（扇面與環圖的分劃，參見第 166 頁，圖 5 高雄都會行政分區圖）

（一）因素一：地區生命循環

　　因素一經轉軸後解釋量為 21.14%[3]，高負荷量達 0.40 以上的有七個變項（見表 5-5.1），依序為居住本區滿五年以上人口比例（正值）、

3　轉軸之後，四個因素的解釋力，由於未排除因素之間的相關，均提高。轉軸之前的解釋力總和為 77.26%，之後為 82.07%。

1960 年以前住宅比例（正值）、老年人口比例（正值）、幼年人口比例
（負值）、平均居住面積（正值）和公寓或大廈比例（負值）、以及公務
和軍事機構服務人員比例。從幾個負荷量絕對值高的變項來推論，這因
素可以代表地區的生命循環，呈現老舊和新興地區的對比。因素分數高
的村里，比較多長年居住的居民，老舊住宅的比例較高。同時，老年人
口多，幼年人口少，已終止生育的婦女較多（從總生育量來的推論，此
因素的負荷量為 0.393），或可視如反映著達到家庭生命循環末期的家
戶較多，同時新式的高樓住宅較少。而公務與軍事機構人員比例，在此
因素亦顯示偏高的負荷量，可能是與高雄都會早期便形成的軍事人員聚
居地有關。

表 5-5.1　旋轉因素結構（因素負荷量）：高雄都會區

	因素一	因素二	因素三	因素四	H2
居住本區滿 5 年以上人口	0.865**	-0.256	-0.008	0.155	0.807
1960 年以前住宅	0.848**	-0.017	-0.096	0.207	0.722
老年人口比例	0.795**	0.056	-0.317	0.365	0.741
幼年人口比例	-0.657**	-0.513**	-0.008	-0.398	0.766
大專以上教育程度	-0.001	0.938**	0.149	0.117	0.885
專技與行政主管人員	-0.137	0.893**	0.102	0.015	0.813
平均居住面積	-0.473*	0.582**	0.034	-0.306	0.608
單身戶比例	0.321	0.349	-0.026	0.213	0.251
總生育率	0.393	-0.735**	-0.345	-0.206	0.800
生產體力工作人員	-0.266	-0.751**	-0.014	0.171	0.738
小學以下教育程度	0.063	-0.951**	-0.287	-0.416**	0.931
連棟式住宅比例	-0.190	0.230	0.942**	-0.099	0.911
公寓或大廈比例	-0.461*	0.475*	-0.442*	0.003	0.740
外省人口比例	0.312	0.409*	0.165	0.845**	0.907
公務及軍事機構服務人員	0.400*	0.301	0.115	0.824**	0.821
非住宅及混用住宅	0.001	0.440*	0.588**	-0.667**	0.890
買賣工作人員	-0.041	0.489*	0.443*	-0.671**	0.820
平方和	3.594	5.446	2.010	2.901	
各因素解釋之變異量（%）	21.14	32.04	11.82	17.06	

*：因素負荷量絕對值大於 0.40 者
**：因素負荷量絕對值大於 0.50 者

以共變分析的結果觀察（見表 5-5.2），僅扇面對此因素的解釋力達到統計的顯著水準，環圈以及環圈和扇面二者間互動的影響都不顯著。我們可以看到，五個扇面內距離與因素一的因素分數之間的相關都未

表 5-5.2 高雄都會區因素分數與扇面、同心環距離之共變與相關分析表

因素分數與同心環距離之相關								
因素		I 新舊		II 社經		III 連棟		IV 省籍－商業	
扇面	里數	平均數	相關	平均數	相關	平均數	相關	平均數	相關
I	146	.45	-.097	-.28	-.296***	-.05	-.414***	.39	-.150
II	89	-.18	.127	.09	-.755***	.15	-.511***	-.50	-.495***
III	130	-.12	-.011	.65	-.728***	-.09	-.209*	-.26	-.393***
IV	120	-.30	.149	.21	-.456***	.13	-.217*	.00	.302***
V	98	.01	-.109	-.79	-.350***	-.10	-.317*	.22	-.179

共變數分析								
里別數＝583	I 新舊		II 社經		III 連棟		IV 省籍－商業	
變異來源	F 值（自由度）	解釋力	F 值（自由度）	解釋力	F 值（自由度）	解釋力	F 值（自由度）	解釋力
環圈	.29 (1)	.05%	114.50*** (1)	21.28%	59.49*** (1)	10.28%	8.93** (1)	1.47%
扇面	29.67*** (4)	5.09%	81.49*** (4)	15.14%	8.57* (4)	1.48%	76.18*** (4)	12.58%
互動	6.32 (4)	1.10%	21.70*** (4)	4.03%	5.69 (4)	0.98%	35.64*** (4)	5.82%
扇內距離	6.33 (5)	1.10%	129.93*** (5)	24.43%	71.49*** (5)	12.22%	39.82*** (5)	6.63%

註：***P＜.001；**P＜.01；P＜.05

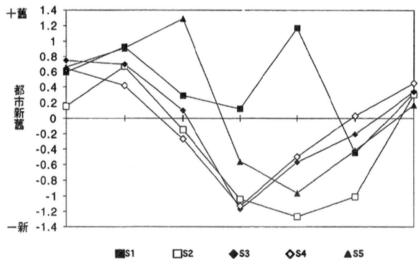

圖 5-1a 高雄都會區因素一（都市新舊）同心環與扇面分布關係圖

達統計的顯著水準。就扇與扇之間的差異觀察，平均值最高的是第一扇面（0.45），其次是第五扇面（0.01），顯示這扇面整體而言比較偏向老舊；其餘三扇面的平均都為負的，可以說比較偏向新興。但合併圖5-1和5-1a，我們可以對地區生命循環這個因素的分布做有意義的說明。

就圖5-1，大致也可以說是綠色分布內外，而紅色橫亙其間，也就是靠近都市核心以及遠離核心，都比較老舊的情形。而從各扇面和環圈交錯成的地區所構成的曲線，我們可以看到扇面二、三、四都呈現清楚的V形曲線，它們的第三、第四、第五和第六環間都為負值（或接近零點），最低點在第四或第五環圈，而第一、第二和第七環圈的平均值都為正值。第五扇面與上述三扇面不同的是，它最老舊的地段出現在第三環，不過第四環的平均值，陡然下降，最低點落在第五環，至第六和第七環平均值再度上升，第七環再度為正值。第二扇的第四、第五和第六環，平均值相差不大，都位於三十五個分區中平均值最低的五個地區之中，因此這扇面內，由6至12公里地帶，都算是新興地區。第三和第四扇的最低點都在第四環，其第五環的平均值，在五個扇面裡，倒數第二，僅高於第四環。而從圖5-1可以顯示，因素分數最低的是在第五環靠東的一半，亦即9至10或11公里的地方，正好位於高雄市縣之交地帶。大致可以說，在苓雅和三民二區位於新興區北緣以西的地方，是高雄市以及高雄都會最新興的地段。第五扇最新興的地段在第五環，即前鎮的南側地段，其第六環的平均值略高於第四環，不過從分布圖，第六環所在的小港區，似乎有著較多的新興地段，在這扇面，都市的擴張已及於距都市核心12公里地帶。

以上的四個扇面，其最老舊地段，大致不超過新興區北緣，其次才是12公里以外的都會邊緣地區，都適用倒V字模式，唯獨第一扇面偏離此一模式。第一扇的第一至第四環，都在鼓山區的範圍。這四環的平均值都為正，不過內二環的正值大於第三和第四環，最特別的還是到第五環，進入左營的範圍，其平均值尤高於第一和第二環，而在三十五個分區之中，它的平均值是第二高的，僅次於第五扇的第三環，至第六環才陡然下降，第七環，則回升為正值，但與第四環相近，仍低於第三環。因此，除了第六環之外，各環都偏向老舊，最高點在第五和第二環，顯現雙峰模式。最值得注意的還是第五環的左營地帶，在日據末期才顯現開發的跡象，光復後因軍事緣故流入大量的外省人口，經過四十年，竟成為全都會最老舊的地段，此既無法以商業核心的性質，也不能以都會邊緣的性質加以說明。而是長年未變動的軍事人員和其家屬的居住所造成的。在鳳山也可以看到同樣的老舊地帶，亦是外省人居住所形成的現象，只是鳳山的軍眷聚落的分量不及左營，而未形成整個地區的特色。

（二）因素二：社會經濟地位

因素二在轉軸之後的解釋力為 32.04%，負荷量大於 0.40 的變項依序包括（見表 5-5.1）：大專以上人口比例（正值）、小學以下人口比例（負值）、專技人員比例（正值）、生產體力人員比例（負值）、總生育率（負值）、平均居住面積（正值）、公寓或大廈比例（正值）、幼年人口比例（負值）、買賣工作人員比例（正值）、混用住宅比例（正值），以及外省人口比例（正值）。從前四個負荷量絕對值最高的變項再加上居住面積，所呈現的是社會經濟地位的高低，因素分數正值越高的，顯示該村里居民平均的社會經濟地位越高。在此因素之內，其他高負荷量變項反映的是，社會經濟地位偏高地段，家庭的規模較小，住宅形式比較偏向新式的高樓，買賣工作人員以及混住的情形都偏高。另外，如此的地區外省人口比例也可能偏高。從這個因素的組成變項，可以推論說，買賣工作人員的居住地帶與高社經地位有著部分的重疊，或者高社經地帶與商業活動的部分重疊。

以共變數分析（見表 5-5.2），因素二的分布，不論是環圈或扇面的解釋力都達到統計的顯著水準，而環圈的解釋力高於扇面，扇面的解釋力為 15%；控制扇面之後，環圈的解釋量達四分之一。我們可以看到，扇面間的關係是，中間的第三扇的社會經濟地位最偏高，然後向兩側的扇面遞減，南北兩側的扇面的平均值皆為負。不論各扇面的平均值為何，因素分數與距離的相關都為負值，同時都具統計的顯著性。所以大體說來，整個都會區社經地位的分布，與離都會核心的距離成反比，越靠近都會核心，社會經濟地位越偏高，反之偏低。社經地位與距離的扇內相關不盡相同，第二和第三扇最高，都在 0.70 以上，其次是第四扇，為 0.45，北與南兩扇最低，都在 0.35 以下，似乎社經地位偏高的扇面，具較強的社經地位與距離的關係。

　　圖 5-2 的綠色表示因素分數為正值，亦即社會經濟地位偏高的村里，我們可以看到綠色帶分布大致在都會的 12 公里以內地帶，以外地帶僅見一、二個綠色地段。圖 5-2a 的曲線關係，扇二、三和四顯示比較清楚的由內而外遞減的情形。扇面一和五則為不規則的高低起伏。扇面在 4 公里以外的各環，平均值都為負，不論為正或負值，非常規則的由鹽埕、三民往仁武和大社方向逐環因素分數遞減。第三扇的每一環的平均值都高於其他扇面同環帶的，因此此扇面的高社經傾向極其明白。這扇面不規則的地方出現在第一至第三環之間，第一和第二環的平均值大致相等，但第二環卻顯示明顯的差距，以致前三環呈現明顯的倒 V 字形，不過此環的平均值仍高於此扇的第五以至第七環，也高於都會中大部分的其他環帶。此一曲線關係顯示，從鹽埕區往東，社經地位先是降低，但是至新興區，又再度提升，此後才經過苓雅、鳳山逐漸遞減。第四扇的前三環的平均值約略相等，然後遞減，不過第六環則略為上升，這一環主要是鳳山市的東部地段顯示較高的因素分數。

　　第五扇面雖有高低起伏，除了第一環之外所有的平均值都為負值，而第一環又是各扇第一環之中平均值次低的，因此以最低社經的扇面名之，應該沒有什麼疑慮。這扇面的第五環以內，主要包含的是旗津和前鎮，前者往東跨過二、三、四、五等環，平均值都在負一與負二之間，可以說整體偏向低社會階層，後者的最低數值出現在第四環。扇面一所顯示的變異，比較需要說明。這一扇的一、二、三環都在鼓山區之內，其第一環的平均值接近零點，是各扇第一環之中平均值最低者，不過往第二和第三環平均值遞減。特別的是到第四環之後平均值突然上升，再緩慢遞減，第七環又明顯下降，只是四、五、六環的平均值均為正，都高過該扇面的一、二、和三環。因此，因素分數與距離的相關雖具顯著水準，但卻不能以直線關係來說明。第五環分數大於 1 的里，大致也都是外省人比例較高的里，第四環的兩個因素分數高的里，亦顯示同樣的特性。若加鳳山東側的社經地位偏高地帶，則高雄都會中心都市以外地區的高社經地帶與軍事人員的居住有著密切的關聯。

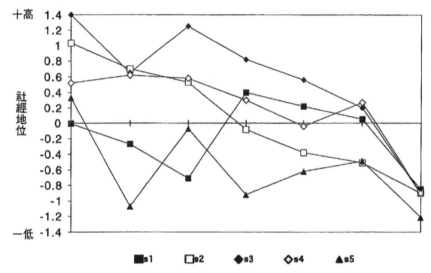

圖 5-2a　高雄都會區因素二（社經地位）同心環與扇面分布關係圖

　　在第一扇第六環的高社經地位里（宏南里）雖然顯示高比例的外省人口，但有著相當高比例的專技人員，軍人的比例卻低，這樣的里，接近高雄煉油廠，煉油廠有勞工與職員宿舍之分，宏南里正是該廠職員宿舍宏毅新村的所在地，而勞工居住的後勁宿舍，在廠之西北，顯示低的社經地位性質（高雄市文獻會，1983: 5-50）。不論如何，這種邊緣地帶偏離常模的情形，同樣是某種職業與居住地的特別關係所導致的。

（三）因素三：住宅類型

　　因素三轉軸後的解釋力為 11.82%，是解釋力最弱的一個因素（見表 5-5.1），負荷量在 0.40 以上的變項有連棟式住宅比例（正值）、公寓或大廈比例（負值），以及混合居住的比例（正值）和買賣工作人員比例（正值）。後二個變項呈現的是商業性質，但是在因素四這兩個變項的負荷值更高，因此我們由兩個負荷量絕對值最高的住宅變項而推論說，這因素代表著住宅的類型。我們觀察圖 5-3a 之後，認為應該視此因素正值高的代表連棟式比例高，住家與工作地點混合的情形較多，負值則是公寓住宅的比例較高，而工作與住宅活動混合的比例較低。依高雄都會住宅的分布狀況，在 1980 年時是以連棟式住宅占最大的優勢，全都會約六成的住家居住在連棟式住宅內，而其餘的類型都未占到 15%。在我們因素分析所使用的公寓或大廈比例，各村里的平均值，還不到 12%，而五樓以下公寓的平均比例是 9.29%，因而用於住宅的高樓住家，電梯大樓的比例，當時非常低，主要是五層以下的公寓住宅。

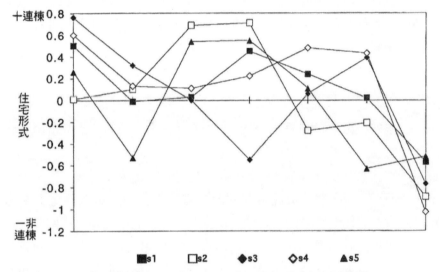

圖 5-3a　高雄都會區因素三（住宅形式）同心環與扇面分布關係圖

　　以高雄市各區的情況而言，除旗津以外，其他十個區居住在連棟式住宅的家戶都占了五成以上，公寓或大廈的住宅比例，則在 5% 到 40% 之間。鹽埕、新興和苓雅的連棟式住宅比例比較低，而其公寓或大廈的比例分別居最高的前三位，顯示連棟與集合住宅之間有一點互斥的關係。但是像旗津和小港，它們的連棟住宅比例低，同時公寓與大廈住宅的比例也低，都會的外圍地帶在 1980 年時，可能與旗津和小港一般，連棟住宅的低比例，不意味著高樓住家的高比例，而是其他類型如傳統農村式、雙拼或獨院式住宅，占較大的分量。以共變數分析的結果（見

表 5-5.2），環圈與扇面對此一因素的解釋力，都具統計的顯著水準，不過扇面所解釋的變異量甚小，環圈的解釋力則達 10%。各環圈內住宅因素之分數與距離，都達顯著的負相關，意味著距離都會核心越遠，連棟式的住宅比例越低。我們無法由曲線圖來觀察因素三的分布狀況。就圖 5-3，我們可以略做如下的推論。在距都會核心 6 公里以內地帶，除掉旗津，呈正值（即綠色）的里表示連棟式與混合居住情況較強，負值（呈紅色）的里則公寓和大廈住宅的比例較高，混合居住的情形較弱。至於 6 公里以外地區，正值的村里所呈現的意義仍同，但是負值的村里，卻意味著非樓房的比例較高，而混合居住的情形較弱。我們可以就連棟的多寡做整體的敘述，但是在都會的內環與外環，相對於連棟的低比例，卻蘊含不同的意義。

（四）因素四：省籍

　　因素四轉軸後的解釋力為 17.06%（見表 5-5.1），負荷量超過 0.40 的變項有四個：外省人口比例（正值）、公務或軍事人員比例（正值）、買賣工作人員比例（負值）、非住宅及混用住宅比例（負值）和小學以下教育程度（負值）。根據這些關聯的變項，我們把這因素定名為省籍，而省籍的比例與軍公人員的和買賣工作人員的居住地有所關聯。在這一因素正值高的里，外省籍人口以及軍公人員的比例偏高，而買賣工作人員的比例低，同時工作場所與居住場所混合的情形較少。負值高的里，本省籍人口的比例高，買賣業的性質強。我們並不能完全以此一因素反映商業取向。商業性質的變項在因素二與因素三中亦呈現高的負荷量，顯示與高社會經濟地區以及高連棟式住宅同時存在的情形。

　　以共變數的分析而言（見表 5-5.2），環圈、扇面和二者的互動效果，都達到統計的顯著水準。不過環圈的解釋力低，控制了扇面之後，環圈的解釋力增加到 6%，但與扇面的 12%，仍有一段差距。在扇面之間，第一扇的外省籍性質最強，其次是第五扇，而這兩扇內的因素分數與距離的相關，不具統計的顯著性。它們的各環圈平均值所構成的曲線圖（圖 5-4a），大致都呈倒 V 字形，第一扇的最高點出現在第四和第五環，第五扇的最高點出現在第三環。第一扇的第五環，包括了左營區的絕大部分地方，而第四環則包括鼓山區北側，因素值大於 2 的里，在第五環占了相當大的面積，左營軍區所關聯的居住性質，不言而喻。第五扇的第三環的平均值是三十五個分區之中最高的。在這環帶之內的十一個里，五個（忠誠、忠勇、忠純、君毅和壯勇）的因素分數都大於 2。但是這五個里並非以軍人家戶的分布為主，其職業構成是以公務人員占相當大的比例，同時，其外省人口的比例非常高，在八、九成以上。第五扇第六環的因素分數亦偏高，我們可以看到小港區內因素分數大於 2 的三個里（青島、濟南和山東）都在第六環，這三里，係隨軍遷臺的三〇二被服廠員工，在廠外所構築的安身之地（高雄市文獻會，1983: 12-56 至 12-58），與高雄都會外圍外省籍比例高的村里一般，與軍事相關的設施分布有關。

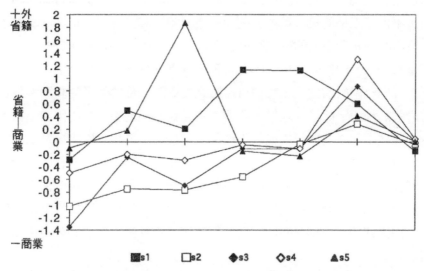

圖 5-4a 高雄都會區因素四（省籍－商業）同心環與扇面分布關係圖

三個因素分數平均值較低的扇面，由核心往邊緣，各環帶的平均值，大致是種緩慢遞增的情形，最高在第六環，至第七環又降低至零點上下的平均值。各扇面的第六環的平均值都為正，顯示整個第六環較偏外省人口的情形，第三和第四扇的第六環，平均值尤高，與左營所在的環圈不相上下。這兩個環帶，包括鳳山與大寮之交的地帶。最顯著的地區特色，是陸軍軍官學校與步兵學校的駐在，而因素分數大於 2 的里別，大致就環繞在這兩個軍事機構。這一地區與左營地區構成極其明顯的外省人口居住地帶，各與不同的軍事機能密切關聯，像這樣的地帶都未出現於其他三個都會區。除了第五扇面之外，各扇面的外省人口的分布，顯示極為清楚的離心現象，不過這種離心趨向，基本上亦受工作地的性質所左右，在 1950 年代便已存在，而非都市社會學一般所謂郊區化現象。

從這一因素，我們也可以觀察買賣人口與混住的情形，同時也間接可以反映商業的分布模式。因素分數負值偏高地段，就反映如此的性質。各扇面的第一環，都是各扇平均值最低者，同時平均值均為負。我們可以看到，在鹽埕三角地帶的二、三扇面的第一環，是買賣工作人員居住傾向最高的，大致在第三環，即 4 公里的範圍內，仍保持如此的傾向，不過第三扇的第二環如此的傾向不及第一和第三環，正好反映著政府機構的分布所造成的商業和服務業設施不能由核心往外連貫的現象。但是二、三、四扇 4 公里以內的環帶，其因素分數的平均分別占全都會三十五個分區的前九位，我們可以將之判斷為全都會商業活動和混住性質最強的地帶。除了這地帶，我們可以看到外圍地區一些由因素分數大於 2 或在 1 與 2 之間所構成的小地段，如橋頭、楠梓、鳳山、林園和左營，這些都是邊緣地帶的地區商業中心。不過，若扣除了省籍的因素，商業性質由核心往外遞減，應可以接受。像第七環，在各扇的值都明顯低於第六扇，不應是商業性質所反映的結果，而是外省人口比例偏低所致。因素四的村里別分布圖，同時反映了商業性質的向心和外省人口的離心性質。

第六章

比較與討論

　　我們所研究的四個都會區，在日據時期都有著一個區域大都市，而這些都市同時也是所在州的政治與經濟中心。臺北市比較特出的是它的全島首府的地位；高雄則以日據末期的工業建設而異於其他的都市；臺南和臺中，則比較只是區域的中心都市而已。各都市在光復之後的舊商業核心，大致都是在日據時期已奠定其基礎。光復後大體是順著這個基礎而發展或改變。在都市發展上，若以人口為指標，則臺北、臺中和高雄都較臺南為迅速。這種在都市機能和人口成長的相對位置，在光復之後，並無太大的變化。但是各個都會區在產業構造上，明顯的都是二、三級行業的增加，而後一級行業變得微不足道的情形。

一、人口的成長與分布

　　以各都會整體的人口成長率而言，從 1951 年起大致是逐漸遞減的情形，意味著各都會人口成長的速度趨於平緩；不過相對於全島的整體發展，四大都會都是全省吸引人口較多的地帶。臺北都會在人口成長的速度上，一直領先其他的都會。高雄都會在 1971 年以前，除了初期之外，人口的成長速度與臺北極為接近，但是在 1971 年以後，其人口成長與臺北的差距逐漸擴大。到了 1970 年代後期，先是不及臺中都會，至 1980 年代，則更是居四都會之末。臺中都會雖然顯示較強的成長動力，但是以人口數量而言，高雄都會仍領先臺中甚多。從都會的相對成

長而言，臺灣的人口分布尚在繼續集中的過程，而最大的都會——臺北
——領先的優勢極其清楚。

在整個都會的擴張之下，人口多少也呈現出再分布的情形。最主
要的指標是人口密度最高地帶的人口遞減現象。這種現象最早出現在
臺北都會，日據時期已呈現臺北最高人口密度的延平區，在 1950 年代
初期，已經顯現人口的負成長。自 1966 年起，則依序龍山、建成、
中山、古亭和大同等區，都呈現人口的負成長。只是負成長的速度到
1980 年代，一直顯現逐漸減緩的趨勢。其他都會的核心地也有幾個區
呈現負成長的情形，高雄的鹽埕、前金和新興，臺中的中區和東區，
以及臺南的中區、西區、北區和安平，大致都在 1960 年代末期或 1970
年代初期呈現負成長，但速度同樣顯示減緩的趨向。在舊核心人口絕對
數值都減少的過程裡，都會的總人口持續上升，意味著都市外圍地區人
口的比重逐漸增加。當我們將都會分成中心都市和都會外圍兩類地帶，
大致從 1971 年開始，中心都市人口占全都會的分量已經減少到二分之
一以下。這種人口的分散化，顯現一種典型的都會化趨勢。但是所謂的
都會核心人口數的減少，並不代表都會核心的人口密度已經達到一種顯
著偏低的情形。

臺中都會和臺南都會，人口密度最高地帶，還是都會核心的 1 公里
範圍帶。臺南 1 公里帶的密度高於其他四個都會同樣地帶的人口密度，
而其 2 至 4 公里地帶的人口密度只是 1 公里帶的七分之一而已，臺中則
是三分之一弱，顯示人口集中在都會中心狹小地帶，仍十分清楚。高雄
與臺北的 1 公里地帶，則已經不是人口密度最高的地區。這兩個都會的
人口密度在 1 至 6 公里的四個環圈，彼此的倍數差距，都是在 2 以內，
密度的陡降發生在 6 至 9 公里以外地帶。因此整體看來，臺北與高雄的
人口密度平均分布的傾向較強。不過它們的核心 2 公里範圍內，尚不能
說是已經到達人口空洞化的地步。大致說來，此二都會 4 公里內的三個
環圈的人口密度，差距並不大，以致都會的 4 公里範圍地帶整體說來，
都是都會中人口最密集的地帶。而唯一出現低人口密度地區，是臺北市
的城中區，其人口密度異於其附近地區，不是因為商業設施密集驅離居
住人口，而是因為政府與公共機構的分布，這種現象在日據時期已經存

在。若以城中的商業地帶而言，其人口密度與其他商業地帶，並無太大的差距。高雄都會區的核心地區，人口數的遞減是不爭的事實，但是其人口密度在 2 公里內的兩個環圈遠低於其他的都會，並非其商業勢力特殊擴張的結果，而是它的第一和第二環圈，包括了相當的港灣地帶。我們所要指出的是，臺北和高雄都會的舊核心地帶，人口遞減的情形顯著，人口的集中雖然不及臺中和臺南，但是仍然是人口擁擠地區。在討論人口分散化現象時，這種特質仍須銘記在心。

都市的核心人口密度逐次下降，都會外圍占人口的分量上升，使得從都會中心向外的人口密度的差距逐年減低，這是好幾個有關都會的研究的共同結論（陳寬政，1981；鄭彩夷，1984；王湧泉，1985；何金銘，1987）。本研究在人口密度模式的呈現上，與之並無二致。這樣變化與西方都市化較早社會的模式是相同的。但是在兩方面卻不能以所謂的西方模式來說明。首先，各都會中心都市的核心地帶，特別是商業活動密集地區，其人口的衰退與商業勢力的衰退幾乎是同步發生的，並非商業勢力擴張所導致的結果。此外由於住宅功能與工作功能合一場所的情形仍相當普遍，以致都市核心的人口密度仍高，至少與中心地區其他部分的差距不大。再另一方面，臺灣各都市的住宅就是在都會的外圍，仍是以高層住宅為主。這又使得人口密度的差距更趨平緩。以致整個都是高密度發展的結果。

在日據時代，都市的移入人口大都來自附近的街莊（溫振華，1986；1988），在 1960 年代以後，各個主要的都市，所在大區域的移入人口仍占最主要的部分，但中心都市所在縣占的比例已非最主要的了。此外，大區域外的移入人口比例仍相當可觀。簡言之，都會中心都市吸引移民的範圍，已是區域性甚至全島性的。至於都會外圍，我們不妨觀察 1970 年代後半各都會縣的資料，臺北縣移入人口中，臺北市占四成，臺中縣的臺中市占三成五，臺南縣的臺南市占三成五，高雄縣的高雄市占五成。中心都市以外其他縣市在各都會縣移入人口所占的分量，並沒有特別集中的情形（1980 年戶口普暨住宅查報告，卷一）。從都會縣的數據我們可以推論說，都會的外圍地帶，一方面吸納中心都市移入的人口，一方面與中心都市同時吸引都會以外地區的人口。

二、產業結構的變遷

　　四個都會區就業機會的提供，與人口成長同步，甚至略強於人口的成長。我們的資料先說明了，工商普查所不包含的軍公教人員的比例，在四大都市的雇用人員中的比例在 1980 年代大致維持一個穩定的比例。大致是與整體工作機會的增加相當。在這個條件之下，我們觀察人口普查的資料時，就可以感到製造業在臺中、臺南都會所占的重要位置。臺中和臺南，在 1971 年以後，工商業的雇用量，一直增加，而製造業占總雇用量的比例仍不斷提升，都已至六成以上，是商業和服務業雇用量的兩倍以上。若是加上軍公教人員的話，製造業提供的就業機會仍可能大於商服務業。高雄都會的製造業雇用量，在 1971 年時已達五成五，至 1980 年代比例略降，不過仍維持在五成左右。因為以工商普查的資料，製造業與商服務業的分量大致相等，因此加上了軍公教人員的話，則後者的分量會強於前者。不過高雄都會由於重化工業的設施，工業用地在整個都會的明顯標幟；同時高雄市的製造業雇用量是臺北市的兩倍，而營業收入是臺北市的三倍，其製造業的分量（經濟部工業統計調查聯繫小組，1992: 66-67），比起臺北都會仍較突出。這三個都會地帶，都是地域的政治甚至文化中心，但是從以上的發展，我們說它們在光復之後，是以製造業的發展為最主要的擴張機制，並不為過。臺北的發展，製造業的分量，至少在 1971 年以後便逐次遞減，從約四成五，降到三成八。若將臺北的軍公教雇用量包含進來，很明顯的臺北都會的製造業的分量，只是商業和服務業的一半而已。因此到 1980 年代中期，四個大都會之中，臺北顯示較強的「後工業都市」性質，較高層次的商業和服務業的發展，也形成了新的商業中心。

　　製造業在臺灣的成長，大致是以都市的邊緣地帶為設置的地點，官方計畫下的工業區，大致都已顯現這樣的傾向。這樣使得工業地帶的分布，在光復初期和後期在各都市都有著不同的分布模式。原先的舊核心，既是商服務業的集中帶，也是製造業的集中地，因此在 1956 年的數據，各都會舊核心在二、三級行業的集中係數都偏高。但是隨著臺灣工業發展的歷程，較具規模的製造業單位都設置在都會的外圍地帶，而政府也刻意限制或疏散核心地帶的製造業場所。舊核心不但在製造業雇用量上顯示分量的急遽衰落，在雇用人數上亦告減低。在整體就業量普遍提升的情形下，更襯托製造業在都市核心中完全削弱的情形。但是這並非完全是都市內部的工廠向外移出的結果，更重要的原因是新設立的工廠，一開始便設立於都會外圍。這種都會外圍的工業發展，普見於四個都會，但是在臺北和高雄卻顯示較強的扇形分布情形。臺北都會，是在工業發展的初期，便有意避開首治地區的臺北市，而以臺北市以西的臺北縣地帶為發展的方向。高雄，則是日據時期的規劃便以高雄港與左營港的規劃，來考慮工業的引進，而日據至光復後的大型工業設施，大致是依循如此的設計而拓展，以致工業的分布，以外側的兩個扇面特別突出。

　　商業和服務業的發展，臺北都會最為突出，其次是高雄，再來是臺中和臺南。在此值得先提出的是，高雄雖以重工業為發展的基礎，但是在商服務業相對於製造業的發展卻強於臺中和臺南都會。商服務業都顯示從光復之初的商業中心向外擴散的趨勢。但是臺南和臺中的舊中心一直維持著極強的優勢，迄 1980 年代，依舊是全都會唯一的中心商業地帶。在高雄和臺北，除了商服務業的向外擴散之外，還有著可以與舊中心商業地帶相抗衡的新商業地帶的興起。在臺北，先是城中區的部分地帶成為全都會的優勢核心，再則為中山區在商業上的勢力增強，特別是在金融和工商服務業方面，最後，則是在中山、大安和松山區交界地帶形成了新的零售業中心。在高雄則是由鹽埕區往西，跳過了政府機關地帶，在前金和新興區交界地帶形成一個新的商服務業中心。這兩個新中心商業地帶的興起，使得舊商業中心在商服務業的雇用量上，不但比重減低人數亦減少。不過集中係數和其他界定商業中心的方法，都不能說是舊核心被取代了，而是雙元中心的形成。這樣的雙元發展，並非都會外圍地帶取代中心都市的位置。中心都市在都會地帶商服務業的優勢依然。這與製造業發展的脈絡顯然不同。

三、人口性質的變遷

四大都會在人口年齡結構上的變化，與全臺灣地區的一般趨勢大致相同，幼年人口的比例降低，壯年和老年人口的比例提升，同樣也顯示人口老化的現象。不過與全臺灣的一般值比較起來，都會的幼年和老年人口比例都較低。在全臺生育率逐年減低的過程中，以上的情形，大部分源自工作人口大量的流入都會地帶。從鄉鎮市區的資料，都會之內各地區之間在年齡結構上的變化，幾乎都和整個都會的變化一致，區間的差異比較難以明白的呈現出來。大致說來，在大部分地區，人口都是在1970年代中期以後才快速上升，中心都市是如此，都會的外圍也是如此。比較可以區分的模式是，都會的核心與都會的外圍，在壯年人口的比例上都低於核心以外的中心都市地帶。都會核心比較一致的是老年人口的比例較高，有時幼年人口的比例亦較高，而都會的外圍，則通常是幼年人口略為偏高的情形。我們可以大致推論說，都會核心由於本籍人口較多，落入家庭生命循環後期的比例可能較多，而邊緣地區多夫婦帶有幼年子女的家庭，這樣的推論還需要更具體的資料來支持。

性比例的變化與外省籍人口的變化是密切結合的。外省籍人口在政府遷臺以後才大量湧入，由於帶來大量的單身男性，而這些男性人口正是都會區在1961年以前人口成長的重要因素。可以說，都會區都顯示外省人口的成長率，一方面高於本省人口的成長率，一方面人口的向中心都市以外地區的疏散，亦是以外省人口為主。這使得都會在1961年以前，人口的性比例顯示偏高的傾向。但是都會人口的流入，在1961年以後，是以都會以外地區的本省籍人口為主。外省人口的比例在都會各地區普遍降低，以致都會的人口性比例漸漸趨於常態。不過人口性比例，則是隨著年代，而高性比例逐漸轉至高年齡人口組的情形，至1970和1980年代，高比例出現在50或60以上的年齡組，而50以下年齡組的已趨於一般的狀況。

在籍別人口的分布上，臺北特別的是，其外省人口比例與其他都會同樣降低之中，但是在中心都市和都會的外圍，都有著好幾個外省人口比例占三成以上的地帶，而其他都會的分區，最高的比例都在二成左右或以下。在中心都市有著相當明顯的外省人分布帶，主要是從舊核心的城中區，往東和東南方向發展。基本上，還是外省人口在光復之初填補日人居住地帶所造成的結果，由於臺北市在日據和光復之後作為全島首府的性質延續著，以致在中心都市形成了相當大的外省人口比例偏高地帶。其他三個都會的中心都市在日據時，同樣有著日人的聚居地，但是，在光復之後，外省人的移入性質與臺北不太一樣，大都是以軍人或其眷屬為主，而所謂公教人員的聚居情形不如臺北市如此的明顯。因此從區別的資料來看，中心都市內，除了本省人口原本就十分密集的老舊地區之外，外省人口聚居的情形，並不十分顯著，各區的差距不大。只有高雄的左營區，由於海軍軍區的設置，形成了都會外圍地帶的規模較大的外省人口聚居地帶。在 1950 年代初以外省人口為最主要組成的地區，不論在任何的都會帶，迄 1970 和 1980 年代，比例都已經明顯下降，而非本籍本省人口比例與之相當或甚至超過之。而在外省人口比例原來高於非本籍本省人口卻低於本籍人口的地區，在人口遷徙的過程中，本省移入人口的分量，明顯強過外省人口。本省與外省人口之間的分化，隨著非本籍本省人口在 1960 年代中期以後的重移入，而逐漸減弱。

　　教育與職業組成上的變化，也大致有著相同的模式。在教育上各地區都明白顯示提高的情形。在職業組成上，農林漁牧人員在就業人口上的比例快速減低，行政主管人員的比例略為下降，生產體力工作人員、買賣和服務工作人員、監督佐理人員以及專門技術人員比例逐漸上升。這一方面意味著行業別上的變化，即一級行業逐漸為二、三級行業所取代，另外也反映著，職業的專門化與科層化（這是以監督佐理人員的增加為明白的例證）。在四個都會區之間，臺北都會在教育和職業組成上與其他三個都會顯然有別。臺北都會在專門技術、行政主管、監督佐理、買賣和服務工作的人口比例，都明顯高於其他都會。在 1980 年，這類就業人員占全體的比例，在臺北都會幾乎達四分之三，而其他三個都會都不到一半。這大致和我們在產業結構一節所陳述的差異是相呼應的。不過臺中雖然在產業結構部分顯示均弱於高雄的製造業雇用偏向，但是在就業人口的組成上，臺中在專技行政人員、監督佐理人員和買賣工作人員的比例都略高於高雄都會。不過這種差異不大，尚不足以讓我們就推斷臺中都會在這方面的優勢。

在都會內教育分布的地區間差異，呈現逐漸縮小的情形。但是各個都會的中心都市，在教育程度上的優勢雖減，卻明白仍高於都會外圍。但是臺北卻顯現較多的外圍市鎮有著高於都會一般值的高教育人口。而臺北和臺中共同顯示，在高教育人口的分散過程中，在市轄區內的外圍地區優於縣轄區的外圍地帶。另外值得一提的是，在中心都市，高教育人口的分布，除臺南都會之外，大致都呈現，稍稍偏離舊商業中心的情形。還相應於職業人口的分布上的情形是，舊商業中心在行政主管人員的比例上比較占優勢，但是在吸引專門技術人員的居住上，較處於劣勢。從這裡我們可以進入職業人口的分布模式。在這方面可以明顯看到，外圍最占優勢的是生產體力工作人員，雖強弱有別，但卻是四個都會區共通的現象。而在其他職業類別，中心都市大致仍維持其優勢。這些職業人口同樣顯示向外擴散的情形，但是卻比較是中心都市內再分配的情形。而買賣工作人員與專門技術人員之間，顯示較明顯的區分，舊都市核心在買賣工作人員居住上的優勢一直保持著，而專門技術人員卻有著偏離舊商業中心的情形。整體而言，在人口的擴張過程中，買賣與服務業工作人員的分散趨勢最弱，其次才是專門技術人員，再其次是監督佐理人員，而最強的是生產體力工作人員。在這種情形之下，臺北市則顯示較明顯的專門技術和監督佐理人員向都會外圍分散的趨勢。

四、因子生態結構

從 1980 年普查的村里資料檔，我們對都會地帶進行了因素分析，得到了大同小異的結果。社會經濟地位、地區生命循環、省籍與商業取向等，都可以在命名的因素中反映出來，另外，臺北都會找出了家庭狀態的因子，而高雄都會有住宅類型的因子。我們以表 6-1，將各因子的空間構造摘要出來，並逐一討論。

（一）社會經濟地位

在每個都會的因素分析中，都有一個因素高負荷值一致的落在大專以上教育人口、小學以下教育人口、專技與行政主管人員、生產體力工作人員以及平均居住面積。以社會經濟地位作為這因素的名稱，應該是頗為恰當的。而這一因素中，一些人口變項和住宅變項亦呈現高於0.40的負荷量。在臺北、臺中、臺南和高雄四個都會區的社會經濟地位因素中，總生育率和幼年人口比例與社經地位呈反比，即高社會經濟地位地區，已婚婦女擁有的子女數較少。臺北都會區，家庭狀態雖獨立為一個別因素，但是社會經濟地位中仍蘊含著家庭變項的關聯。因此，我們不能引用 Shwirian 的說法而認定都市規模與家庭狀態之間的分化關係。依臺灣有關生育率的研究，在 1960 年代以後，不同教育程度者在理想子女數與總生育率上的差異已見縮小，但依據 1982 年的數據，高教育程度者的理想子女數與總生育率都明顯低於低教育程度者（孫得雄，1986: 144-145；167-169）。這可以用來證明階層之間生育態度和行為上，仍有所差異。另外可能的原因是，各都會的高社會經濟地位地區，離心的傾向並不強，其所居的位置，有時就在舊核心附近，有時離舊核心稍遠，但還是在中心都市之內。這些地區一方面是房價較高地區，但同時在發展的階段上，也可能介於舊核心與新興地段之間。能住在這些地帶的工作人口，不論是專技或其他行業的從事者，大致上都需要社會地位已經穩定者，因此在年齡上，雖不致稱老，但也不是在事業上初奮鬥者，如此可能導致幼年人口比例偏低的情形。

另外，除了臺北都會區之外（其負荷量的絕對值亦近乎 0.40），其他三個都會區的社會經濟地位的因子中，都可以見到高負荷量落在公寓與大廈的比例，顯示高社會階層地帶傾向於以高樓為主的住宅區。從我們的經驗資料，可以看到非傳統農舍的獨門獨院住宅的分布，在臺北都會才顯現比較明顯的趨勢。而在臺灣的大都會地帶，電梯大廈與獨門獨院的住宅同為階級的象徵。但是一則大廈住宅的數量大於獨門獨院住宅，再則獨門獨院的農宅和非農宅並存於都會外圍，於是在社會階層因子中所反映的高階層住宅，大廈才凸顯出來。從表 6-1，我們可以明顯看到，在四個都會區內，社經地位和距離都呈反比，亦即越是外圍地區社會階層越是偏低。在中心都市，階層的最高點可能在第一、第二或第三環，因都市的規模而有不同，不過最低點均在都會的最外圍，幾乎是可以肯定的。

依各都會的社經地位分布圖，只有臺北在外圍地區出現較大片的高社經住宅地帶。其他都會外圍容或有高社經的村里，大都零散分布。更值得注意的是，都與特定的機構的設置有關，如臺中與大學或省府機構直接關聯的宿舍區，左營的高階軍官的眷區。還是受職業所在地直接影響的居住型態，而不是因為對住宅環境的要求，引起通勤關係的郊區化現象。只有臺北都會外圍的高級住宅群，顯示較清楚的郊區化性質。國會議員居住地的設置在新店、內湖，中央公務人員住宅的設置在外雙溪，都顯示居住地與工作的所在地之間相當的距離。同時，都會中心市與都會外圍之間的通勤關係，以臺北市最強；臺北都會不少外圍的高社經居住地，已是中心都市工作者的居住地，並非工作場所影響的住宅地。臺北的高社經地區與公寓大廈的關聯性仍在，但與其他三個都會區不同的是，中心都市與都會外圍，都可以見到高社經單位群聚的地帶。都會外圍的住宅，整體仍以公寓和大廈的數量為多，但獨門獨院的數量相對而言，較為明顯。特別是臺北市北面的士林和北投區，1986 年三樓以下的新建住宅的棟數占了三分之一左右（章英華，1988: 61）。

從前面有關鄉鎮市區資料的討論，我們雖然看到高教育程度以及職業層級人口，在外圍比例增加。但是整體而言，都會外圍亦是同樣的情形。從光復後臺灣都會發展的歷程來看，最早的疏散是外省人口在戰時體制之下，在政府刻意政策之下的結果，其次才是自 1960 年代中期以後，由於工業設施在都會外圍的大量設置，所牽引的臺灣鄉村移民往都會外圍移入的情形。這些都不是都市社會學所謂的中產階層郊區化的現象。當臺灣的中產階層數量日增，並逐步向都會外圍流動之時，都會外圍已經是大量製造業人員的居住地帶，使得都會外圍在社會階層上的相對位置仍然偏低。

表 6-1 四大都會區各因素分布狀況摘要表

因素名稱	臺北	臺中	臺南	高雄
社會經濟地位	環圈的解釋力大於扇面,六個扇面社經地位與距離呈反比。部分外圍地區顯示高社經性質,但高社經地區仍以第一、二、三環為多。低社經整體離心傾向較強。	環圈的解釋力大於扇面,六扇面內社經與距離呈反比。二社經低扇面則否。高社經多在一、二環。外圍零散高社經村里與公務或大學機構有關。	環圈與扇面的解釋力達顯著水準,控制扇面環圈解釋力增加甚多。各扇面均為距都會核心愈近,社經地位越高,各扇最高者在第一或第二環。	環圈的解釋力大於扇面,每扇面均社經與距離呈反比。無明顯相關的第一扇係外省高社經村里所致,第五扇整體偏低。向東扇面略顯高社經離心傾向。
地區生命循環	環圈與扇面解釋力相當,五個扇面顯示距離與地區新興程度呈反比。但是從分布圖觀察,顯示非直線關係,4公里以內與9公里以外偏老舊,其間偏新興。	扇面解釋力大於環圈,各扇內此性質與距離無明顯相關。分布圖顯示明顯倒V情形,2公里以內偏老舊,其間偏新興。	各扇面老舊新興與距離無相關,圖示的狀況,顯示老舊－新興,或新－舊－新－舊的變化。各距離最新地區,出現在二、三、或四環。	扇面具解釋力,距離與新舊無相關。老舊地區在4公里和12公里以外,第一扇在6至9公里顯示的老舊性質,係左營的影響。
省籍與商業取向	省籍與商業取向在同一因素。扇面解釋力略強於環圈。平均值低的扇面,外省人具離心傾向,但中心都市與外圍均具外省集中帶。商業集中內二環,向東延伸。	省籍與商業在不同因素。外省在二扇面顯示離心傾向,但整體係分散於中心都市與外圍。商業性質是由內而外依序明顯遞減。	省籍與商業在不同因素。控制扇面,環圈解釋力大增,顯示離心傾向。外省分布以中心都市與外圍之交地區為多。商業呈明顯由內向外遞減。	環圈與扇面均具解釋力,扇面較強。相關分析不一致。高值扇面偏兩側左營、鳳山形成外圍外省聚居地。商業性質以第一環最強,4公里內均偏高。
家庭狀態:臺北都會 住宅類型:高雄都會	與距離呈倒V字關係,比因素一顯示更清楚的內高中低外高的情形。			環圈解釋力達顯著水準,顯示與距離負相關,距核心越遠,連棟比例越低,在都會新興地帶是樓房與連棟的對比,外圍是非樓房與連棟的對比。

(二)地區生命循環

四個都會另一個相似的因子是,高負荷量一致落在居住本區滿5年以上人口、1960 年以前住宅、老年人口和幼年人口，是新興與老舊地區的對比。老舊地區，居住年代久的人口多，住宅年代較遠，老年人口比例高，幼年人口比例低。另外也顯示住宅類型的差異。在臺北和高雄反映在公寓大廈的比例上，越是老舊地區，公寓大廈的比例越少，亦即較新的住宅比例低。在臺中和臺南，則是反映在連棟式住宅的比例，越是老舊地區，連棟式住宅的比例越高。直接的說，老舊地區是地區發展較早，同時新建住宅較少的地區。我們認為可以用地區生命循環來指稱這一因素。

這一因素在空間的分布上，大致都是一種倒 V 字形，即從都會核心起老舊－新興－老舊的距離變化，而不是直線的關聯。這樣的變化的確可以反映出都會擴張的情形。每一個都會的中心都市，在日據時期已經有著相當的都市核心地帶。在光復以後的四十年間，這些都會核心的住宅雖然有改建或新建的情形，但相對而言，其老舊住宅的比例仍相對的高於都會的大部分地區。而在都會往外的擴張時，離都會越遠，新建的住宅越多，但是到了某一距離，特別是與農業地帶交會之處，或因保留地，或因農宅多的緣故，使得新興住宅和老舊住宅並陳。其老舊性質是因為處於都會擴張的邊緣，新建住宅尚未重築造。邊緣老舊性質和核心老舊性質，並不相同。臺灣的都會目前仍顯現向都會外圍擴張的情形，因此新興地帶依舊會向外圍地帶擴展。不過當都會擴展停滯之時，這種倒 V 字的分布可能消失。特別是臺灣的都會核心，仍多四層以下的建築物，在更新上，並不致受既有建築物的嚴重的限制。我們的資料是 1980 年的，可能在 1990 年的普查資料，就可以見到如此的發展。臺北市在這種變化上可能要先於其他的都會地帶。不論如何，地區的老舊與人口年齡的變項和住宅類型的組合，使我們可以看到都會擴張的模式。

（三）省籍與商業取向

在臺北和高雄，都有一個因子的高負荷量落在外省人口、公務及軍事機構服務人員、買賣工作人員以及非住宅和混用住宅。在臺中和臺南都會，一個因素，高負荷值落在非住宅和混用住宅、連棟式住宅以及買賣工作人員，另外一個因素，高負荷值落在外省人口、公務及軍事機構服務人員、單身戶、幼年人口、連棟式住宅以及總生育率。不論是一個或兩個因素，都顯示外省籍居住地與商業取向上的區分。我們先以分化清楚的臺中和臺南都會的情形來說明。

　　這兩個都會的省籍因素，與職業和人口變項的關聯，正顯示外省人口移入臺灣的歷史背景。在前面鄉鎮市區的資料中，我們已經說明了性比例的變化所呈現的外省人口的影響。在這個因素之中，首先顯示外省聚居地與軍公職業的關聯，其次也顯示了外省人口生命循環的特色。一般的觀察是，外省人口移入臺灣的第一代，仍有不少老年或未婚人口，他們一方面是單身家戶的主幹，一方面也是老年人口重要的組成分子，這可以由性比例偏高年齡層轉至 50 和 60 歲以上年齡層為佐證。其次，眷區的居住者，大都為 1949 年以後的第一代外省移民所居住，其子女已經成長或已經遷出，這樣子也會導致老年人口的比例高，幼年人口的比例低。同時 1984 年的資料顯示，1961 年以前的眷舍占了五成五（李如南等，1988: 11）。我們可以推論說目前居住在眷村的，大部分是較年長的職業軍人甚或退休的軍人以及他們的家屬。在臺中和臺南這樣性質的地區，少數是以公教人員為主，大部分都是眷區。其空間分布略顯離心傾向，在臺中，大致是零散分布於中心都市與都會外圍，在臺南則是中心都市與外圍交會地帶。商業取向，則代表著買賣工作人員的居住型態，以連棟住宅和工作與居住合一為特色。在空間的分布上，此一性質由都會核心向外圍逐次遞減。在少數外圍地區的地方商業中心，亦顯示零散的商業取向村里。

　　臺北和高雄都會區省籍和商業取向的高負荷值，落在同一因素。顯示外省人口與軍公人員為主的地區，買賣工作人員和混住的情形少，省籍與商業取向呈現清楚的對比，是你消我長的局面。從統計上，我們無法理解因素的構成在都會區何以會有如此的差異。不過在經驗上，我們可以看到，臺北和高雄在籍別的構成上，有異於臺中和臺南者。臺北都會的外省人口比例在遞減之中，但是一直高於其他三都會，而高雄的比例亦僅次於臺北，當然也意味臺北和高雄都會外省人口數量大於其他兩個都會。而臺北更特出的是，它的外省人口的組成，公務人員的數量應該大於其他的都會。在空間上，村里分布圖顯示，臺北的外省人口偏多的地方占比較大的範圍，同時出現幾個外省性質偏高的扇面，好幾個市或區仍維持三成以上的外省人口。而在高雄，很特出的是在都會的外圍地帶出現高外省性質的兩大片地帶，一在左營，一在鳳山，而左營是四個都會的鄉鎮市區中，外省人口比例最高之一。其他都會都未形成這樣的大塊的外省性質集中地帶。我們推論說，由於臺北、高雄二都會外省人口的數量大，分布廣，集中性強，而外省人口在職業上從事商業的傾向相對較弱。

　　從產業構造的討論之中，我們也看到，臺北和高雄在商業上的擴散強於臺中和臺南。二者的舊中心商業區，都顯示相對沒落的趨向，而新的商業中心可以與之相抗衡，而有雙核心的跡象。但是，我們曾推論這種分散，仍是中心都市現象，而非三級行業向郊區擴散。因此，當商業取向與省籍性質可以分開時，應該一如臺中和臺南，呈現由內向外逐漸遞減的變化。可是一與省籍性質糾結，只有在外省性質偏低的扇面顯示，商業性質向外遞減的相關，在外省性質偏高的扇面則未見明顯的距離關係。很可能也因為商業取向與省籍性質的糾結，導致外省人特有的人口性質不能在這一因素中展現出來。

　　與一般的因素生態模式比較，四個都會的省籍分布與商業取向，有其特殊的意義。省籍的分布，是臺灣特殊歷史情境下的產物。這是政府帶來大量軍公教人員，而企圖以政府的力量解決這批人的居住情形，所形成的聚居型態。因而，不只反映籍別的特性，同時也反映職業類別的特性以及年齡與性別組成的特質。這種特性的另一個歷史因素，是日人離開臺灣之後，留下的大量住宅，正可以作為外省移入人口的棲身之地。四個都會在這方面的性質與空間分布有所不同。主要是臺北與高雄比例高的外省人口，臺北較多的外省公教人員，而高雄有大型的軍區所造成的。臺中與臺南顯示較分散的點的分布。省籍因素與空間都市構造的關係，在臺灣工業化尚未進展之前便已經存在了。省籍的聚居與社經地位的差異並不完全重疊，反映著省籍內部的階層分化。外省人的大量移入，在教育與社會地位上，固然一直高於本省人口（蔡淑鈴，

1988；蔡淑鈴、瞿海源，1992），可是由於數量的龐大，其社會階層的分化亦強。

從居住的情況來說，一項有關軍眷的調查顯示，從 9 坪到 40 坪以上都有，而平均的每戶面積（17.5 坪）還低於臺灣地區的居住單位面積（28.6 坪）。軍眷區整體而言，可能反映的是外省聚居地品質較差的部分。但這至少意味著，外省聚居地不完全是高階層住宅區的面貌。如上的社經地位與居住的層級分化，都非經濟發展所造就的。經濟發展所促成的反而是，許多如此住宅區，成為在公部門可以支配的都市住宅更新地帶。軍眷和部分公教住宅，都逐步改建之中，部分是在原住人口之內再分配，部分以國民住宅的形式出現，分配給一般市民（李如南等，1988）。這樣的措施，應該會持續下去。因此，省籍比例偏高地區雖還可能繼續存在，但省籍所造成的空間分化在各都會將逐漸淡化。

商業取向，同時蘊含著住宅與工作場所混一的性質，還是小型作坊和商家延續下來的居住型態。在臺灣地區二、三級行業的規模逐漸擴大之中，受雇者的比例亦隨而上升。二、三級行業的設施，主要是以工作場所為設計的張本，而非住宅，這是臺灣社會居住與工作活動分化的最主要因素（文崇一等，1984；1986）。我們在臺北市 1984 年所進行的調查中，明白的顯示，政府雇用和私人雇用的工作人員，九成左右或以上是在住宅以外的場所工作。但是自營有雇員的工作者，四成五在自宅工作，而自營無雇員者，更是有六成強的在自宅工作（章英華，1986a：78）。因此在臺灣最大都市的小本經營的工廠或商號，住宅與工作場所合一的傾向仍十分清楚。依現代發展的脈絡，這樣的傾向將逐漸減弱。臺灣在 1960 年代以後的快速發展過程中的走向如何呢？我們可以觀察一下表 6-2。

由於只有縣市別的數字，我們無法以本研究界定的都會範圍來呈現，權以市縣合計作為都會區的代替品。在表 6-2 中，由於買賣工作人員居住與工作地點合一的情形可能較多[1]，我們除了全部住家的數字

1 本來，自營作業者最可能是住家與工作場所合一傾向者，因為普查住宅資料未列家計負責人從業身分與住宅狀況的交叉表，因此我們只能觀察自營作業可能性大的買賣工作者。買賣工作者中，相當多數的是受雇者，因此混住的比例不可能高於自營作業者。住

表 6-2　四大都會純住宅與混用住宅數

	1990			1980			1966		
	純住宅	混用	比值	純住宅	混用	比值	純住宅	混用	比值
臺北市	693,247	54,095	12.82	381,470	62,173	6.14	182,324	31,832	5.73
買賣工作人員	113,739	17,555	6.48	64,512	21,557	2.99	29,014	11,336	2.56
臺北縣	651,616	65,327	9.97	363,577	57,502	5.32	128,395	17,598	2.47
買賣工作人員	79,251	17,015	4.66	41,569	15,820	2.63	12,669	5,125	2.47
臺北都會	1,344,863	119,422	11.26	745,047	119,675	6.23	310,719	49,430	6.29
臺中市	145,774	31,858	4.58	75,873	24,582	3.09	42,349	8,781	4.82
買賣工作人員	19,402	9,236	2.10	10,593	7,947	1.33	5,948	3,123	1.92
臺中縣	181,268	35,224	5.15	93,913	22,275	4.22	45,800	6,938	6.60
買賣工作人員	17,548	9,643	1.82	9,350	6,987	1.36	4,781	2,678	1.79
臺中都會	327,042	67,082	4.88	169,786	46,857	3.62	88,149	15,719	5.61
臺南市	128,234	27,980	4.58	75,805	23,574	3.22	47,965	9,373	5.12
買賣工作人員	15,999	7,510	2.13	11,427	7,140	1.60	8,361	3,107	2.69
臺南縣	138,147	20,062	6.90	80,871	14,126	5.72	49,266	8,850	5.57
買賣工作人員	12,975	6,096	2.13	9,243	5,013	1.84	8,938	3,204	2.62
臺南都會	266,481	48,042	5.55	156,676	37,700	4.16	97,231	18,233	5.34
高雄市	297,163	44,183	6.73	181,295	44,846	4.04	88,716	13,618	6.51
買賣工作人員	33,340	14,096	2.37	21,264	14,802	1.44	10,447	5,018	2.08
高雄縣	184,878	20,412	9.06	106,701	17,094	6.24	50,823	7,493	6.78
買賣工作人員	16,972	6,618	2.56	10,835	5,653	1.92	6,670	2,778	2.40
高雄都會	482,041	64,595	7.46	287,996	61,940	4.65	139,539	2,111	6.61

資料來源：1966、1980、1990 年的戶口暨住宅普查報告書
* 在本表數字扣除了家計負責人為農林漁牧者的家宅單位。1966 年的臺北市含十個區，1980 年的加上六個區；1966 年的高雄市含十個區，1980 年加一個區；二市 1990 年的範圍與 1980 年時相同。比值為純住宅單位數除以混用的住宅單位數

之外，還分別列出家計負責人為買賣工作人員以及非買賣工作人員兩類住家，以資比較。從表中我們可以看到 1960 至 1980 年代的變化，比值越小表示混住的情形越普遍。首先，以整個都會區而言，臺北都會與其他三個都會呈現不同的模式，在 1966 與 1980 年時，比值分別是 6.29 和 6.23，至 1990 年時則大幅提高到 11.26。這意味著，臺北都會在 1980 年代住宅混用的狀況才顯著下降，從每六家中有一家住商混

宅與工作場所合一，並不完全是買賣工作者的家戶，製造業者、服務業者也可能如此。在行為中用住商混用描述，只是方便的說法。

用，減低到每十一家中一家的情形。其餘三個都會區，在 1966 與 1980 年，都是比值減低，顯示混用狀況增強。1990 年時它們的比值回升，但臺中都會仍不及 1966 年者，臺南都會只回升到 1966 年的水準，高雄則略高於 1966 年的比值。在 1980 年代，臺北都會與其他都會在住商混用現象上的差距，拉大甚多。像高雄都會在 1966 年時比值還略高於臺北都會，但在 1990 年卻明顯低於臺北都會。

其次，家計負責人為買賣工作者的家戶，的確在各都會都顯示高於一般住戶的住商混用傾向。各都會的變遷方向，與整體家戶的極其類似。臺北市與縣的數據，都顯示混住傾向減弱，1980 年代更是顯著，其他三對市縣則都是比值先降而後回升到 1960 年代水準的情形。當臺北市縣每六、七戶有一戶是住商混用之時，其他市縣是三、四家便有一戶是住商混用。在 1990 年，臺中、臺南、高雄三都會在買賣工作人員類屬中的混住狀況，差異極為微小。另外還值得提的是，若我們以市的數據反映中心都市的，而縣的數據反映都會外圍的情形，也可以看到臺北都會與其他都會之間的差異。臺北都會的全體家戶或是買賣工作人員家戶，市的比值是從低於縣的轉變成高於縣的。換言之，中心都市是從混住傾向高於外圍地區轉變成低於外圍地區。可是，其他三都會，一直是中心都市混住傾向高於或近似外圍地區。

從以上的分析，我們大致可以說，臺中、臺南和高雄三都會仍維持著相當的住商混用的住宅型態。而臺北在 1980 年代這種傾向的顯著減弱，的確是比較特殊的發展。可是臺北都會所顯示的住宅與工作場所的分化，不見得就是一個地區住宅與生產活動的明顯劃分。由於都市中商品展覽會建築增加的情形高於獨門獨院的住宅，一棟高樓中可能住家也有商家。若是以所居住的共梯戶中，是否存在一些事業場所來觀察，臺北都會的住商混合會高於只以同一住宅混用的情形。在英美的都市裡，住商的分化，幾乎是各種行業人士所共有的生活形態。但在臺灣，卻是某些行業的從業人員呈現使用住宅為工作場所的傾向。而百萬人口以下的都市，如此傾向尚未明顯減弱。未來的趨勢，由於一些專業人員，在現代科技發展、資訊網路以及都市環境的影響下，反而有著辦公室與住宅合用的趨勢，這是有利於住宅工作化的情形。這使得未來的住家與工作場所合一的傾向不致於快速減弱。

（四）僅在個別都會出現的因素

　　在臺北都會的因素分析中，出現了家庭狀態的因素。居住滿 5 年以上人口、老年人口比例、單身戶比例和幼年人口比例在此因素顯現高的負荷值。這個因素比起地區生命循環，顯示更清楚的倒 V 字的分布模式，較穩定而年老人口戶口多的地區，偏在都會的內環和外圍。這因素與地區生命循環的分離，可能意味著臺北地區老舊地區，不論在都市的內環或外圍，進行某種程度更新的情況較多，以致老舊，不見得完全反映人口的老化。也因為住宅的更新，並未帶來更多的青壯年人口，導致更明顯的倒 V 字分布。高雄都會所得到的住宅類型的因素，連棟住宅、混住以及公寓大廈顯示高負荷量，而公寓大廈與前二變項呈相反的關係。不過我們仍以連棟住宅比例的變化來說明。在都會內環多連棟式建築；中環連棟式住宅漸少，相對的是公寓大廈漸多；到都會外圍，連棟式的住宅更少，相對的是非樓房，特別是傳統農宅。不過，這三個變項都在其他的變項之中有著高負荷量，我們目前無法就意義進一步說明。

第七章

結　論

　　臺灣大都會的發展有著以下的幾個特色：

　　第一，都會人口的流動，有著幾個階段，首先在 1950 年代，是外省人的快速移入都市，以及政策性的疏散外省人口到都會外圍。其次才是製造業人口的大量移入都市外圍，以及中心都市人口向都會外圍的流動。各都會外圍人口歷經了三個過程，從外省移民、島內城鄉移民以及於都會內部的遷移。

　　第二，中心都市核心地區的人口數和人口密度均已開始遞減，而都會外圍的人口分量逐漸提升。但是都會核心仍是高密度地區，未形成人口空洞化的現象，整個都會都以高密度向外擴張。而人口的擴張，相應於地區發展的早晚，構成了地區生命循環的因素，由老舊再新興，再都市發展波及程度較低地區，亦是老舊農戶比例偏高之所在。

　　第三，都會外圍在產業上的分量也逐漸增加，但是各中心都市相對於其人口數量，在產業上的分量仍然偏高。不過各都會的中心都市是以第三級產業的集中為特色，但製造業則在各個都會的外圍快速發展。以致都市外圍一方面吸收都市流出的人口，另一方面與中心都市同時吸納都會以外地區的人口，特別是來自農村的製造業人口。

　　第四，三級行業亦有分散化的趨勢，在較大都會還出現新的中心商業區，但三級行業的分布，仍是一種中心都市現象。同時新的中心商業區侵入較高社經地位的住宅區，與之並存。

　　第五，在人口擴張過程之中，以中心都市的核心為起點，買賣與服務工作人員的離心趨勢最弱，專業與主管階層其次，而監督佐理人員較強，製造業人員最強。反映在社經地位因素分布是，中心都市的平均社經地位高於都會外圍。就是高社經地位向外疏散傾向強的都會，亦是如此。

第六，買賣工作人員以及省籍都構成居住分化的因素，這樣的分化與特定的職業性質相關聯。而買賣工作人員與自營作業者的關聯密切，以都市的舊核心最為明顯，同時顯示工作與居住的混合性質。省籍則反映軍公職人員的居處，除臺北都會外，在都會外圍分布的傾向強。

這樣的特徵，與英美都市的從中心化到郊區化，再轉至縉紳化的過程相較，實在是多所扞格。不論是人口的擴張，住宅形式的發展，商業勢力的中心都市優勢，社會經濟地位的空間分布，籍別的分布，住商混合的持續，以及都會外圍吸引移入者的模式等，都無法呼應英美都市的郊區化。臺灣的中心都市並無全然衰退的現象，而核心的人口衰退是商業勢力衰落，並不是商業勢力侵襲的結果。可能有部分地段顯現 Burgess 所謂的過渡區，但是很難說這是一個大環圈的共通特性。各都會的較高社會階層住宅，仍略有稍離舊商業中心的傾向，但在整個都會仍屬較內環地帶或中心都市的範圍內；且新的商業中心侵入較高社經地段，與之並存。因此所謂中等階級大量流出中心都市的現象並未產生，所謂的縉紳化的過程，對臺灣的都會發展而言，並沒有什麼樣的意義。臺灣都會化的現象似乎應該從另外的脈絡去理解。

從前一章的比較討論之中，我們可以感覺到四個都會區都受到共同歷史過程的影響。這顯示在人口的擴張過程，工商業的發展以及在社會經濟地位、地區生命循環、省籍性質和商業取向的空間分布之上。臺灣都會產業的擴張，二、三級產業幾乎是齊頭並進的。日據末期，除高雄市之外，規模都不算大。當臺灣進入快速工業化的階段之時，政府主動設置的工業區大都在都會外圍地帶，而都會內部的製造業受到相當的限制。這導致中心都市製造業就業機會的萎縮，輕工業固然仍存在於中心都市，但未形成如英美在工業革命之後以製造業為主的中心都市。這樣的發展導致都市外圍成為中心都市外移人口與都會外移入人口的共同匯聚地帶，都會外圍在快速人口成長之時，製造業從業人員的比例便偏高。在都會內交通擁擠固是人所共見，但都會內的交通，公共汽車與機車所占的分量最重。如臺北市在 1988 年的調查，平常搭公車的比例為四成強，騎機車的占三成上下，駕自用車者僅二成強（臺北市政府主計處，1989: 178）。這種交通模式亦利於收入較低者的移往都市外圍。臺灣在經濟成長可以列入已開發階段之時，都會的外圍，已經是相當高密度的了；如此也限制高階層住宅向外擴張的可能。高階層的向外擴張，比較是小部分而非整體性的。

我們曾指出，先於工業發展而出現的都會人口向外移動的現象，主要是外省人口在政策引導之下的結果。而一些資料也顯示，就像臺北這樣有著較強的中產或高階層向都會外圍分散的跡象，在 1960 和 1970 年代之初，並未顯現很強的外移心態。社會經濟地位高的大安區居民所列舉的居住原因，除自己買房子之外，依序是交通方便、工作方便、居住環境好和方便子女就學（朱瑞玲，1986: 106-108）。因而，居住的選擇近便性似乎強於居住環境。而在臺中、臺南和高雄三個都會區，高社會經濟地位的因素裡，可以包含公寓大廈比例偏高的性質。我們可以推論說，這三個都會區高社經地位人士對於近便性的要求，更強於臺北。再從房屋型態發展的模式來看。臺北市的外圍地帶，如內湖、士林、北投等，在 1980 年代中期，仍舊是以公寓和大廈的興建占優勢（章英華，1986b: 61）。我們在其他都會區，尚未收集到同類的資料。但從數次的實地觀察，公寓和大廈這樣的高樓住宅，仍是都會邊緣新建住宅的主流。因此中心都市與都會外圍，在住宅的形式上，並未形成極端的對比。高社經地位者向都會外圍移動的趨勢，在各都會區都會逐漸增強，但是在外圍製造業人口已占最大的比例，同時住宅類型不能形成中心都市與外圍的明顯對比。在如此的趨勢下，中心都市與外圍在社經地位的差異會縮小。但是中心都市整體的社經地位仍會高於邊緣地帶。

其實整個都會的擴張，也是這樣的經濟發展過程所造就的。都會對人口的吸收，是整個區域的或跨區域的，而不像日據時期僅及於中心都市的附近地帶。從我們有關人口擴張部分的討論，就算是成長最慢的臺南都會區，同樣顯示人口的增加和都會範圍的擴大，在中心都市邊緣之外的都市地帶與中心都市多少都連成一氣，在短短的四十年之間，中心都市的內環和都會的邊緣地帶，殘留著相當數量的老舊住宅，再加上這些地區流入的人口少，在中心都市的內環還有負成長的現象。以致可以從住宅的新舊和人口的穩定性和老化，來區分不同的都市地帶，呈現的是老舊－新興－老舊的非直線關係。不過臺灣的都市住宅未來的變遷，在都市的外環，新的住宅將持續成長，而舊地區的建築由於大多是三、四層以下的建築物，在更新上並不十分艱鉅。這樣子可能導致，住宅的新舊與年齡的老化的變項會區分開來。在短期之間，年齡所反映的家庭狀態，會如臺北一般，顯示更明顯的倒 V 分布，而住宅的新舊，可能出現較不規則的關係，甚至不是顯示空間分布的一個有效指標。

省籍的空間分化以及商業取向的居住模式，則非經濟發展所致生。在省籍因素的討論中，我們已經說明外省聚居所反映的職業與人口性質。這樣的分化，不同於西方都會少數劣勢族群的分化，也不同於日據時期殖民者與被殖民者的分隔。近四十年來，省籍的空間隔離逐漸淡化，主要是移入都會的本省人口在都會中普遍擴張的結果。原來本省籍人口居多的核心區，外省人口移入的情形極其稀少；原來外省人口比例高的鄉鎮市區，則因都會外本省籍人口的移入，而比重日漸下降。而軍眷村改建，更使外省的小單位聚居的情形亦將逐漸消失。在臺灣的二、三級行業科層化的趨勢下，居住場所和工作場所的分化，的確逐漸增強。不過我們也看到，以買賣工作人員和自營工作者所特別明顯的住商混用的狀況，在 1960 和 1970 年代快速的經濟發展之下，並未消失，反而增強，還是殘存但又發展的居住習慣。臺灣在私部門科層化（指較具規模的公司行號）與零細化（指小規模的自營作業）的共存，可能是個重要因素。

每個都會都出現社會經濟地位的因素，但是我們需注意職業與居住地之間的關聯。明白的說，在工作場所與住居分化下，我們仍可以看到居住地與工作地的接近情形。商業取向與省籍因素固然反映著特定職業群的居住性質，社會經濟地位，亦蘊含著職業性質。社會經濟地位，顯示的是專技與行政主管人員與勞工的對比，我們可以說，專技行政人員的偏向中心都市，生產體力工作人員的偏向都會外圍，與二、三級行業在都會內的分布是相對應的。買賣工作人員與混居的同時存在，以及軍公人員住處與軍公機構分布的共存，同樣也顯示居住地與工作地點的親近性。從這樣子的性質來看，空間構造上所反映的職業分化，要更強於社會階層分化。這是正統的都市生態分析，所未能說明的現象。

我們在討論中也提出一些都會之間的差異現象，或可以從各都會在臺灣所占的政治經濟地位以及相應的都市規模來解釋。從各都會的中心都市在臺灣所占的地位，臺北作為中央政府駐在地，也是全島與國際經濟的交會點，又集中了全國三級行業的最重要的部分。臺中、臺南和高雄都是地方的政治與經濟中心，高雄市以院轄市的地位，再加上臺灣最大的海港和最大的重工業分布地，使得其分量又優於臺中和臺南。臺中本來在政治上的位置，可以因為省政府的遷往中部，而使得其政治經濟分量更形上升。可是因為省政府擇址於中興新村，使得臺中的都會發展，並未得到這股政治勢力的直接衝擊，不過臺中在中部區域作為第一核心的位置始終未曾喪失。相應於臺南受到高雄發展的直接影響，臺中發展的機會大於臺南，而臺南的發展，在日據時期便因高雄的地位上升，而顯得停滯。四個大都會在全島的相應位置於日據時期大致已經定型，光復後並無刻意的政策要扭轉如此的發展脈絡。四個都會和其中心都市的規模，大致反映了上述的相對位置。在光復後的都市人口發展過程裡，四個都會都呈現了部分核心地區人口負成長的情形，不過臺中和臺南的人口密度仍是以核心的 1 公里圈最高，而臺北和高雄則顯示較強的人口平均分布的趨向。臺北更因為其政治地位所導致的官署地帶，形成核心 2 公里內的低密度地區。如此的低密度區肇因於公共設施與公共機構的集結，而非商業設施的擴展。

從產業的變遷來看，雖然有著高雄重工業的特殊地位，但是各都會顯示同樣的製造業高度離心的趨勢，和生產體力工作人員離心的居住模式。因為都會規模大小顯示的差異，反而是在商業設施的分布模式。臺北和高雄，都形成了可以和舊商業中心抗衡甚至更優勢的商業地區。臺中和臺南，商業同樣有著分散化的趨勢，但新核心的形成，尚不明顯。這種新商業核心的形成過程，是可以繼續探索的問題，這地區顯示著高社經居住地與商業集中共存的現象。籍別群的分布，反映著政治考慮與規模的交互影響。臺北和高雄，一直有著比較高比例的外省人口，臺北是因為官僚體系的規模所導致的外省人口的偏高，高雄則是因為其軍事的功能。二者同樣反映著不同的籍群分布模式。臺北是在中心都市和外圍地區都有著外省人口比例偏高的鄉鎮市，而高雄是集中在都會外圍的兩個軍事地帶。在社經地位的分布上，四個都會都顯示與距離呈反比的情形，不過臺北的高社經地位人士顯示較強的外移傾向，這是臺北較高比例的高教育程度和專業行政主管人員所反映的居住模式，這同樣也可以說是源自臺北都會的特殊政治經濟地位所導致的職業結構。由於因素分析是運用同樣的變項去解析不同都市的空間構造，本來就比較容易顯示共同的趨向。在這樣的分析基礎之下，我們仍可以看到一些都會間的差異。目前我們只能以各都會在臺灣社會發展下所占的政治經濟位置以及相應的規模來作解釋，但對都會的發展作比較深入的探討之後，才可以提供更好的說明。

從以上的共同和差異的比較，我們可以對都市社會學的生態觀點和因素生態分析做個檢討。首先，我們的分析顯示，因素生態結構與整個社會的變遷與性質有所關聯。而這種社會結構與變遷的性質，是與一個社會的歷史發展過程密切關聯的。從臺灣都會的因素生態分析背後的社會結構和變遷的基礎，也可以讓我們對都市空間構造的理論有所質疑。我們所發現的，社會經濟地位、地區生命循環、商業取向和省籍等因素的空間構造，都可以關聯到臺灣自 1949 年以後的一些社會特質。工業的快速發展和商業的擴張，並未消除混居的性質，但是工業大量成長之時，便是以都會的邊緣為主要的分布地，而原本聚集在都市核心的製造業設施，都逐漸消失。

如是觀之，臺灣都市工商業與居住環境的關係，有異於基於 19 世紀早期工業革命而快速發展的西方都市。在工業發展的規模化過程之後，工業的分布性質與早期的工業分布並不相同。開發中社會受到西方工業化的影響之下，小型工業可能在都市的各地運行，但是較規模的工業設施，是很早便呈現疏散化的趨勢。這樣子對都市居住環境的影響，因各個社會進入工業化的過程不同，而可能顯示不同的模式。在居住上，社經地位與距離關係的差異，不可以用工業與前工業都市的對比來解釋，而是要以工業發展的階段來區分。在二次大戰之後才進入工業化的社會，都會的外圍因大型工業的設立，最早大量居住於都市外圍的是勞工而非高社會經濟地位者。臺灣的省籍人口的分布，顯示外省與本省人口居住的分化，但是外省人與軍公職業的結合，本省人與商業和混居型態的結合，都不是西方社會種族與社會階層結合的方式。這種省籍與職業的結合，反映著特殊的政治情勢所導致的外省移民的特殊職業取向，這當然是臺灣特定的歷史歷程所彰顯的現象。當省籍、商業性質與不同職業別人群居住的性質結合，使得臺灣都市職業群所反映的居住模式，不完全可以用社會經濟地位的概念來理解。

　　以上是對都市社會學中人文生態觀點和因素生態分析，運用在不同都會上的比較。我們可以找到在四個都會都類似的空間分化因素，可是也發現在同一社會之內，不同規模的都市，因為在社會內所占的政治經濟位置的差異，在不同的因子上的空間分布並不是同一個樣式。總之，人文生態觀點以及其所衍生的因子生態分析，是可以作為理解都市空間分布模式的指標；不過因素生態分析的變項選擇，會影響所建構的空間模式。如本研究中所呈現的商業取向和省籍人口分布之關係以及地區發展階段等，都不是由對西方都市所衍生的因素生態結構所能反映的。對都市的性質愈瞭解，愈能找到空間分化的關係。如此的瞭解能找到最適當的指標，則更能對所探討的都市空間構造提供更適切的圖像。至於各因素反映的空間意義，則必須從這些都市所屬社會的性質以及它們在社會中所占的位置來理解。在臺灣，除了工業化及三級行業的擴張之外，政府遷臺之後的特殊歷史情境所衍生的對軍人的居住安排，日據時期奠定的都市基礎，以及未完全分化的住居習慣等，都對都市的社會生態有所影響。其實社會地區分析創始之初，就指出都市的生態結構應與大社會的特性相結合。可是在大部分的因素生態分析中，都缺乏這樣的論述。如我們在前言所指出的，必須從社會文化生態觀點以及新都市社會學中尋求啟發。由於本文的討論，並未扣緊資本主義社會特質，也未從政治過程去解釋臺灣都市的內部結構，大致還是在社會文化生態觀點下的討論。因此在書名上我們仍以社會生態為副標題。

參考書目

中文部分

1954（中華民國 43）年臺灣省工商普查初步報告書。

1956（中華民國 45）年戶口普查報告書。

1966（中華民國 55）年臺閩地區戶口暨住宅普查報告書。

1971（中華民國 60）年臺閩地區工商普查報告書。

1976（中華民國 65）年臺閩地區工商普查報告書。

1980（中華民國 69）年臺閩地區戶口暨住宅普查報告書。

1981（中華民國 70）年臺閩地區工商普查報告書。

1986（中華民國 75）年臺閩地區工商普查報告書。

1981-1989（中華民國 70-78）年勞動力調查附屬住宅調查磁帶資料。

尹章義，1983，〈臺北築城考〉，《臺北文獻》，直字(66): 1-21。

文崇一、張苙雲、章英華、朱瑞玲，1984，《提高臺北市舊市區生活品質之策略：以大同、建成、延平為例》。臺北市政府研考會。

文崇一、張苙雲、章英華、朱瑞玲，1986，《臺北市新興工商地區與老舊地區生活品質的比較》。臺北市政府研考會。

王一剛，1958，〈艋舺填地事略〉，《臺北文物》，6(3): 42-48。

王清賢，1982，《台中市土地利用空間分析之研究》。中國文化大學地學研究所地理組碩士論文。

王湧泉，1985，《高雄都會區的各分布及其變遷》。中山大學中山學術研究所碩士論文。

王榮峰，1958，〈西門町憶舊〉，《臺北文物》，6(4): 117-118。

石萬壽，1979，〈臺南府城的城防〉，《臺灣文獻》，30(4): 140-166。

石萬壽，1980，〈臺南府城的行郊特產點心〉，《臺灣文獻》，31(4): 70-98。

朱瑞玲，1986，〈住宅與居住的公共環境品質〉，見文崇一等合撰，《臺北市新興工商地區與老舊地區的比較》，頁 103-168。臺北市政府研究發展考核委員會。

朱萬里，1954，《臺北市都市建設史稿》。臺北市政府工務局。

行政院主計處，1979-1989，《中華民國國內遷徙調查報告》。

行政院國際經濟合作發展委員會都市發展處編印，1971，《臺中市綱要計劃》。

行政院經合會都市發展處，1968，《臺北市綱要計劃》。

行政院經合會都市發展處編印，1971，《高雄市綱要計劃》。

西村睦男，1985，〈臺北市地理學研究：日據時期〉，《思與言》，23(3): 3-34。

何金銘，1987，《高雄市行政區域劃分之研究》。中山大學中山學術研究所碩士論文。

吳連賞，1987，〈高雄市工業發展過程及其結構變遷之研究〉，《高雄文獻》，28/29: 1-50。

李如南等，1988，《臺灣地區軍眷村更新配合都市發展之研究》。臺北：內政部營建署。

李碧娥，1971，《臺南市商業中心區更新之探討》。成功大學建築所碩士論文。

邱奕松，1981，〈尋根探源談臺南市開發史〉，《臺南文化》，新 12 期：191-223。

村上直次郎（石萬壽譯），1974，〈熱蘭遮城築城始末〉，《臺灣文獻》，26(3)：112-125。

卓越編輯部，1985，〈臺北人的成績──從問卷調查臺北人所思所為〉，《卓越》，8: 38。

孟靜，1982，〈臺北市人口分布與成長之空間變化〉，《國立師範大學地理研究所地理研究報告》，8: 219-232。

林真妙，1986，《高雄市市街的發展與中心商業區的變遷》。師範大學地理研究所碩士論文。

林瑞穗，1980，〈臺北都會區的區位因素分析〉，《臺大社會學刊》，14: 113-124。

林瑞穗，1992，〈社區與都市生活（第十六章）〉，見詹火生等著，《社會學下冊》，頁 219-255。臺北：國立空中大學。

施家順，1987，〈高雄市旗津區（旗後）的發展與變遷〉，《高雄文獻》，30/31: 143-172。

范勝雄，1978，〈三百年來臺南港口之變遷〉，《臺灣文獻》，29(1): 43-48。

范勝雄，1979，〈臺南市都市計畫志〉（上）（下），《臺灣文獻》，30(2): 229-281, 30(3): 131-183。

范勝雄，1983，〈臺南市區里變革初探〉，《臺灣文獻》，34(3): 21-60。

柯瓊芳等，1993，〈美國加州洛杉磯臺的種族隔離現況與轉變〉，《歐美研究》，22(3): 67-97。

《南投縣統計要覽》，各相關年度。

夏鑄九，1987，〈一個都市中心的興起：忠孝東路四段的個案研究〉，《當代》，15: 60-72。

孫得雄，1986，〈臺灣地區生育態度與行為的變遷〉，見瞿海源、章英華編，《臺灣社會與文化變遷》，頁 133-178。臺北：中央研究院民族學研究所。

孫清山，1983，〈台灣都市社會結構指標之探討〉，《中國統計學報》，21(7): 14-28。

高拱乾，1697，《臺灣府志，卷一》，臺灣文獻叢刊第六五種。

高雄市文獻委員會編，1956，《高雄市志》，〈概述篇〉。

高雄市文獻委員會編，1958，《高雄市志》，〈港灣篇〉。

高雄市文獻委員會編，1983，《高雄市舊地名探索》。高雄：高雄市政府民政局。

高雄市文獻委員會編，1985，《高雄市志 - 卷七 - 工務志》。高雄：高雄市政府。

高雄市文獻委員會編，1988，《高雄市發展史》。高雄：高雄市文獻委員會。

高雄市文獻委員會編，1988，《高雄市志 - 卷八 - 經濟志》。高雄：高雄市政府。

高雄州知事空房文書課，1939，《昭和十一年高雄州統計書》。

《高雄市統計要覽》，各相關年度。

《高雄縣統計要覽》，各相關年度。

高樹仁，1987，《台北市東區中心商業區之研究》。臺灣大學地理研究所碩士論文。

張林森，1988，〈恢復高雄市鹽埕區商業機能之研究〉，《高雄文獻》，32/33: 201-242。

張萬鈞，1982，《台中市人口分布及其變遷之研究》。臺灣師範大學地理研究所碩士論文。

曹治中，1978，《台中地區都市核心土地利用之地理研究》。臺灣師範大學地理研究所碩士論文。

許松根、莊朝榮，1991，《我國工業用地政策之探討》。臺北：中央研究院經濟研究所。

陳正祥，1959，《臺灣地誌》，上冊。敷明產業地理研究所報告第 94 號。

陳春益，1977，《台灣地區都市空間結構之研究》。中興大學都市計劃研究所碩士論文。

陳寬政，1981，〈臺北都會區的人口分布與變遷〉，《人口學刊》，6: 51-69。

陳寬政、葉天鋒，1982，〈日據時代以來臺灣地區人口年齡組成之變遷〉，《第一屆歷史與中國社會變遷研討會論文集》，頁 500-530。臺北：中央研究院三民主義研究所。

章英華，1986a，〈台灣都市區位結構的比較研究：以台北、台中、高雄為例〉，《台大社會學刊》，13: 43-66。

章英華，1986b，〈人口與都市發展〉，見文崇一等撰，《台北市新興工商地區與老舊地區生活品質的研究》，頁 11-102。臺北市政府研究發展考核委員會。

章英華，1986c，〈清末以來臺灣都市體系之變遷〉，見瞿海源、章英華編，《臺灣社會與文化變遷》，頁 233-273。臺北：中央研究院民族學研究所。

章英華，1988，〈臺北市的內部結構——區位的和歷史的探討〉，《中央研究院民族學研究所集刊》，63: 1-62。

黃天橫，1990，〈清末、日據、光復當初之臺南市街圖〉，《台南文化》，新 29 期：61-92。

黃世孟，1989，〈從台北都市計劃歷史探討空間結構變遷特質之研究〉，《臺灣大學城鄉學報》，4(1): 67-83。

黃典權，1974，〈古臺灣府志海桑城坊考〉，《臺灣文獻》，26(3): 34-59。

黃得時，1953，〈大龍峒之沿革〉，《臺北文獻》，2(2): 39-46。

黃萬居，1981，《臺北市人口分布與變遷之研究》。中國文化大學政治研究所碩士論文。

陽明山管理局，1951，〈陽明山管理局兩年〉。

楊志雄，1975，《都會區人口及產業分布模型（模式）之研究——台北都會區應用範例》〉。中興大學都市計劃研究所碩士論文。

楊裕富，1982，《都市空間之理論與案例調查——以臺南市為例》。成功大學建築所碩士論文。

溫振華，1978，《清代臺北盆地經濟社會的演變》。臺灣師範大學歷史研究所碩士論文。

溫振華，1986，〈日據時期臺北市臺人移入地分析〉，《臺灣風物》，36(4): 1-46。

溫振華，1988，〈日據時期台中市之都市化〉，《思與言》，26(1): 81-100。

經濟部工業統計調查聯繫小組，1992，《工業統計調查報告》（七十九年十二月底）。

葉秀珍，1985，《高雄市發展史重要因素之研究》。中山大學中山學術研究所碩士論文。

臺中市政府，《臺中市志，卷一》，1978。

臺中市政府，《臺中市志，卷首》，1972。

《臺中市統計要覽》，各年度。

《臺中縣統計要覽》，各年度。

臺北市役所，1941，《臺北都市計劃地域設定說明書》。

臺北市文獻委員會，1957，《臺北市志》，臺北。

臺北市文獻委員會，1981，《臺北市發展史》，臺北。

臺北市政府主計處，1989，《市政建設意向調查報告：七十七年七月第八梯次專案調查報告》。

《臺北市統計要覽》，各相關年度。

《臺北縣統計要覽》，各相關年度。

臺北縣統計統計年報，1956。

臺南市政府，1978，《臺南市志 - 卷首》。

臺南市政府，1978，《臺南市志 - 卷二 - 人民志人口篇》。

《臺南市統計要覽》，各相關年度。

《臺南縣統計要覽》，各相關年度。

《臺閩地區人口統計》，各年度。

臺灣省文獻會編，1970，《臺灣省通誌 - 卷一 - 土地志》。

臺灣省文獻會編，1970，《臺灣省通誌 - 卷四 - 經濟志》。

臺灣大學法學院社會學系，1965，《臺北市社會基圖》。

鳳山市政府，1987，《鳳山市志》。

蔡淑鈴，1988，〈社會地位取得：山地、閩客、及外省之比較〉，見楊國樞、瞿海源編，《變遷中的臺灣社會》。臺北：中央研究院民族學研究所。

蔡淑鈴、瞿海源，1992，〈台灣教育階層化的變遷〉，《國家科學委員會研究彙刊：人文及社會科學》，2(1): 98-118。

鄭彩夷，1984，《台中都會區的人口分布及其變遷的研究》。東海大學社會研究所碩士論文。

蕭百興，1990，《清代臺灣（南）府城空間變遷的論述》。臺灣大學建築與城鄉所碩士論文。

龍冠海，1972，〈臺北市郊區四市鎮之人口結構與變遷之研究〉，見龍冠海主編，《台灣城市人口調查研究》，頁 53-78。臺北：東方文化書局。

謝英俊，1982，《新店地區都市化現象之研究》。中國文化大學地學研究所碩士論文。

謝家林，1985，〈高雄市都市計劃之過去與未來〉，《高雄文獻》，22/23: 227-236。

謝高橋，1990，《都市的結構模式》。臺北：巨流圖書公司。

簡博秀，1992，《日據時期台北市：殖民主義下都市計劃與空間構造》。中興大學法商學院都市計劃研究所碩士論文。

外文部分

Abu-Lughod, Janet, 1969, "Testing the Theory of Social Area Analysis: The Ecology of Cairo, Egypt", *American Sociological Review* 34 (April): 198-212.

Bailey, Kenneth D. and Patrick Mulcahy, 1982, "Sociocultural Versus Neoclassical Ecology: A Contribution to (1972) the Problem of Scope in Sociology", pp. 165-178 in George A. Theodorson (ed.), *Urban Patterns: Studies in Human Ecology*. University Park: The Pennsylvania State University Press.

Baldassare, Mark, (ed.), 1983, *Cities and Urban Living*. N.Y.: Columbia University Press.

Bell, Wendell, 1961, "The Utility of the Shevky Typology for the Design of Urban Sub-Area Field Studies", pp. 244-252 in George A. Theodorson (ed.), *Studies in Human Ecology*. Evanston: Harper & Row.

Burgess, Ernest W., 1982 (1925), "The Growth of the City: An Introduction to Research Project", pp. 35-41 in Theodorson (ed.), *op. cit.*

Castells, Manuel, 1977, *The Urban Question*. Cambridge: MIT Press.

Cohen, Eric, 1976, "Environment Orientation: A Multidimensional Approach to Social Ecology", *Current Anthropology* 17(1): 49-70.

Duncan, Otis, 1961, "From Social System to Ecosystem", *Sociological Inquiry* 31: 140-149.

Duncan, Otis D. and B. Duncan, 1955, "Residential Distribution and Occupational Stratification", *American Journal of Sociology* 60(5): 493-503.

Firey, Walter, 1945, "Sentiments and Symbolism as Ecological Variables", *American Sociological Review* 10: 140-148.

Firey, Walter & Gideon Sjoberg, 1982, "Issues in Sociocultural Ecology", pp. 150-164 in Theodorson (ed.), *op. cit.*

Form, William H. 1954, "The Place of Social Structure in The Determination of Land Use: Some Implication for a Theory of Urban Ecology", *Social Forces* 32(4): 317-323.

Friesbie, W. Parker, 1980, "Theory and Research in Urban Ecology: Persistent Problems and Current Progress", pp. 203-219 in Hubert M. Blalock, Jr. (ed.), *Sociological Theory and Research: A Critical Approach*. N.Y.: The Free Press.

Gans, Herbert, 1968, "Urbanism and Suburbanism as Ways of Life", pp. 95-118 in R. E. Pahl (ed.), *Readings in Urban Sociology*. Oxford : Pergamon Press.

Gist, Neol P. and Sylvia F. Fava, 1974, *Urban Society*. N.Y.: Crowell.

Gottdiener, M., 1985, *The Social Production of Urban Space*. Austin: University of Texas Press.

Gottdiener, M. & Chris G. Pickvance (eds.), 1991, *Urban Life in Transition*. Newbury Park: Sage.

Graff, Michael A., 1976, *Chaning Urban Population Density Gradients in Taipei*, Ph D. Dissertation, Michigan State University, East Lansing.

Guest, A. M. 1977, "Residential Segregation in Urban Areas", pp. 269-336 in Schwirian et al. (eds.), *Contemporary Topics in Urban Sociology*. Morristown, NJ: General Learning.

Hadden, Jeffrey & Jesof J. Barton, 1973, "An Image that Will Not Die: Thougths on the Anti-Urban Ideology", pp. 79-116 in Louis H. Masotti and Jeffrey K. Hadden (eds.), *The Urbanization of the Suburbs*. Beverly Hill: Sage.

Hamm, Bernd, 1982, "Social Area Analysis and Factorial Ecology: A Review of Substantive Findings", pp. 316-337 in Theodorson (ed.), *op. cit.*

Harris, Chauncy D. and Edward L. Ullman, 1951, "The Nature of Cities", pp. 237-247 in Paul K. Hatt and Albert J. Reiss, Jr. (eds.), *Cities and Society*. N.Y.: The Free Press.

Hawley, Amos H., 1950, *Human Ecology: a theory of community structure*. N.Y.: Ronald Press.

Hawley, Amos H., 1982 (1944), "Ecology and Human Ecology", pp. 104-110 in Theodorson (ed.), *op. cit.*

Hawley, Amos H., 1986, *Human Ecology: A Theoretical Essay*. Chicago: The University of Chicago Press.

Hollingshead, A. B., 1982 (1947), "A Re-examination of Ecological Theory", pp. 82-87 in

Theodorson (ed.), *op. cit.*

Hoyt, Homer, 1939, *The Structure and Growth of Residential Neighborhoods in American Cities*. Washington, D. C.: Federal Housing Administration.

Jackson, Kenneth T., 1985, *Crabgrass Frontier: the Suburbanization of the United States*. N.Y.: Oxford University Press.

Johnston, R. J., 1982, "Residential Area Characteristics: Research Method for Identifying Urban Subareas — Social Area Analysis and Factorial Ecology", pp. 297-315 in Theodorson (ed.), *op. cit.*

London, Bruce and William Flanagan, 1976, "Comparative Urban Ecology", in John Walton and Louis H. Masotti (eds.), *The City in Comparative Perspective: Cross National Research and New Direction in Theory*. N.Y.: John Wiley.

Mckenzie, R. D., 1982 (1926), "The Scope of Human Ecology", pp. 28-34 in Theodorson (ed.), *op. cit.*

Mellor, J. R., 1976, *Urban Sociology in An Urbanized Society*. London: Routledge and Kegan.

Murdie, R. A., 1976, "Spatial Form in the Residential Mosaic", pp. 237-272 in D. T. Herbert and R. J. Johnston (eds.), *Social Areas in Cities, Vol. I: Spatial Process and Form*. London: John Wiley.

Pannell, Clifton W., 1972, "Taichung, Taiwan: Structure and Function", *Research Paper No. 144*, Department of Geography, University of Chicago.

Park, Robert E., 1982 (1936), "Human Ecology", pp. 20-21 in Theodorson (ed.), *op. cit.*

Saunders, Peter, 1981, *Social Theory and Urban Question*. London: Hutchinson.

Schnore, Leo F., 1967, "On the Spatial Structure of Cities in Two Americas", pp. 347-398 in Philip M. Hauser and Leo F. Schnore (eds.), *The Study of Urbanization*. N.Y.: John Wiley.

Schwirian, Kent R. and Ruth K. Smith, 1974, "Primacy, Modernization, and Urban Structure: The Ecology of Puerto Rican Cities", pp. 324-338 in Schwirian (ed.), *Comparative Urban Structure: Studies in the Ecology of Cities*. Lexington: D. C. Heath.

Shevky, Eshref and Wendell Bell, 1961 (1955), "Social Area Analysis", pp. 226-235 in George A. Theodorson (ed.), *Studies in Human Ecology*. Evanston: Harper & Row.

Sjoberg, Gideon, 1960, *The Preindustrial City: Past and Present*. N. Y.: The Free Press.

Theodorson, George A. (ed.), 1982, *Urban Patterns: Studies in Human Ecology*. University Park: The Pennsylvania State University Press.

Timms, D. W. G., 1971, *The Urban Mosaic: Towards a Theory of Residential Differentiation*. Cambridge: Cambridge University Press.

Wirth, Louis, 1938, "Urbanism as a Way of Life", *American Journal of Sociology* 44 (July): 1-15.

Zukin, Sharon, 1987, "Gentrification: Culture and Capital in the Urban Core", *Annual Review of Sociology* 13: 129-147.